インド科学の父 ボース

無線・植物・生命

パトリック・ゲデス——著
新戸雅章——訳

工作舎

ジャガディス・チャンドラ・ボース卿（写真:F. A. Swaine）

序文

この本の原題（*An Indian Pioneer of Science*）について読者に問われるかもしれない。それは、たまたまインド人であった科学の開拓者を意味するのか、それともインドにおけるインドのための科学の開拓者を意味するのかと。答えは両方である。

なぜならボースは卓越した科学研究を残している最初の現代インド人であり、彼の伝記は外国の現代科学者の興味をたちまちかきたて、同国人を鼓舞し、勇気をもたらした。同時に彼は、人種、国籍、言語とは無関係に、肯定的な結果だけに目を向ける普遍科学の世界において、交錯した道筋を明らかにし、高度なレベルで多くの先駆的研究を成しとげた。物理学、植物・動物の両生理学、さらに心理学でも——。

すべての分野で草分けとなったボースだが、それはたんに彼の関心の多様さ、多才さ、類いまれな独創力によるのではない。それらにも増して、個別科学の基本概念にある宇宙的秩序と統一に深い信頼を寄せる天与の霊感によるところが大きかった。

長期にわたる研究を続け、分断された領域の統合という高度な知的冒険に成功したこの孤独な研究者に惹かれたのは、そのためだった。彼の貢献は、これまで別個に探究されてきた現象のグループ全体を統一に向かわせる、まさに発端そのものなのである。

ここにいるのは、たんに精緻な実験技術や明敏さをもつ物理学者ではない。生命のプロセスや運動、とりわけ複雑で入り組んだものに興味をもつ博物学者でもある。こうして彼は、特有の二重の展望と装置によって道を拓き、物理学者としての豊かな知的資源と実験資源を生理学者にもたらしたのである。今後はその新方法を改善することによって、生理学の研究所と、その研究・観察の標準に変容をもたらすことになろう。

もっと稀有な例は、ボースが物質に、時おり物理学者が示したような「生命の可能性」を発見しただけでなく、外見上は不活性に見える金属が環境に対し生命のような感受性を有するのを発見したことだった。さらに生命に似た反応がありそうなことも実験的に証明した。

本書では、発見の先駆性や先駆者の人間性についても評価がなされる。科学においては両者とも、洋の東西を問わずますます必要とされているものである。現在の主要な科学的成果と、伝記的スケッチを合わせて記述するのはそのためである。

科学的な要約や伝記では、著者が自分を出さないほど良いとされるが、序文には短い個人的な説明が認められている。私は主として生物学に興味をもち、その訓練をうけてきたが、学生時代には物理科学に驚異と魅力を感じ、生理学との関係について何がしか理解したものだった。

およそ四〇年間、植物学の教師・研究者として務め、とくに伝統的な植物学よりも生理学的・進化論的興味をもってきた私は、つねづね植物生理学全般、とくに植物運動に関して限界を感じていた。二〇年近く前になる初対面で、私はボースの研究をある程度は理解し、その後、彼が送ってくれた一巻を読んだ。けれども、彼の実験装置の独創性に気づかなかったため、他の仕事にまぎれてその印象はしだいに薄れていった。私がカルカッタ［現コルカタ］とダージリンで、ボースの研究と研究所、その目的をよく知るようになったのは、ほんのここ二、三年のことである。

すべての科学と科学者は社会的な産物であり、社会学的方法によって研究されなくてはならない。本書は、もともと生涯の解説といった単純かつ率直な目的で計画されたものだが、社会学的研究書の面もそなえている。

本書のさらに明確な目的のひとつは、科学研究生全般、とくにインドの科学研究生を励まし解放をうながすことにある。ここにあるのは「天才」に関する従来の熱狂的な文章ではない。何が生活にとって好ましく十分な知的進歩と生産性に貢献する条件であるのか、何が不利な条件となっているのか、何がそれを増強して、克服をはばんでいるのかを理解する努力だからである。

私がボースの生涯の研究からとくに明確にしたいと望むのはこの後者である。それによって、他の者もその困難に直面し、それを克服して、個人の死を超えた大きなものに向かうよう奨励されることだろう。

序文としてはこれで十分だろう。

いかなる献辞も、この人生の冒険物語の英雄にいちばん手を貸した者（彼らは思い出の中にいるか現存する）に贈られるべきである。それは以下に見いだせるだろう。同じく彼の恩師、科学上の友人や同僚、今後も継続される研究の助手と学生たちも忘れるべきではない。そして、本書の主な対象となるインドの大学の活発な青年たちも。

パトリック・ゲデス
エルサレム、一九二〇年

インド科学の父 ボース　目次

第1章 子供時代の教育

「三つ子の魂百まで」

伝記作家はつねにその人物の幼少期の環境をできるかぎり調査して執筆しようとする。これは発達期の影響やそれに対応する青少年期のふるまいが、後年の性格や業績などの理解の一助となるからである。かくして文明に重要な貢献をなし、今なお伝記作家のもっともよき理解者であるオーギュスト・コントは、ド・ヴィニー〔ロマン派詩人〕の二行を好んで引用した。

「偉大な人生とはなにか?」
それは熟成期間をへた若年の思考である。

心理学の発達につれて、祖先や両親や幼児期の環境の影響、幼児期の感情、空想、夢、行動、少年の思考と努力の基本的な重要性、とりわけ将来の人生と向き合い、多様な選択肢から進路を決定する思春期の重要性はよく理解されている。

東ベンガルの文化的伝統

ヴィクランプルは東ベンガル州の首都ダッカの西部をしめる広大な地域である。一帯はかなり肥沃だが、現在はジュート栽培の域外になっているため、往時の特色がまだ残されている。多くはイスラム教信者で、ヒンドゥ教信者はもとより、ブラフマ・サマージ［一八二八年ラーム・モーハン・ローイ創立の宗教団体］ですら伝統社会と同じように豊かであるのは興味深い。いうまでもなく五〇年前にはもっと豊かだった。ボースの実家があるのは、このヴィクランプルのラリカール村、ダッカ市の西方三五マイル［56km］ほどの場所である。

ジャガディス・チャンドラ・ボースは一八五八年一一月三〇日、この村に生まれた。幼児期を送ったのはさらに西へ三五マイルほどいった隣接地域の中心部だった。とはいえ、これは直線距離であり、往来は河川交通によるほかない地域だった。

大昔にさかのぼれば、ヴィクランプルの名は学問の拠点として知られていた。周辺地域やインドの遠隔の州からさえ、若者たちが当地の「トル」と呼ばれる古典的な教養人によって運営されるサンスクリット学校に学びにきたものだった。こうした豊かな伝統は五〇年前まで続き、ヴィクランプルは古い型の大学の中心と考えられてきたようだ。その証しがマーンマンディール、すなわち星や惑星の運行を観測する天文台として残されている。

なぜ、この場所だとわかったのか。これはインド全土でいえることだが、確たる歴史記録は欠けていても、聖者や賢者の言い伝えは豊富だからである。そのうえ周囲の遺跡や無数の廃墟から、ヴィクランプルが仏教文化の活動的な中心地だったことは明らかである。後代のヒンドゥ教再生がこの地で活発になり、さらに深く堅固なルーツになったのは至極当然のことだっただろう。

当時は、こうした古代文明の理念に影響されて、教育に関心をもつ人々がたくさんいた。現在、ボースの祖先の村に彼の名にちなんだ野心的な学校が建てられているのは、ボースのおかげのみならず、慎重に時代の再調整を図る昔からの文化的利子のおかげでもある。ヒンドゥ的環境にそこはかとなく染まった当地のイスラム教徒も、つねに彼らとともに前進している。

とはいっても東ベンガル人がすべて宗教や教育に順応する穏和な小農民というわけではない。大河での漁業や運輸などが農村にも変動や積極性をもたらし、なにかにつけて冒険心を揺さぶるからである。ここには、地中海と西ヨーロッパの歴史を通して形成された農民と漁民の混交と衝突の対比がはっきりと見られる。もちろん海と海岸のシステムに比べれば、河川システムはずっと小規模で、活動スケールもずっと小さくなるがわけだが。

農業は輸送の便や、魚食のもたらす活力や幸福によってさらに繁栄する。村民も川の魅力によって、将来はもっと自由で冒険的な職業につくことを夢見るのである。

しかし漁師生活を魅力的にする娯楽や幸運、可能性、輸送と商業がもたらすかなりの富のほかに、こうした川には昔から邪悪な強奪事件がつきものだった。無数の小川や隣接するジャングルは、強盗どもにまたとない出撃路や避難路を提供する。それらは農村や漁村の繁栄条件であるのみならず、こうした村をならず者のかっこうの獲物とするのである。

とはいえ強盗どもは地域を支配するほど強大にはならない。政府による警戒や鎮圧がないとしても、川泥棒や海賊たちは自船から遠く離れるような危険を冒せないからである。かくして彼らの略奪行為は、村々に周到な自衛と抵抗、反撃や追撃を繰り返す用心深さをもたらしただけだった。

端的にいえば、こうした村々には地道な農夫生活を踏み外して、人生の不幸を享受する傾向がある。そしておおむね昔の旅行者が「扱いが難しく、かつ危険。攻撃すれば自衛する」と書いたようなタイプの人々になるのである。

こうした自衛の必要性は、治安・警察組織を抱える近代的な政府によって薄められてきた。それでも治安維持の最良の手段が、かつて村の守護者だった地元の有力者であることは明らかである。同時に治安判事の最適任者が、先天的・後天的資質をそなえた村の指導者であることもまた確かである。

ヴィクランプルに次いで、ファリドプル地方が子供時代のジャガディスの環境としつけに大きな意味をもったことがわかっている。そこでの生活は、青年期や壮年期の彼の特徴となる、危険と不運に対峙しうる活力、不屈の勇気、あらゆる困難に立ち向かう精神力を引き出す効果があった。

盗賊の冒険譚に胸躍らせる

ファリドプルの副治安判事を務めたボースの父親、バガバン・チャンドラ・ボースは、小さな町だけではなく、周囲の多くの村々にわたる活発な保護者だった。

現代の治安判事は裁判所と自宅の間に居を定めている。しかし当時、彼らが選任された理由は司法能力や知性、現地の知識だけではなかった。むしろいかなる時にも、配下の警察と警官の指揮を引き受け、襲撃者を攻撃できる自発的な行動力や勇気こそが必要とされたのである。

さまざまな逸話がある。たとえば近隣に群盗一味がいると耳にしたボースは、象に打ち乗り、わずかな手勢を引き連れて、彼らの野営地のど真ん中に踏み込んでいった。たまげた群盗どもは四散した。あらかじめ動きを読んでいた治安判事は象の背中から飛び降り、自らの手で親玉をひっ捕えると、連れ帰って裁判にかけた。

もちろん群盗たちは憤激した。彼らは、時に警察と犯罪者の間に存在した（そして今日のインドでもまま見られる）暗黙の妥協をまったく無視して、いくどとなく組織的な復讐を企てた。ある群盗一味の犯罪者が、連行されながらボースを振り向いて、「釈放されたら、火をつけてやる」と脅迫したことがあった。数年後、彼らはその言葉を実行した。

ある真夜中のこと、わら屋根の三、四か所から火の手があがった。同時に離れも燃え上がった。突然、パチパチという音と煙に眠りを破られた家族たちは、取るものもとりあえず、逃げ出さざるをえなかった。

近隣のイスラム教徒の住人たちが救援にかけつけてきた。そのひとりが炎に包まれた家の中に、小さな姿を見かけて、ボースに駆け寄よった。

「偶像に触られたくないでしょうが、あれは救い出せるでしょう」

「偶像だって？　私は偶像など持っていないぞ。どこだ！」

当時まだ三歳の幼い娘（のちのM・M・ボース夫人）が、混乱の中で置き去りにされていた。少女は現場を恐れるよりもむしろ魅惑されて、ベッドの上にじっと坐っていた。飛び込んだ父親が娘をかかえて救い出した。屋根が崩れ落ちたのはその一瞬ののちのことだった。

いっさいが失われた。残骸から見つかった金庫の中には、装飾品やお金、金、銀、銅などが溶けて一個の塊になっていた。離れの馬と雌牛は焼け死んでいた。隣人のひとりが家の一部を提供してくれ、他の人たちが衣類や食器を貸してくれた。それで家族は新築の家が完成するまで、なんとか一か月以上過ごすことができたのだった。焼失した家はボースの持ち家だった。この厳しい喪失は彼の後半生における多くの不幸の始まりとなった。

一、二年後、ジャガディス少年が五、六歳になった時、ボースは「メーラー」という人気の祭から警官のレスリング試合に招かれた。試合には北西部の大柄で頑丈で、鍛えぬかれた人間のほとんどが参加した。のちには八百長説もささやかれたとはいえ、興行自体はすばらしいものだった。見物していた小作農のなかに、俺なら決勝に勝ち残るだろうと吹聴する者がいた。ボースは彼とペアを組むことにした。はたして男は自慢が正当なものだったことを証明した。

ところが敗北に憤慨した警官が、勝利者が立ち上がる前に、突然、その首のあたりを両足で締めつけたのである。小作農は息もたえだえになった。観客はフェアプレーを要求して大声をあげた。だが、怒った男はボースの制止の声も聞かず、一向に足を放そうとしない。ボースが鋭い蹴りを何度も入れ、ようやく不運な勝利者は解放された。

憤激した警官は執念深い性質でもあった。人目につかない道ばたで、その夜演じられるインドの伝統演劇「ジャトラ」にやってくるボース氏を息をひそめて待った。男が獲物を見失ったため、ドラマは大テントの外で演じられることになった。男は、やはり小作農たちの前で恥をかかされた仲間の警官を集め、芝居にやってくる農民たちをテントから閉め出して、殴りつけるよう煽動した。

もみあいの声を聞いてかけつけたボースは、警官が弱い者いじめをしているのを見て、武器を差し出させた。取り上げたその量は一抱えほどもあった。命令を拒んだ前チャンピオンの手から竹を引ったくると、剣が転がり落ちた。観念した警官はボースの足元に崩れ落ち、殺意があったことを告白した。

「立ち上がって、仕事に戻りなさい」

彼はその場で許された。この警官はその後ずっとまっとうな人間として暮らした。

裁判後に慈悲をかけた話でこれと似ているのが、ボースが長期刑を下した悪名高い盗賊《ダコイト》の場合である。服役を終えた盗賊がボースにたずねた。

「この先いったい何をすればいいのでしょう。まっとうな仕事にはつけないし、釈放されても前科者にはチャンスがないのです」

ボースは答えた。

「私のところへきなさい。学校にいく息子を毎日送り迎えしておくれ」

こうして幼いジャガディスは盗賊の脇に乗せられて、行き帰り三〇分以上の輝かしい時間を過ごすことになった。新しい保護者の胸を覆う無数の槍傷や矢傷は熱狂的な闘いの日々を物語っていた。その冒険物語は、幼ないジャガディスの心にすべて詰め込まれた。

たいまつの光を掲げ、雄叫びをあげながら群盗たちが突然襲いかかり、村人を恐怖のどん底に陥れる物語。征服し強奪したかと思えば、村人が勇敢にも反撃してきた物語。自分は間一髪で逃れたものの、仲間は殺されるか捕縛され、ついに自分も捕えられてしまう物語——。つきない物語が繰り返し鮮やかに語られ、幼い心を感動と驚異でいっぱいにした。

ボースが冒険と危険に満ちたロマンティックな生涯に目覚めたのはこれがきっかけだった。現代の西洋の子供たちはインディアン、祖父の時代には追いはぎか海賊といった具合に、たいていの子供たちは本にたよるしかないのに。

盗賊との親交が始まってから一年後、ジャガディス少年はポニーを与えられた。その世話は正直で忠実な盗賊にまかされた。ある時、彼の忠実さが証明される機会がやってきた。

それはボース氏が年に一度の休暇中、家族でヴィクランプルの実家への長い船旅をしていた折のことである。多数の漕ぎ手を擁する怪しげな船が小川から突進してきたかと思うと、追尾してきた。明らかに群盗だった。逃げきれないと思われたとき、かつての盗賊が船の屋根の上に跳び上がって仁王立ちになり、長く、独特の呼びかけを行った。呼びかけはすぐに理解され、受け入れられた。追っ手はたちまち向きを変えて、姿を消した。

この男はボース氏がブルドワンへ栄転するまで、都合四、五年間、家族とともに過ごした。その後、治安判事の古参の使用人という立派な経歴を携えて、故郷の村に帰っていった。もはや彼が過去を問われることはなかった。犯罪者がこのように親切で、賢明な扱いを受けることはよくあることだろうか。規則化、公式化いちじるしい今日でも、この時代遅れの前任者に学ぶべきことがないわけではない。いや、むしろどの国でもこうした例が少なすぎはしないだろうか。

この精力的な治安判事の生来の優しさは、わずかに残された経歴からも浮かびあがり、それだけで一巻本になりそうだ。煩多な公務を精力的にこなしながら、彼は物質的事業と文化的事業を別個に、また連携させながら進行させる時間をつくりだした。とくに力を入れたのが、廃れつつあった「メーラー」の復活だった。

彼は劇的で競技的なパフォーマンスによって昔ながらの宗教行事や祭日、市《いち》などを奨励し、あわせて地方の製造業や農産物の展示会を企画した。実際、ヨーロッパの村々でも、競技や奇跡劇によってかつての「聖なる市」を復活させるさいには、あわせて家内工業の見本市、農業や園芸の振興会を準備したものだった。

メーラーの楽しみでジャガディスが今も鮮やかに覚えているのは、父親にすばらしいジャトラ一座に連れていってもらったときのことである。その演技にジャガディスも聴衆も驚嘆し、心の底から楽しんだ。この評価は、立錐の余地もない観客の心に長く刻まれた鮮明な記憶のみならず、聴衆に混じって観劇していたイギリス人主席治安判事の風雅で楽しい記憶によっても証明される。

主席治安判事は公演後、祝儀の硬貨がつまったポケットを空にしたばかりか、震えるような感動に、公式の儀礼や慎みをかなぐり捨て、すぐに家からご祝儀をたっぷりもってくるから、その間待っているようにと命じた。そして多くの賛辞とともに、上機嫌の役者を帰途につかせたのだった。

一八六九年（ジャガディスが一〇歳のとき）、父親はブルドワンの副治安判事になり、一八七四年までの四、五年間、その地に留まった。ここでの任務はずっと平凡なものとなったが、まもなく緊急事態が勃発し、八面六臂の活躍をすることになった。

ブルドワンは長い間、健康増進に最適な地、健康回復のための本格的サナトリウムとして、カルカッタの人々が足繁く通う行楽地になってきた。マラリアの発生もほとんどなかったこの地に、一八七〇年、突然この伝染病が大流行した。その惨禍は、最近のベンガルにおける悲劇の中でもっとも苛烈なものとして記憶されている。死者は数千人にのぼり、多数の孤児が残された。

伝染病対策が一段落すると、副治安判事は孤児の問題に積極的に取り組んだ。少年たちを救い、集めて、指導しただけでなく、彼らが自活訓練できるよう産業を興した。利用できる建物がなかったので、彼は自邸の大半と敷地を無償で提供し、そこに大工仕事、金属旋削、金属加工、さらには鋳物などの工場を開設した。この工場製の大ぶりで立派な真鍮製容器が、カルカッタのボース家で今も日常的に使用されている。それは先祖伝来の家財として今後も大切に保存され、鋳物工場の製品の品質を示していくことだろう。

当家には小型の真鍮製大砲も残されているが、これはジャガディス少年が母親から古い真鍮製容器をもらい受け、工場の工員を説得して鋳造させたものである。それはなにかあるごとに発砲され、なにもなくても発砲された。ボースはこの大砲を、後半生につくられたより精巧で、静かで、扱いやすい科学的なオモチャをしのぐ愛情で今も振り返っている。

一八七五年、ボース氏はクトワ支部担当の幹部になった。ここで彼は生涯でもっとも過酷な緊急事態に直面した――一八八〇年の最悪の飢饉である。もはや働き盛りを過ぎていたが、彼はこれまで以上のエネルギーをもって立ち向かい、救済システムを地区全体に行きわたらせた。英雄にふさわしい禁欲主義で、餓死者がいるのに自分だけが喰い足りていることに耐えられなかった彼は、餓死寸前の人々がいる村まで遠路を日参した。食事はわずかな粉末小麦を水と一緒に食べるだけという過酷な任務だった。飢饉が終わったときには、肉体的負担のみならず、神経の消耗が重くのしかかった。

軽い中風の発作などもあったようで、体をこわしたボースはカルカッタで二年間の療養生活を余儀なくされた。息子はすでに大学生になっていた。ここでも働き過ぎの脳は休みを知らなかった。ボースはつねにインドの農業の促進と産業の振興のことを考えてきた。そして彼は思考と行動が不可分の人間だった。

ボースはさまざまな企業に相当額を投資した。その資金は不動産や家族の遺産から捻出されたものだった。彼はテライで土地を取得し、森林開拓と牧畜業に着手した。その産物にはすばらしいものもあったが、市場からあまりに遠かったうえに、土地も肥沃とはいいがたかった。そのため企業は損失を出して倒産してしまった。

次いで茶の栽培にも乗り出した。その可能性をボースはこう論じた。スコットランド人がこのような気候で事業できるなら、インド人になぜできないのか。彼はアッサムに二千エーカーの土地を取得した。またも痩せた土地で、開拓と植栽に多大な出費を要した。このため追加資本を高利で借りなければならず、茶栽培が徐々に収益を上げだしても、ふくれあがる一方の利子に追いつかなかった。

損失につぐ損失、心労と失望の毎日だった。不幸にも、この先駆的な事業は彼の時代にはついに成功しなかった。しかし最初はインド人農園主の手で、次は彼の孫たちの手で効率的に経営され、長い歳月をかけてしだいに軌道に乗っていった。

最後の大惨事はボンベイ［現ムンバイ］の機織り会社だった。この会社はボース氏が後年のスワデシ［国産品愛用］運動に先駆ける高邁な愛国的契約により、残りの資本で支援することになったものだった。ところが契約した重役たちは、跡形もなく逃亡してしまった。

大失態にもかかわらず被害者の怒りの矛先はボースには向かわなかった。長い療養生活を終えると、パブナで公務を再開し、引退まで四、五年の間働いた。

さて、幼いころの幸福な日々、息子の教育に関する父親の力強い指導と手ほどきに戻ろう。通常業務に加え、外部との利害関係がからむ公務に忙殺されるボースのような父親は、たいてい子供の教育を人任せにするものである。ところがボース家は違っていた。そこでは父親がつねに権威としてだけでなく、友人や案内人として受けとめられていたのだった。

幼いジャガディスにとって、父親は哲学者でもあった。息子の初期の能力を認めた父親は、賢明にも許す限りの時間をかけて成長と目覚めを見守った。驚異的な精神発達が見られるこの時期は、もっとも輝かしく、教育者にとっても最重要の時期である。

長い一日が終わり、疲れた父親は夕食後、息子のそばに横たわった。彼は息子につぎからつぎへと質問させ、根気よくそれに答えていった。質問は、幼い熱心な観察者が父親のために一日がかりで集めてきたものだった。この応答は眠気が襲って中断されるまで続けられた。典型的な質問スタイルはこうだった。

「今日はこんなものを見たんだ。なぜそうなの?」

父親はつねにできるかぎり根気よく解答を与えたが、時には率直にわからないといい、決してごまかしたり、知ったかぶりをするようなことはなかった。これが未来の研究者にとってはもっとも重要で、教育的なことでもあるだろう。率直さも賢明さも欠いた親が、子供を落胆させるのは珍しくないことだ。

「知らないよ。答えられない。自然についてわかっているのはごくわずかなんだ!」というのが典型的な父親の返答だった。

こうした率直さは、愚かな親や教師が恐れるように、子供の尊敬を失うかもしれないが、さらなる驚きを喚起し、好奇心と観察を持続させる。こうして質問する子供が後に科学者になるのであり、歴史に名を残す科学者とは、このような子供が大成したものではないだろうか。「科学の進歩」は学校やお役所が考えるような簡単な問題ではなく、それに対応しうる科学者の供給が必要なのであり、ただ専門家を訓練すればよいというものでもない。

科学的な訓練は、知識にほとんど無関心な一般家庭で好奇心を育んだ者には、ほとんど役に立たない。科学を進歩させるのは、観察し、質問するよう奨励され、「ばかげた質問をしてはいけない」とか「時間がない」とかといわれて、沈黙させられたり、鈍感にされなかった者だけである。

父親への質問攻めの思い出は、善良な祖母の思い出とともに鮮明に残された。祖母は幼いジャガディスをこん棒で怖がらせるふりをすると、本当に少し腹を立てて、こう嘆いたものである。

「やれやれ、どうして私の息子を眠らせないんだい。お父さんが疲れ果てていることがわからないのかい。おまえは父さんの命取りになるよ！」

子供の直観的洞察はこうだった。

「お父さん、ぼく、藪の中に入る前に、藪が燃えているのを見たんだ！　行ってみると、全部ハエだったんだ。ハエが全部燃えていたんだ！　これは何だったの。どんな意味があったの。なぜハエはそうしたの」

それは当時、博物学者でさえ理解していない現象だった。率直な人は答えた。

「わからない。私たちが知っているのはごくわずかなんだよ！」

「ねえ、きれいだからじゃだめなの？」

屋外の光景に魅惑されてなかなか食事に戻らなかった息子を

「何があったんだ。なぜ帰って来ないんだ？」と問いつめても、答えは見えていた。

「美は腹ペコにまさる！」(もちろん満足度においてという意味である)。

このような出来事は、想像力豊かな子供時代が当たり前である詩人や芸術家に限らず、多くの思索家が把握している美の哲学を明かすものである。今日、欧米におけるこの哲学の主な提唱者であるクローチェとかボールドウィン[・ブラウン]は、明らかに幼児期には当然な世界についての想像力を持ち続けてきた子供でもある。

子供と祖母にまつわるエピソードをもうひとつ示そう。信心深く、お祈りを欠かさぬ祖母は、祈禱に集中するために毎日粘土でシヴァの像をかたどったものだった。この像は礼拝と献花の後、土に戻された。余談だが、これは「偶像崇拝」が一般に言われるほど偶像崇拝的ではなく、純粋に象徴的なものである証拠かもしれない。

よくこねられたこの粘土は、宗教心が足りない子供にも高く評価された。幼いジャガディスは礼拝が終わるまで根気よく待ち、もはや神聖さを失ったその像を玩具としてもらい受けることができた。ところが礼拝がいつになく長引いたある日、我慢しきれなくなったジャガディスは、使用中の像を持ち逃げしてしまった。この冒瀆行為が祖母に与えたショックは大きかった。罪を犯した子供を責めはしなかったが、バラモンと貧しい人々に食事がふるまわれ、罪滅ぼしの儀式が執り行われた。

荒れ狂う「流れ」の魅惑

前述したように、ボースの実家は、ファリドプルから三五マイル東方のヴィクランプル村のラリカールにあった。そのため実家を訪れるのはせいぜい年に一回どまりだった。子供時代の住まいは、パドマ［ガンジス］川支流の広い低地を分ける本街道脇の官舎で、かなり大きな構内と庭付きの相当に広い家だった。

家の近くの支流そのものは大河ではないが、東ベンガルの主流と結ばれているので、洪水時には強烈に荒れ狂う。路傍の流れはとても激しくなり、しかも家とつながる小橋によって狭められるあたりがとくに激しかった。

「あっ、水が動いている！　動く水だ！」

荒れ狂う川の強烈な魅惑は、生涯忘れえぬ記憶となった。ここには明らかに、のちの物理学者の根底をなす、物体と運動に関する深く基本的な幼少体験のひとつがある。彼にとって「運動エネルギー」や「波動」などは、決してガリ勉学生のたんなる教科書用語ではなかった。それは若いころの経験に基づく実在のイメージを比喩的に表現し、定義したものだった。科学的・抽象的思考は、幼児期に蓄えられた鮮明なイメージと瞬時に照合されるのである。具体的で美しく、魅力的で神秘的なそのイメージと。しかも電気学の概念は前［一九］世紀を通じて、運動する水の「流れ」のイメージに少なからず負っていたのである。

物理学者になるための潜在的準備のほかにも、少年はもともと動物学者になってもおかしくないほど動物の生態に強い興味を抱いていた。道端の小川の魚、小さな橋に仕掛けられた魚罠、水ヘビを捕えて姉を恐怖におとしいれたことなどが、今も生き生きと思い出される。インドに数多く棲息する美しくも珍しい多彩な昆虫も同様である。結局、彼はペットとなりうるすべての優しい生き物に引き付けられた。この嗜好は賢明にも幼いころから奨励されていた。

五歳からポニーを与えられた彼は、まもなくしっかりと乗れるようになった。本当に上手で勇敢だったので、ファリドプル競馬で喜んだ観客から「行け。君なら競走もできる！」と、野次られたほどだった。

幼いボースは真に受け、とっさに大きな馬の後について周回コースで初めてのギャロップ走を実行した。あぶみがなかったので、短い足でざらざらの鞍回りを全力で締めつけなければならなかった。そのため皮膚がすりきれて今も傷跡が残るほどである。しかしレースに喜びを感じたジャガディスは、目的を貫いて一周し、順当にビリになった。そして勝者として心からの称賛を受けた。ジャガディスはけがを隠そうとしたが、出血を見られてしまい、手当のために家に送り返された。

このように人の性格は早くも幼年時代に現われるものである。

さらに学校が始まる直前、幼いジャガディスはひとりの男がトラに深手を負わされるのを目撃し、村でけがの手術も見た。その数日後、母親に叱られたジャガディスがサトウキビ農園の中に逃げ込むと、獲物を捕まえているトラに出くわした。

よし、ここで自分の身を生贄にして、母にきつい言葉を後悔させるんだ！

だが、ザワザワと音をたてるキビ畑の奥深くで、少年の勇気はたちまちくじかれた。彼は泣き叫びながら家に帰り、すぐに母親に慰められて、落ち着きを取り戻したのだった。

とはいえ、ますます早期化する学校教育が当時すでに始まっていて、家庭での自由はまもなく終わった。ジャガディスは五歳で学校に入学した。

ファリドプルには二つの学校があった。一校はボース氏が自国民の子供のために設立した母国語《ベンガル》の学校、もう一校は英語で授業を行う公立学校だった。入学時期がもっとも早かったのは、実質的に高度な教育のみを施すよう定められたこの公立学校だった。しかしながらここでボース氏は、息子を母国語の学校に通わせることを強く主張し、地元の人々の意見にも、友人たちの警告にも、息子たちをイギリスの学校に通わせている事務員の忠告にも耳を貸そうとしなかった。

彼はその教育的かつ社会的な理由について率直に語った。子供は英語を学ぶ前にまず母国語を理解すべきであり、さらにいえば子供はまず自国民について知るべきである。そして最近のインドでは富裕層が誤った誇りによって不幸な友から切り離される傾向にあるが、そのような分裂はさけるべきである。

ここにイギリスによって設定された悲惨な例がある。二世代にわたって、インドの子供たちは「トム・ブラウンの学校生活」に深く影響され、いまだにすばらしい公立学校入学前に、小さな村の学校でトムについて話し、もっとも早期の、そして多分教育にとってもっとも大切な序章を失っているのである。

ジャガディスの級友は漁師や小作農の息子で、学校の行き帰りの友になったのは、父親の用務員の息子だった。時とともに正規の学校教育の記憶はしだいに薄れていったが、小作農生活の印象はどれも永続的な共感とともに、すべてが豊かに、鮮烈に残されている。事故や危険をともなう少年漁師の物語、その父親の川での体験。少年はそのすべてを自然の驚異と人間のロマンに満ちた想像世界に熱心に織り上げていった。さらにいえば、このようなことができたのは、元群盗が話してくれた冒険譚のおかげだった。

基本的な「読み、書き、ソロバン」を教えるこの小さなファリドプルの学校には、東西の旧世代に特有のマンネリ化の症状があらわれていたようだ。当時は、後年多くの学校で必修科目になったゲームも禁止されていた。教師は少年たちがクリケットをすることに強い難色を示した。午後の自由時間を使うことですら、本来は予習にあてるべき時間の浪費と見なしたのである。しかし教師より数段抜け目がない少年たちは、しかるべき学校教育革命をのびのびと実行した。彼らは村大工にでこぼこのバットと柱《スタンプ》をつくらせた。そしてインドゴムの木の樹液をゆっくりと回転させて、かなりできのよいボールをつくった。

競技場に選ばれたのは広い交差点だった。そこは村と学校をつなぐ主要道から十分に離れた静かな場所だった。交差点への進入路にはそれぞれ斥候を配置し、身震いするような喜びとともにゲームにうち興じたのである。時々、疑り深い教師がやって来たという警報が発せられたが、少年たちは用意周到だった。試合を中断するや、干上がった水路に飛び込んだ。そこには乾燥した葉っぱが大量に敷き詰められ、童話の「森の中の赤ん坊」よりも幸せに潜んでいられた。危険が過ぎ去ったと見れば、ゲームを再開した。

教科書も程度の差はあれ、ヨーロッパ標準の詰め込み型になっていたので、子供たちにとって魅力の乏しいものになっていた。若きジャガディスは家で独力で、依然としてゆっくりとではあるが、確実に読むことを学んでいった。

上記の古い民衆劇ジャトラによる優れた早期教育のおかげで、彼は『マハーバーラタ』と『ラーマヤナ』の物語に魅せられた。『ラーマヤナ』では、ラーマの性格や彼の弟ラクシュマーナの軍人らしい献身に感銘を受けたが、彼らの性格は「あまりに善良で、完璧すぎた」。少年の想像力にいっそう強く訴えたのは『マハーバーラタ』の老戦士だった。荒々しく力強く、精力的で、超人的な特質と欠陥とを併せ持ち、超人でありながら人間でもあるこの老戦士は、少年の性格と人生観に生涯にわたる影響をおよぼした。

一〇歳から思春期の基礎形成期まで影響をおよぼした英雄はカルナだった。カルナの影響の強さは白髪頭の科学者になった今日でも、庭の舞台で劇を上演すれば、その役を生き生きと演じられるほどである。以下の彼の言葉でその真実味がわかるだろう。

カルナ、カルナ、カルナ、すべての英雄の中の英雄よ！　パーンダヴァ［五王子］の最年長だったカルナは国王となるはずだったが、彼はそれ以上に偉大な神の息子だった。母親によって流され、戦車の馭者の妻に拾われて育てられ、養父のように偉大な戦士となるべく訓練された。

低いカーストゆえの拒絶とあらゆる不遇の中で、彼はつねに公明正大に試合を戦った！　そのため彼の生涯は、アルジュナに殺害される最期まで失望と敗北の連続だったが、最大の勝利者として私の心を揺さぶったのだった。

私は今も思い出すことがある。アルジュナが勝利し、そこへカルナが見知らぬ者として挑戦するトーナメント試合を。名前と生まれを質問されたカルナは答える。

「私の先祖は私自身だ。強大なガンジスに数多の源流の由来を問うなかれ。自らを証すものは流れ自身である。わが行為もかくなるであろう！」

その後、偉大な戦いを前にカルナの母親が彼の出生の秘密を明らかにする。カルナはここで初めてアルジュナが自分の弟であることを知るのである。

母親はカルナに、弟との抗争を思いとどまるなら、おまえこそが長であり、皇帝として君臨すべき者だと答えるだろうという。すると彼はきっぱりと否定した。貧しくとも私を育ててくれた人たちこそ正真正銘の父であり母である。そして生涯を通して私の長はカウラヴァの王ドゥルヨーダナである。この立場を変えることはできない。しかし必ず約束する。アルジュナを除いて、他の息子たちや、兄弟を傷つけることは決してないだろう。

「しかし彼とは最後まで戦わなくてはならない！」

それから二人は戦った！　カルナはアルジュナに矢の狙いを定めた。しかし矢を放とうとした寸前、守護神がアルジュナの足下の地面を振動させたので、矢は紙一重ではずれてしまった。カルナの知らぬ間に、今や矢は神秘の矢となっていたのである。矢は彼の手元に飛んで返るとこう告げた。「アルジュナを殺せという命がくだっている。私の鋭さと速さとあなたの狙いがあれば無敵だ。もう一度狙いなさい」。だがカルナは、「そんな御利益など無用。自力で十分だ！」と、チャンスを見送り、二の矢を継いだ。しかし今度は敵意のある神が突然、地面に亀裂を開けてカルナの二輪戦車の車輪を呑み込んだ。

カルナは跳び降りて車輪を持ち上げようと身をかがめたところを、アルジュナの大剣で斬り殺された。こうして彼は滅びた。運命に逆らってまで。

これも私が父親と一体化したいために愛した英雄だった。父はつねに人々の向上のために奮闘したにもかかわらず、成功は少なく、失敗を重ね、敗者と見なされたのである。こうしたことから、私は現世的な成功にはほとんど目をくれず、対立と敗北、そして敗北から生まれる本物の成功にこそ高い価値を見いだすようになった。いわゆる勝利というもののなんと小さなことか！

このようにすべての神経を過去の感情でぞくぞくさせて、私はわが民族のもっとも高貴な精神をもつひとりだと感じるようになったのだった。唯一の崇高で現実的な勝利は、いかなる方法であれ、決して不正な手段をとらず、正道に留まって公明正大に戦うことだというのが、そのもっとも高貴な教

訓なのである

ふたたび、彼自身の言葉である。

私はジャトラ役者と叙事詩の暗誦者への旅を通じて、インドの英雄時代の偉大な伝統の保存がいかに欠かせないかを痛感している。もっとも高度な国民文化が人々の間で生き続けてこられたのはこの伝統の保存を通してである。それらは急速に姿を消しつつあるので、われわれは制度を復活させるか、その近代的な等価物を持たなくてはならない。

昨夜私は、インドの学生たちがわれわれの伝統を紹介するのを聞きながら、エジンバラとロンドンの仮面劇について思いをめぐらしていた。

なぜこの国で、全インド的な規模で同じことをしないのか？　古代アーリア人の祖先に始まり、すべての人種、すべてのカーストの英雄や賢人とともに。同じく都市も、旧パタリプトラや神聖なベナレス［ワーラーナシー］の初期から、もちろん現代のボンベイまで。人々も大昔の素朴な人々から現代のベンガル、カルカッタの市民まで。その詩人、芸術家、思想家とともに。なぜなされえないのか？なされたほうがよいのか。いや、せねばならぬものなのである。

さらにまた伝統を有するすべての民族が、民族精神によって統一され、表面上は不調和な要素さえ個性や力の要因となりえて初めて、われわれは真のインドを全的に理解することになるだろう。インドの再生と永続的な発展を保持するのはこれらであり、それが古代の同時代人をつぎつぎに消滅させた死の麻痺から、インドを救うだろう！

著者はすべてに心底同意せずにいられない。なぜなら彼にとって、あらゆる教育的進歩の中で、しかも生涯を通じて実験的に努力した教育の核心において、ドラマ以上にその価値を完璧に実証してきたものはなかったからである。最初期の子供っぽい空想や小さなわが家の場面から、村や家族の演劇体験をへて、大学が市民のために制作した最大の文化的野外劇までのドラマがその証明なのである。

英文学の記念碑ともいえるもっとも劇的場面を想起してみよう。それは、シェイクスピアが長老格のベン・ジョンソンとすべての古仲間に別れを告げる人魚亭［シェイクスピア周辺の作家の集ったロンドンのパブ］の一場面である。

その中に重要な位置を占める三人がいる。彼らの名前が記憶されることはめったにないが、劇作家と詩人からなるその著名なグループの実質的な師匠格にちがいなかった。ひとりはシェイクスピアに『マクベス』や英語の歴史劇のプロットをおしえた『年代記』編者［ラファエル・ホリンシェッド］。もうひとりは、偉大な帝政ローマ期のギリシャ人プルタルコスの『英雄伝』の翻訳者［トマス・ノース］である。この作品がなければ、われわれはマーク・アントニー［アントニウス］とさらに多くの人物を失うことになる。そして三人目はモンテーニュの翻訳者［ジョン・フローリオ］。その行き届いた知恵はシェイクスピアの思考を満たし、ベーコンの不朽のエッセイを輝かせた。

このような場面はもはやたんなる復古主義の産物ではなく、長年失われていた秘密を確認することともなる。大学の偉大な遺産と劇場の普及という両輪が、一方のあまりの凡庸さを救うかもしれないし、さらにひどい、もう一方の退屈さも救うかもしれないからである。両輪とすることで、必要とされる大衆文化の再生につながる可能性もあるのである。

次世代教育のこのような予測から、五〇年前の年長者の初期まで戻って、進学した若きジャガディスから始めることにしよう。

この当時、父親はブルドワンの治安判事として、西ベンガルに転任していた。九歳になるまでに、父親が賢明にも強調していた母国語の基礎訓練は十分に確保され、今や上級の英語学校への通学が可能になっていた。そこで、カルカッタのヘアスクールに三か月在籍した後、より厳密なセントザビエル(・カレッジ附属)英語学校に送られた。当時でもこの学校はイエズス会修道士の高度な教育的伝統を導入しており、その授業はプロテスタントなどの悪意にもかかわらず、全世界で尊重されてきた。

あらゆる研究のさらなる進歩と、最高の活性化を願ってやまないわれわれ科学者の傾向は、すべてイエズス会などの西洋の学校に端を発している。まさしく東西を問わず、こうした教育環境では少年の現実的かつ内的な教育の大部分が少年自身の手に委ねられ、なかには傷つく者も出てくる。

その英語学校は大半がベンガル語をほとんど理解しないイギリス人少年専用で、しかもレベルも最高とはいいがたかった。この状況はジャガディスをとまどわせた。彼の英語はごく初歩段階で、文を逐一解読することはできても、会話は言うにおよばず、実際には読むことすらままならなかったからである。さらに他の少年たちが大都市に慣れていたのに対し、新入りのジャガディスは完全に田舎者だった。町での体験がまったくない上に、彼の慣れ親しんだ世界は突然、置き去りにされてほとんど役に立たず、慰めの記憶として保存されただけだった。

新入りの少年たちがこうむるいじめやなぶりの後に、お決まりの喧嘩になった。少年物語の定番どおり、相手はクラスのいじめっ子で、かなりの巨漢、拳をふるう経験に長けていた。片や小柄なジャガディスは殴り合いの喧嘩などしたことがない。彼はさんざんに殴られ、鼻血を出し、涙目になった。もはやなすすべもなく、喧嘩はほとんど決着がついたかに思われた。

ところがそれから激情が爆発した。おそらく昔の英雄の記憶がよみがえったのだろう。彼は誰もが驚くほど怒り狂って猛攻を加え、相手がほとんど気絶し、呼びかけにも答えられなくなるまでやっつけた。少年は勝利者として歓呼で迎えられ、完全な自由民としての権利を獲得したのだった。

とはいえ、東ベンガルとイギリスでは背景が違いすぎるため、友情が結ばれることはほとんどなかった。さらなる不遇の要因となったのが、ジャガディスが異なるカレッジの寄宿寮に預けられていたことだった。大学生たちは、小っこいやつなど気にもとめなかったし、その世界もあまりにかけ離れたものだった。

学友たちとまったく交遊がなかったわけではないが、ジャガディスのいちばんの関心は自室での研究にあった。彼は小遣いをペット動物のためにはたき、空き時間は彼らの住処づくりと世話に捧げた。庭の隅にも小さな庭園を設計し、その給水に発明の才を発揮した。彼は苦労して手に入れた若干のパイプを曲がりくねらせ、明らかに故郷のものに基づいて、小さな橋のかかる小川をつくった。おもしろいのは、このパイプと小川が後年、ボースのダージリンの庭園で復活することである。しかもボース研究所に隣接するカルカッタの自宅の小庭園にも、小川と橋などがすべて発見される。

それどころか著者は、正直な年代記編者でありかつ自称解釈学的批評家としてこう言わざるをえない。昨年、拡張されたボース研究所の庭園の設計に小川と橋が強く求められたのは、この子供時代の興味のためだったと。それ以外には理解できないほど、その渇望は強固で、頑固ですらあった。

実現不可能だという建築家と著者の主張は、しばし彼らを落胆させたものだった。だがこうした議論にもかかわらず、ボース研究所の分別ある所長が心の奥の潜在的自己に促されて小川や橋を導入するだろうことは目に見えている。

なぜなら「三つ子の魂百まで［The boy is father of the man: 少年は男の父］」とは言うが、少年こそ男であり、そして最高に幸せな男とはもっとも忠実な意味で少年のままでいられる男なのである。

この点で、男のもっとも幸福な思い出は、ブルドワンでの年二回の休暇とその後のクトワでの休暇だった。それらは明らかに最高に教育的な体験でもあった。新しいペットのウサギやハト、尾の長い子羊などを連れ帰り、彼は小屋づくりに熱中した。姉や妹も大喜びで協力した。そこには彼にずっと忠実だった乗馬用の馬もいた。

父親の賢明さ、母親の愛、祖母の親切心と信心。これらが旧弊な雰囲気を一新させ、彼のまったき成長を促したのだった。

第2章

カルカッタ、イギリスでの大学生活

ラフォン神父の実験手ほどき

一六歳でジャガディスは英語学校から〔カルカッタ大学〕セントザビエル・カレッジに移った。そこで、普通科目をほどほどにこなしていたが、とくに興味も卓越さも示していなかった。彼は好きだった博物学から方向転換をして、物理学の影響下にあった。

セントザビエル・カレッジで長く物理学教授を勤めていたラフォン神父の教え子はみな、真に教育的であった彼の授業と影響を覚えている。神父の豊富な実験は、明晰な解説とともに、大学一おもしろい授業となっていた。

実験のすばらしさとともに、その根気強さに裏づけられた巧妙な技術をとりわけ評価したのがジャガディスだった。知的明断さによって豊富な実験装置や実験手段を組み合わせるこの最初の訓練をのちに彼は完全に再現し、さらにしのぐことによって旧師に恩返しをしたのだった。

しかしながら、青年期には共通することだが、あいまいな観念の発酵や野心に惑わされ、進路は少しも見えてこなかった。試験には合格可能で、人に優れた点もないわけでもないと気づいたジャガディスが最初に思いついたのは、学士号の取得よりも、高度な教育を受けるための渡英だった。

前章で示したように、当時のボース氏は投資計画にことごとく失敗して、負債に悩まされていた。その高利は彼が節約し、蓄財したすべてを飲み込もうとしていた。

ジャガディスは、自分の最初の仕事は父の負担を除き、自分の稼ぎで負債を支払うことだと痛感していた。そのためのもっとも有望なキャリアは高等文官になることだった。しかしジャガディスの父親は、官庁で抜群の成功をおさめていたにもかかわらず、息子の提案を拒否した。彼には、役人は人の一段上にいて、人々の運命や苦闘から遠いという思いがあり、自分の息子がこの権威的な経験を繰り返すよりも、同胞たちの間でもっと平凡な役割につくことを望んだのだった。彼の希望は息子が学者になるか、科学的な資質をいかしてインド農業の進歩のために教育を受けることだった。

以来、若きボースは関心を医学に移した。それが自然科学で職をえる唯一の道であり、手段であるのはまちがいなかった。これをイギリスの大学で学びたいと、ふたたびロンドンに思いを馳せた。とはいえイギリス滞在には莫大な費用が見込まれる。しかも父親は目下、二年間の療養休暇中で収入が減り、その症状からして任務に復帰して収入を増やせるかどうかは微妙だった。これほど不確実な状況下で、費用がかかるイギリス留学は明らかに無理だった。

さらに優しい息子にとってやっかいで深刻だったのは、別離に対する母親の恐れだった。彼女の恐れは息子がこだわる未知の西洋に対するものだけではなく、インドではありふれた海に対する恐怖でもあった。船乗りの血が流れるわれわれ西洋人からすれば、なんとも不思議な恐怖だが、これはインド沿岸の危険性が古来の民間伝承で誇張されて残ったものではないだろうか。おそらくは西洋に向かうインド海洋帝国時代の危難、台風に巻き込まれながらの中国への航海、疑いなく完全な失敗に終わったカンボジアやジャワの植民地建設などの遺物であり、多くのインドの歴史に一般的なように、記録や伝承すら消滅しても、漠とした感覚的な信念や国民精神の中に、したたかに生きつづけているものではないだろうか。

母親はジャガディスが一七歳のときに一〇歳になる二番目の息子を亡くしていた。彼女の悲嘆は長く深かったが、今は残された息子に最大の希望とこれ以上ない優しい愛情を注いでいた。まさにインドの母親らしく。

こうした悲しみの後にジャガディスの放浪の恐れが新たに加わり、ふくらんだことで、彼女はいっそう動揺した。父親の病状は依然思わしくなかったので、親族会議が持たれ、あらゆる理由からしてジャガディスの渡英はまかりならぬという決定が下された。

ジャガディスも同様の結論で自身の苦闘を終わらせていた。現状では、これ以上押し通すのはわがままだということを誠実に認めたのである。彼は計画を放棄し、インドに腰を落ち着けて最善を尽くすことを約束

ボース博士の両親

したのだった。

しかしながらすべてが落ち着いた思われたとき、母親の芯の強さが十二分に発揮された。彼女は新たに問題全体をひとりで考え抜いて、神経衰弱以外のあらゆる恐怖から回復し、自分を取り戻した。ある晩ジャガディスの枕許にやって来ると、子供のときのように彼の頭を膝にのせてこう言った。

「ねえおまえ、私はヨーロッパ行きのことはよく理解できません。でも、おまえが心の中でできる限り勉強したいと願っていることはわかります。だから私は決めました。おまえには望みがあるのでしょう。お父さんの財産はなにも残っていないけれど、宝石があります。少しのたくわえもあります。これでなんとかやりくりできます。おまえの思いどおりになさい」

母親が決心したことで、当然、親族会議に反対はなく、ためらっていた父親も反対しなかった。結局のところ、父親の拒否権はただ行政および司法官庁に対するものだけだったのである。父親は医学の道で成功するという有能な息子の考えを歓迎した。というのも当時は現実的に、職業としての科学はほとんど念頭になかったからである。父親の健康は改善され（今度はパブナで）任務に戻ったが、それは収入増を意味した。

おかげで宝石は売られずにすみ、母親は息子の帰国のために金を蓄えておく気になった。これ以降、家計のやりくりは父親の負債の返済に加え、わが学生のために、疑いもなくさらに厳しいものになった。

わが学生の運命の変化をより明確に追跡するために、学課や進路をめぐる紆余曲折を離れ、人生の一部ともなった別の側面を詳しく見ておこう。

自然やペット、馬への愛情は青年期にはスポーツや野生の冒険にたやすく発展する。力強い少年時代の到来とともに、危機一髪の冒険に対する喜びも到来した。しかもそれは目前にあった。

一五歳になる前のこと、ジャガディスが洪水による浸食で境のはっきりしない川を馬に乗って渡っていると、馬が穴の中に落ち込み、水中で騎手を放り出してひっくり返った。彼はもがいている動物の下から泳ぎ出てなんとかその上にまたがった。このすばらしい馬はその後ジャガディス以外のどんな騎手にも従わなくなった。父親の言うこともきかなかった。そのため彼がカルカッタにいて不在の間は働かなかった。

彼の従者で、今は年老いたラジプット・セポイからは射撃をならい、たびたび狩猟旅行に出かけるようになった。興味が頂点に達したのは、一九歳の大学休暇に行ったテライでの一か月だった。ここで最初の大物を経験し、森林やジャングルの鮮明な印象を記憶した。

その六か月後、仲のよい大地主から、アッサムでの魅力的な狩猟休暇に招待された。彼は射撃の名手で著名なハンターでもあった。しかも獲物は彼の森林にいる野生の水牛ばかりか、サイもいた。

夜、最寄りの鉄道駅に戻るため、二一マイルの夜行に備えてかごが待っていた。昼間は活発に動き回っていたジャガディスだが、夜になってひどい熱が襲ってきた。かつて経験したことのない高熱である。悪化する前に、ただちに帰るべきだということで意見は一致した。といってもかごは無理だった。彼は出立を切望してこう尋ねた。

「使える馬はいませんか?」

「一頭だけいるが、ただ、危険すぎる。すばらしい競走馬だがひどい暴れ馬で、最後の騎手を殺しかけて以来、誰も乗っていないんだ」

「そいつに会わせてくれませんか」

馬屋からその馬が引き出されてきた。

だが最初の一歩から前足で彼に襲いかかり、後ろ足で立ってかみついてきた。攻撃をかわして彼は背中に跳び乗った。激怒した動物は必死に彼を振り落とそうとした。礼儀正しい出立の準備などするどころか、別れの挨拶の間もなく、抑えるあてもないあわただしいギャロップ走が続いた。

途中、かごでうとうとしながら越えた川の橋が見えてきたが、道の前方は側溝とともに崩れていた。狩猟者の天性とすばやい決断で、彼は馬を強引に脇に引き寄せた。まさに危機一髪。橋は洪水によって破壊されていたのである。進路を変更しなければ、彼は馬もろとも、洪水の中に飛び込んでいたにちがいない。道はそのまま壊れた橋の代わりになる即製の軽い竹の橋へと続いていた。乱暴な動物はその上で何度かバウンドし、ほとんどその橋を壊すところだった。

へとへとになったのは一四マイルだけで、最後の七マイルは平穏に過ぎた。疲れ切った熱病患者はカルカッタへの長い鉄道旅行を開始した。

熱病はキニーネなどすべての治療にもかかわらず、何度となく激しい消耗をもたらした。このため学士号の取得が困難になるほどだった。イギリス渡航前には家で短い休暇をとったが、それでも症状は緩和しなかった。

イギリス留学

航海で、熱病は回復するどころかさらに悪化した。極端な発作が起こったある日、診察室に向かって歩いていたジャガディスは入口で倒れ、医者に抱えられて寝台に運ばれた。カルカッタ同様、治療と看護は失敗に終わった。患者はふとこんな話し声を耳にした。

「かわいそうに。この青年がイギリスを見ることは決してないだろう」

長い旅行で楽しい思い出となったのは、サザンプトンからの鉄道旅行中に親切に話しかけてきた二人の婦人のことだった。二人は絵入り新聞と、さりげない生気と快活さをもたらして彼の憂鬱を軽減してくれたものだった。

ロンドン大学では、学士卒業証書のおかげで入学手続きは順調に進み、彼は医学生として通常の初年度の勉強を開始した。物理学と化学はすでに十分修めていたが、レイ・ランケスターの動物学の授業はまったく新しく、興味深いものだった。なぜなら今日でも、カルカッタ大学は動物学を排除しているからである。

夏期の植物学も性に合っており、初歩的な科学の試験は難なく合格した。続く秋期で、解剖学による本来の医学研究の初年度が開始された。だが解剖教室のにおいで、頻繁に襲う熱病は以前にもましてひどくなった。それゆえ解剖学者は若きボースに医学課程を断念するよう助言した。リンガー博士もこの助言に同意した。博士は当時、病院のもっとも著名な医師だっただけでなく、もっとも有能で親切な教授で、それまでにもヒ素注射などで彼を治療してきたが、すべて効果がなかったのだった。

新たな難局に陥ったボースは、ロンドンを去ってケンブリッジで科学を学ぶことに決めた。熱病が彼の進路を新たに、そして生涯にわたって決定したのである。

まず入学試験に必要なラテン語などを詰め込まねばならなかった（そこではサンスクリット語がギリシャ語の代わりに認められていた）。このささやかな記憶のせいで、彼は生涯［ウィリアム・］ペイリー嫌いになった。

レーリー卿との出会い

一八八一年一月、［ケンブリッジ大学］クライスト・カレッジで自然科学の奨学金を獲得できたので入学した。こうして以前とはまるで異なる健康な生活が始まった。もっとも治癒はきわめてゆっくりしたものだった。沼地にあるこの古い大都市の気候は、マラリア患者にとっては英国における最悪の気候のひとつだからである（もちろん地中海の北部でも最悪だが）。

すべての薬を捨てて、若きボースはボート遊びで毎日汗を流し、総じて壮健にもなった。けれども熱は収まらず、一時は大学当局を恐れさせるほど深刻になった。ケム川の冷たい水の中に転覆して、熱がぶり返したのである。熱はそれから毎週、しばらく後は隔週ごとに襲ってきた。そして二年目までえんえん続いた後、健康が回復し、勉強するのに十分な活力が見込めるようになった。

この後、ボースはマラリアに対する免疫ができたようだった。だがそのためなのか、たんに習癖となったのか、不眠症が六、七年続き、以来ずっと過労の時には大なり小なりぶり返すようになった。

今になって、彼の症状、発病地、同種のケースではほとんど致命的なことなどをかんがみるに、この病気が普通の熱病ではなく、黒熱病［内臓型リーシュマニア症］とか、とくにアッサムでは周期的に発生するさらに深刻で頻度の高いペストだった可能性もあると思われる。この病気は幸いにも最近では治療も予防も可能になっている。

新入りを訪問した学生たちの最初の一団は、どちらかというと享楽的な連中だった。こうした知人と手を切るすべをまったく知らないボースは、個人指導教授からやさしくさとされ、その後は内気で孤独な時期を過ごした。

しかし二学年目には体力が回復し、寮の夕食時の陽気なつきあいや仲間との交際など、大学生活の楽しみが本格的に始まった。そして知人の広い輪が形成され、少数の友情も生まれた。交際範囲は自然科学クラブを通して、大学を越えて広がっていった。クラブでは豊かな友情と陽気さで、論文や議論のための活発な会合がもたれた。

それから四〇年近くがたち、たいていの昔なじみが姿を消すか、忘れられていったなか、少数の思い出は今も心に残っている。とりわけ、のちにアリーガル大学とダーシィトンプソン大学の学長になり、その後ダンディー大学とセントアンドリュース大学で学長をつとめたセオドア・ベックの思い出は消えていない。ボースより年上のシプリー（クライスト・カレッジの現学長）や、職業によって四散して行方知れずになった少数の人たちについての温かい思い出もある。他にも、その後活動的な物理学者としてエマヌエル大学で修士号をとり、レイノルズ・グリーン大学で植物学者となったフィッツパトリックのような友人がいた。

最初の夏休みは、ワイト島でおおむね楽しく過ごした。しかしシャンクリン湾外の単独ボート遊びはあまりに冒険的だったうえにスコールに遭遇してしまった。終始転覆の危険にさらされながら三時間苦闘したあげく、ようやく帰り着いたのだった。このためまた熱が亢進したが、さいわいにも親切な女主人の看護を受けることができた。

次の夏は、高地を徒歩旅行する小さな学生グループに加わって二か月を過ごした。もっとも思い出に残っているのはトロサックスである。最後の長い休暇はケンブリッジで学士号のための勉強に費やされた。

ケンブリッジでの研究当初、ボースは進路についてまだ迷い、自分の資質についてもよくわからなかった。そこで彼は「講義の饗宴」完全制覇を計画し、あらゆる科学講座に可能な限り出席し、できるだけ多くの研究所を訪れることにした。

これが良い結果に結びついた。生理学ではフランシス・バルフォアよりすぐれた教師が、あるいは胎生学では当時その才能の頂点にあったマイケル・フォスターより良い教師がいただろうか。同じく地質学も、ヒューズ教授とその親切でもてなしのよい妻の両方を通して興味を持った。

二年目の中期以降は、物理学、化学、植物学に絞り、落ち着いて勉強に取り組んだ。

リーヴェイング教授の化学講座では、分光学に刺激を受けたことをとくに覚えている。つる、すなわち植物学の講義と植物研究所もきわめてありがたかった。フランシス・ダーウィンの植物生理学の最初の講座ができたのは彼が去ったあとだった。

なかでも未来の物理学者にとってもっとも教育的で、決定的だったのはレーリー卿の授業だった。万全の正確さを期して慎重に計画された実験は、あらゆる障害要因を考慮に入れ、補償し、すべてに相応な明確さと注意深さをもって実施された。その深遠な印象はジャガディスの生涯にわたって持続した。ラフォン神父のすばらしく啓発的な実験を補い、さらに上級へと導くこの授業は、物理科学への最良の入門となった。それは大きな問題を扱い、結果的に発見にいたるさいにとても大切な細心な勤勉さを教えてくれたのである。

わが学生自身の独創力はまだ認められなかった。とはいえそれほど早い時期に現れるのはまれだったので、彼の努力は教師たちを満足させた。その努力はまずはケンブリッジ大学の自然科学優等試験によって証明され、さらにロンドン大学で理学士を同時取得したことでも証拠づけられる。

後半生のボースをめぐる親交は、その後の彼の研究に対する心からの激励とともに発展したものだった。これら老教授の中で、レーリー卿とヴァインズ教授は物理学と植物生理学における彼の研究を評価し、王立協会とリンネ協会における彼の長期的な一連の発表の後援者となった。同じくフランシス・ダーウィンとの友好関係も維持された。そして今もときどき往時の交際が復活している。

第3章

苦闘のはじまり

ケンブリッジ大学とロンドン大学に最初のカルカッタ大学を加えて、三つの輝かしい学士号を手にした若きボースは、インドに戻る時がきたと感じていた。家族の絆やホームシックだけではなく、家計の不安も重く心にのしかかっていたのである。

四年の放浪は長かった。とくに青年期には。今や彼は二五歳近くになり、熱心に職を求める成人男性になっていた。幸いにも当時郵政公社総裁を務めていた経済学者のフォーセット教授から、訪ねてくるようにとの手紙が届いた。教授はのちにカルカッタの法廷弁護士になり、当時の世論のリーダーでもあったが、ボースのはるか年上の義兄、故A・M・ボース氏と旧知の間柄だった関係で、彼のことを気にかけてくれていたのである。

この後、フォーセットはインド担当大臣を務める同僚のキンバリー卿に、教育官の採用情報を問い合わせたが、何の示唆もなかったので、ボースにインドに帰国して、確認するよう助言できただけだった。

不当な差別

フォーセットは若きボースに当時のインド総督リポン卿を紹介してくれたので、彼は帰郷の途次、シムラーに立ち寄った。総督は温かく迎えてくれ、彼を教育官に任命することを約束してくれた。ところが話しているうちに、総督はしだいに苦々しい表情になると、突然怒り出した。

「私の人生は失敗だった。私が望んだのは、インドに奉仕し、インド人にもっと多くの責任を与えることだったのに。最初はすべてが有望だったのに、このイルバート問題だ〔インド人の判事がヨーロッパ人の被告を裁けるとしたイルバート法案をめぐる騒動〕。だが私は、これでわが英国の自由主義的伝統が見捨てられたとは決して思わない」

カルカッタに着くや、ボースは公教育局長官を訪問した。長官はボースの任用を薦めるリポン卿の手紙をベンガル政府から受け取っていた。

長官は不機嫌そうにこう切り出した。

「通常は頭越しではなく、下からアプローチするものだよ。今のところ帝国の教育官には上級職の空きはないね。昇進の可能性がある地方官のポストを提供できるだけだ」

ボースはこの申し出を辞退した。

ボースの任用が官報に掲載されていないことに気付いた総督は、ベンガル政府に遅れの説明を求める手紙を書いた。この上からの圧力は長官を大いにいらつかせた。

ボースが理解した長官からの通知の主旨は、こういうことだった。

よきにはからえとのお達しなので、上級職を提供しよう。だが、これは永続性のない儀式的な約束にすぎない。ボースが高等文官試験に合格したあかつきには、任用の恒久化が考慮されるだろう。

偏見とは言わないまでも、インド人が科学における重要な地位に就くについては、その能力に対する疑いがあった。形而上学と言語におけるインド人の鋭い知性は、つねに率直に認められてきたが、科学については別だった。インド人は厳密な科学的方法に対する資質に欠けるので、教師は西洋人にすべきだという先入観があったのである。

この見解は政府のものでもあり、教育局においてとくに強固だった。それはボースが「カルカッタ大学」プレジデンシー・カレッジの物理学客員教授に任命されると、学長が同じ理由で抗議したことからもわかる。

ともあれ、こうしてボースの人生の扉が開かれた。積極的でない世話人を無視する決め手となったのは、自らの個人的自由という条件だった。彼は過去のことは喜んで水に流すことにした。ひとりで決めたことだが、これは正しく適切な判断だった。当時の彼はもっとも鋭い戦いの傷さえ治る年齢だった。

著者が興味があるのは、彼の個人的な根拠よりも、彼のテーマである。実際、科学におけるボースの建設的な研究、教育態度、西洋の思想文化と東洋との結合など、全般にどのテーマにも関心がある。そのためにも、ここではいささか論争的で個人的な古い難事についてあえて言及し、率直に論じておくことにしたい。

そこで、今後の状況も理解するためにも、ボースがインドの大学に五年以上在籍した研究者として、自身の責任において特記していることについて説明しよう。

そもそもインド人以外の読者は次のことを理解しなくてはならない。インドの官僚になる機会はすべてのインド人に対して開かれており、高等文官試験に合格すればイギリス人の同僚と同じ地位と給料を約束されるが、高等教育官の地位にのぼるには推薦によるしかない。しかもこうしたポストは、稀有な例外であって、ヨーロッパで最高位の資格をもつインド人にも開かれてこなかったのである。

一般にインド人教授は、同じ義務と責任を負いながら、はるかに低い給料で「地方官」を構成してきた。名目上は優秀な地方官は誰でも、上級部局への昇進が可能である。しかし実際にはそのような例はきわめてまれである。インドで現在、その分野の指導的地位にいる化学者ですらそんなものだった。

物理学のボースも卓越した能力によって勝ち取った化学士号を携えてインドに帰国し、プレジデンシー・カレッジに任用されて以来十分期待に応えてきたが、決して最高の地位に昇進することはなかった。長年にわたって、ヨーロッパの同僚とは別個に授業や調査研究を行い、その発見によってヨーロッパでの評判を勝ち取ってきたのにである。

私見では、ボースがインドの大学に関してもっとも驚き、失望したのは、世界の大学に比べたときの、個別研究や独創性のレベルの低さだった。その一因は明らかにこの旧弊のシステムにあった。

官庁で、法曹界や法廷で、ヨーロッパ人とインド人は一緒に働くべきだし、現に働いている。にもかかわらず日々の協同研究が不可欠で、その実現もずっと容易なはずの大学やカレッジで、両者は実際には二つの別々の人種グループに隔離されているのである。かくして一方の不振と他方の沈滞で、いずれの価値も減じ、学生たちの敬意も薄れてしまい、彼らはどちらのグループの恩恵からも遠ざけられているのである。

いずれインドにおいても、協同精神と活発な知的生活をともなう真に効率的な高等教育が十全に実施されることになるだろう。そのあかつきには、こうしたシステムは自身の作用によって棄てられ、その精神によって変革されるはずである。ボースの偉大な科学的貢献にもまして、彼が専門的基準や理想の維持向上をめざし、さらに人種の違いも超えようとしたことこそ、著者がこの伝記に着手する理由なのである。

本章において、ボースの生涯をかけた闘いのおかげで、この不当な差別の大半が公式に取り除かれたことを明らかにしよう。ボースの仕事はたんに科学者としてのものだけではない。こうした勇敢な提唱や、最近、インド公務委員会に提案した高等教育の改良など、教育者としてのものでもあった。

本題に戻ろう。

若き教育官は地方大学に送られるのがつねだった。そこで実績を認められた後、プレジデンシー・カレッジに異動できる。

この大学は長い間インドで第一級の教育機関と考えられてきた名門である。学生はおとなしいどころではなく、教授の指導力について厳しい目を注いでいた。拡大解釈された不服従の精神で、彼らは独立の栄誉を獲得していた。時に暴走し、二人のイギリス人教授との間に不運な諍いを引き起こし、政府の調査委員会の介入を招く事態にもなった。

学生たちは大変感情的になっていた。粗暴な心を抑え、自制することより難しい試験を課せるだろうか。

当初からボースが直面した状況は固い決心をもゆるがすもので、その後も何年にもわたり、同様な状況と苦闘しなければならなかった。

ボースが赴任した当時、インド人教授の収入はたとえ帝国の文官であっても、ヨーロッパ人の三分の二にすぎなかった（ボースは後にこの差別を廃止させることに成功した）。赴任後、この三分の二の給料がさらに二分の一に減額されることがわかった。彼の任用はたんなる儀式の執行にすぎなかったからである。つまり彼が手にするのは、通常の職に付随する標準的な給料のわずか三分の一だった。

当初から、ボースの方針はきわめて明快だった。求められているすべてのことをなし、それ以上のことをなすこと。同時に、その職業を通してインド人教授の地位向上にも全力を尽くす覚悟でいた。

個人的な誇りと同胞や同僚に対する忠誠により、彼は新しい抗議の形を考案し、不屈の精神で鮮やかにそれを貫いた。異議申し立てが無視されると、毎月給料として支払われる小切手の受け取りを拒否したのである。それを苦にせず勇敢に受け入れた妻への無言の感謝とともに、三年間にわたってやりぬいた。

ボースが直面した困難はもうひとつあった。家族の財産は今やどん底にあった。父親が手をつけた多くの事業の中で、最初から大成功をおさめたものもいくつかあった。特筆すべきは、のちの協同的社会の先駆けとなった庶民銀行である。その有力な創設者であるボース氏は、銀行株を大量に保有していた。何年もしないうちに株は急上昇し、今や金融業界ではもっとも成功した企業のひとつになっている。

ボース氏がこれらの株を保有しつづけていたなら、彼と家族は永久に安泰だったろう。だが、つねに欠点といってよいほど寛大な心をもつ彼は、より貧しい友人たちにその株を供与してしまった。すぐに成功に恵まれなかった他の産業や農業の投機事業の負担は、彼にかかった。さらには同類の企業を立ち上げた他人の保証人となり、これらの責任も最終的に彼に降りかかった。

若きボースは、この重い負担から父親を救い出すため全力を尽くすべきだという思いをますます深めた。彼は問題にひとりで取り組み、先祖の家に直行し、家族が所有していたすべての不動産を残らず手放した。祖先の思い出とともに神聖化されてきた不動産を手放すことが、家族の名誉をいかに傷つけるか、インド人以外の者には理解することはむずかしい。インドではそれは上流階級の伝統だけではなく、一般的な感情だと思われる。親戚じゅうが彼にこの屈辱を思いとどまらせようとしたが、ボースの決心は断固としていた。すべての不動産が売却され、代金は債権者に支払われた。これで負債の五〇パーセントが片付いた。

それから彼は母親に訴えた。ヒンドゥ法によれば妻の不動産は神聖なものであり、夫や夫の債権者は決して手をつけられないからである。その財産は息子の帰国にそなえたものだったが、臆せず未来をひらこうとする息子の意気に感じて、彼女もひるまず犠牲的精神を発揮した。彼女の個人財産は処分され、元金と累積利子を合わせた負債総額の七五パーセントまで清算できることになった。

あらゆる努力を惜しまない家族の決意は、債権者の心を動かした。彼らは完全に満足し、分割払いするはずの残額を、全額清算されたものとして免除してくれた。しかし若いボースはこの問題に関して彼なりの見解をもち、それを守り通した。

ボースはそれから九年間にわたって苦闘し、自らの収入のうちから、債権者が放棄した二五パーセントの残額を完済したのである。

学生たちを魅了する

プレジデンシー・カレッジでボースが試されたのは、自制を教え悟し、維持させる能力だったが、学生に対する影響は初日から確立された。授業に精勤させるための工夫など必要なかった。出席簿すら余計だった。彼の講義にいたく興味をもった学生たちは、実験をもっとよく見たいと争って前席を確保しようとしたのである。

これまで使われていた暗記用の詰め込み本は不要になり、まもなく捨てられた。ボースの昔の教え子たちはその印象的な教授法をいまだに楽しく思い出している。その率直で生き生きとした授業は、のちに他の職業についた人たちの心にも永遠に刻み込まれたのである。

この臨時的な職を三年間勤めた後、学長（C・H・トーニー氏）と公教育局長官（アルフレッド・クロフト卿）がともにボース教授の仕事の価値を十分に実感し、彼の性格を理解するようになった。この後、彼らはもっとも信頼できる友人になった。

長官は、ボースは信条の問題がからむと、融通がきかなくなることがあると気づいていた。ボースのほうでも、イギリス人と仲良くやっていく最善の方法は、毅然と立ち向かうことだと悟った。インド人に毅然と抵抗された者は、彼の個人的友人になるだけではなく、その後はだいたいにおいて、自分の考え方ややり方を改めることになる。

この問題は重要である。これについてはのちほどボースのキャリアで生じた多くの事例の中から、一、二の例に言及することになるだろう。

長官の見方が変化した結果、政府の特命が下され、ボースの任用は永久的なものになっただけでなく、その恩恵は遡及的なものになった。これにより彼は三年間の給料全額を一括払いで受け取ることができた。それは父親の債権者に即座に返済された。残りの負債は次の六年間で片づけていった。

完済し終えたのち、父親は一年間だけ生き、母親はもう二年間生きたが、生存中に息子の科学的な成功を見ることはなかった。何年もたってから、ボースはファリドプルの人々から父親が設立した展示会とメーラーの五〇周年記念日の講演を依頼された。

演題は「偉大なる失敗」。それは父親の努力と進取の気性の物語であり、彼が種をまいた度重なる不成功の物語だった。ここに講演をしめくくる言葉がある。


失敗でしょうか？　そのとおりです。

だが恥ずべきことでも、まったくの徒労でもありません。この苦闘を目撃することを通じて、息子は成功と失敗は一体のものだし、敗北のあるものは勝利より偉大かもしれないという見方を学んだのです。

私にとって父の生涯は祝福のひとつであり、日々の感謝の祈りでした。にもかかわらず誰もが父は生活の破壊者だったといっています。もっとすばらしいものになったはずの生活を破壊してしまったというのです。巨大な大陸が無数の生物の残骸から築かれてきたことを理解している者はほとんどいません。

これから偉大なインドを築くのは、父や、父のような多くの生物の残骸なのです。なぜそうあるべきなのかはわかりません。大地の母がつねに犠牲を要求しているのだといえるのかもしれません。

父の愛に満ちた生涯の記憶は、終生ボースを鼓舞してやまなかった。

とはいえ将来に向けた彼の闘いは、職業の存続のためでも家族の名誉のためでもなかった。

最初の科学的成功

一八九四年一一月三〇日、三五回目の誕生日に、ボースはこれからの人生は何をおいても新知識の追求に捧げようと心に誓った。

この決心から三か月経たぬうちに、彼はもっとも難題であった電気放射に関する最初の研究に取り組んだ。研究所というほどのものはなく、しかも未熟なブリキ職人の手を借りて、新しい装置を考案し、組み立てた。成功は早かった。一年のうちに王立協会は彼の研究の出版を決め、議会交付金の助成を付与した。その研究の価値を認めたロンドン大学は、彼に無試験で科学の博士号を授与した。ケルヴィン卿は文字どおり驚きと称賛にあふれた手紙を送った。

「あなたが着手した困難で革新的な実験課題における大成功に対する祝福を、どうかお受けください」

フランス科学アカデミーの前総裁で物理学の大御所M・コルニュも、一八九七年には早くも手紙に書いている。

「貴殿の研究のまさしく最初の成果が、科学の進歩を推進させる貴殿の能力を証明しています。私としては、エコール・ポリテクニクのため、貴殿がもたらした装置を最大限活用して、さらなる研究を完成させたいと望みます」

科学的な成功が思いがけず近づいていた。これをいかに受け入れるべきか。たんなる個人的満足ではなく、不断の研究が奨励されなければならない。しかもインド人の科学的能力が認められ、同胞たちが科学の効力を好むよう啓発されるように。科学研究所設立という夢が宿ったのはこの時だった。自分が悩まされ続けてきた困難から、他の者を救えるかもしれない。そう期待したのである。

しかしながら彼は誇り高すぎて、他人にはたんなる夢としか思われない構想実現のために、支援を求めることをよしとしなかった。独力で自己責任において、なすべきことをなさなくてはならないと考えた彼は、妻とともに、ふたたび赤貧生活の継続を受け入れたのである。次世代のために、インド古代の科学的伝統の近代における復活を支援するために。

続く四半世紀の間、それはボースの集中的な目標になった。彼がついに全面着手した研究所創建への歩みがもっともよくわかるのは、多くの発表論文や刊行物である。それらは困難な条件下で研究を実行するほかないという誓いの言葉だった。

教育局は相変わらず冷ややかな態度を崩さなかった。ようやくできた二人の友人、学長と長官は退官してしまい、今やボースの成功は多かれ少なかれ抜きがたい敵意をあおっていた。教授の義務は授業の遂行がすべてであり、研究はその適切な職務を妨げ、怠らせるはずだ。これが教育局の意見だった。

こうした敵意にもかかわらず、ボースは特有の徹底性と誇りによって、大学では週に二六時間の講義と実演をこなしていた。彼の同僚たちの平均はもっとずっと少なかった。このため研究時間は、長い一日の授業と翌日の準備を終えたあとになった。研究に使える交付金はなく、自身のわずかな収入から、装置の建造費と助手の報酬を捻出しなければならなかった。

けれども幸運にも、ベンガルの副総督が西洋の指導的科学者たちがボースの研究に高い関心と評価を示していることに注目したのである。

副総督は大学のもつべき高度な機能を認識していた。インドではとくに試験合格のための詰め込みが奨励されすぎていたが、真の機能はたんに型通りの授業ではなく、明確で建設的な思考と知識の進歩に向かって学生たちを訓練すべきであると。ボースの苦境を理解した副総督は、より高給で、十分な主導権を発揮でき、ほどよい余暇のとれる研究ポストを創設するよう手配した。

このポストの任務は、政府の下で、多様で広範な大学研究所を組織し発展させることにあった。そして独創的な研究のため、上級の学生に個人的訓練をほどこすことだった。提案は承認され、ボースは近日中に正式な任用通知を受け取るはずだと告げられた。ところがまさしくこの時に、すべての希望を台無しにする問題が生じた。

ボースはカルカッタ大学のフェローだった。それは政府の支援を受けているとはいえ、これまでのところ独立の機関である。彼は政府の下で大学が負う任務と、ひとりのフェローとして独立した立場で大学に対して負う任務に関して、非常に明確な意見をもっていた。

最終的な任用通知を待つ間に、ボースが大学の会議に出席したさい、投票で上司の指揮に従わなかったことが問題にされた。彼のために提案された新しい職はただちに取り消された。

次の機会には、政府の行政官から政府委員の一部がとくに興味を抱いている難題が大学に生じたと知らされた。ボースはこの問題が決定された当日、出席できなかったので、始末書を提出するように要請された。

ボースは次のように問いかける文書を提出した。

> 政府は、大学の会議出席者が論議の結果として抱く意見によらず、上司が推進する問題の特定の側に投票することを期待するのでしょうか。もし、独立した方向を追求することが、大学のフェローとしての任務の適切な履行にあたらないとおっしゃるのなら、私はフェローの資格の返上を懇請するものです。

問題を託された副総督はボースの考えを正当に評価したが、新しい職の認可においては教育局の反対を覆せなかった。とはいえ副総督は、ボースが研究の過程で負った多大な出費に対しては、インド政府の名声に貢献した研究として正当に補償すべきと判断した。

ボースが研究で負った出費を支払う意向であるとの政府の公式通知が届けられた。ボースはこの措置に感謝を表明したが、過去の研究に対するいかなる報酬も受け取ることを謝絶した。政府はプレジデンシー・カレッジで続けられる将来の研究のために、二五〇〇ルピー（一六六ポンド）の年金支出を承認した。

しかしながらこうした支援は、日常業務の負担を軽減するにはいたらなかった。ボースが研究のためにもっとも必要としたのは、上記のような過度の授業時間の軽減だった。ボースの貢献を知りながら、上司の特定の意見に逆らったという理由で、熟慮された新しい職が撤回されてしまった事実に、彼は失望するほかなかった。

何年間も、彼はひどい過労と緊張を経験してきた。しかも教育局の敵対的な態度はすべての独創的研究に必要な溌溂とした自発性を冷え込ませてきていた。ボースは年次休暇をとってヨーロッパを歴訪し、他の科学者やその研究に接触しようと思い立ち、副総督に直訴した。

ボースを評価している副総督は、完全に同情的だったが、彼の経済状態もわかっていたので、こう尋ねたものである。科学的な研究に貢献するからといって、あえて費用のかかる外国訪問を敢行することは思慮に欠けるのではないか、と。

とっさにボースは、政府の科学「代表団」の一員としてイギリスに派遣してもらえないかと頼んだ。副総督は、帝国政府はたんなる教育問題に関する代表団の派遣を決して容認しないだろうと答えた。

シムラーの教育委員会が先ごろ、政府の努力にもかかわらず、インドでは科学研究が皆無だったことを残念に思うという決議を発表したところだった。ヨーロッパで評価されて以来、インドでも広範な報道がなされてきた自分のプレジデンシー・カレッジにおける科学研究が不当に無視され、心外に思っていたボースは、インド人による科学研究に対するこのような願望の言明と、教育委員会の現実的な無関心との落差に、苦い失望を表明せずにはいられなかった。

副総督は歯に衣着せぬ会話にいらだつように話題を転換した。結局、はかばかしい成果があがらないうちに話し合いは終了した。

副総督との会見のためにダージリンを訪れたボースは、翌日にはカルカッタに戻るつもりでいた。彼が列車に乗り込んだとき、公教育局長官からの手紙を携えた使者がやってきた。それは、副総督の責任でボースを科学代表団として数か月間渡英させることを決定したという知らせだった。しかも、出発はいつでも都合のよいときでかまわないとあった。副総督は電信でインド政府とロンドンのインド担当大臣と連絡をとったのだろう。

続く公文書には今や全面的支援者となった公教育局長官の次のような声明が記されていた。

ボース博士の任務はたんなる大学学位候補者の教育ではなく、博士が独自に道をひらいた専門的な物理科学の振興にある。ここで博士を支援することは世界中の科学運動を促進することにほかならない。これは当然、政府の責務と考えられる。

副総督はこれに自らの推薦文を付した。

彼［公教育局長官］は、ボース博士の研究をできるかぎり奨励し、推進してきた。このような非凡な資質を備えた人物が政府職員の一員であるときには、それが偉大な政府がなすべき義務と考えたからである。彼はボース教授がヨーロッパを訪問し、当地の科学研究の指導者と協議することを重要視している。

研究に関する真の忍耐力と個性によって、ボースは科学研究に対する一定の認識と実際の支援とを政府から勝ち取ってきた。それは当時、他に類を見ないものだった。彼は教育局の壁にもひるまず、政府からの感謝と支援を幾度となく勝ち取ることに成功した。それはより適切な認識をめざす全世界の科学運動が数々の得点を上げたことと同じなのである。

第4章
最初の物理学研究・電波の謎に挑む

科学という理想都市の建設

さて、ボースの最初の研究を概観しよう。

科学とその応用の進歩は、文明の曙から新時代をひらいてきたが、現代ほどそれが顕著な時代はないだろう。過去にはその成長はサンゴ礁のようにたびたび嵐に打ち壊されてきたし、衰退することすらあった。

しかしながら今や研究者は、無限に発展する知識の理想都市建設をめざしている。たとえ完全な理解に達することはありえないにしても、多忙な研究者がめいめい探究し、採掘し、成形して、永遠の都市の礎石造りに励んでいるのである。

どの石も置かれた時点では最上部にあるが、すぐに後続があらわれ、堅実に石が積み重ねられていく。通例はどの石にも石工の刻印があるが、世界はほとんど気にかけていない。多少とも関心がもたれるのは、新しいブロックが天高く置かれたときだけなのだ。

歴史に名を残せるのは、営々と築かれた巨大な柱によって記憶されるごく少数の者にすぎない。柱の土台は、久しく忘れられているが、まちがいなく巨人だった者たちによって築かれてきた。老いた石工は昔の仕事に通じていて、時にその重要性を思い出すことがある。彼らはそうした仕事と実行者を、現在の上部構造を支え、未来の構造の基礎ともなる永続的な貢献という見地から再検討するのである。

あらゆる科学はたえず変化しているように思えるし、現段階では実際にそうである。さらに研究者集団の動向が変化すれば、研究スタイルや追求角度も変更されるように見える。にもかかわらず、科学の成長は実質的には一貫しているのである。

したがって現存の著名な研究者を現時点で評価する場合には、過去の研究について簡単に言及する必要が出てくる。そうした研究は後続の研究によって支持され、今や完全に一般構造に組み入れられているが、積極的に採用されるのは発展が限界に達した時点からなのである。

実のところ、時には低いままの壁が見いだされることもある。その前では誰もが仕事を阻まれ、断念せざるをえなかったのである。

ボースの初期の物理学研究の多くは、その分野の先駆となったのはもちろん、確立された科学として認知され、今や完全に組み込まれ、活用されている。

彼の後年の研究は、ほぼ生物と無生物の刺激・反応の周辺に集中しているが、これらは新しい分野に属するもので、創建者は助手とともに科学の先端を推し進めるのに多忙をきわめている。これに関しては後章でふれることになるだろう。

しかしボースの物理学研究の一部には、低いままの壁に属するものもある。それらは依然として彼自身もしくは別人による研究の継続が待たれている。

さし当たり、後年の研究はあと回しにして、初期の関心に目を向けてみよう。

前章からわかるように、彼は連日、日に三、四コマの講義をこなし、通常は何時間もかかる装置の製作や実験準備、講義シラバスの執筆、論文の修正などに追われていた。新鮮な発想や実験にあてる時間などまるでなかった。夕方の空き時間も、学術上のさまざまな争いによってひんぱんにかき乱された。あまりにも長期にわたる並みはずれた薄給と借金清算にも苦しんでいた。

ボースが研究者として日常的な研究に着手できる状態になったのは一八九四年のことだった。まさに三五歳の誕生日に、彼はインド式のやり方で自らに誓約した。ボースにはすでに物理学の知識や実験技術が十分に備わっていたばかりか、人格的にも若いころの大胆さや熱情が、幅広い人間性へと円熟をとげていた。

マクスウェルの予言とヘルツの実験

近年、物理学できわだって興味深いのはヘルツの研究を中心とするものである。それは電波を発生させたすばらしい実験だったが、あまりに短命な実験でもあった。

電波の存在はその二〇年前に、クラーク・マクスウェルがファラデーの実験的研究を組み入れながら電気・磁気的攪乱と光波の壮大な相関関係を数学的に予言していた。

年配の読者なら覚えているだろう。われらが研究者の基礎形成期には、ヘルツ波は時代の驚異だった。それは直後のレントゲンのX線、少し後の今も研究を派生させ、発展しつづけているキュリー夫人の神秘的なラジウムのようなものだった。

ヘルツの問題やボースによるその展開について語る前に、一言説明しておく必要があるだろう。

ヘルツの前世代に属するフレネルは光の波動理論を開拓し、それをエーテルの振動の観点からイメージできるようにした。といっても、この振動は空気中の音波のような縦波ではなく、海洋のうねりのように、水の上下運動そのものに関わりなく、すばやく遠方に移動し、海岸まで達して砕ける横波だった。

よどんだ池に石を投げ入れ、水面が上下しながら波紋が岸に向かって広がるさまを観察してみよう。岸で反射した波紋は、どのように戻ってくるのか、入射角による角度の変化も観察してみよう。このようにして、小さな無限領域における波の交差により、複雑で秩序正しいエーテル波動について、簡単に説明することが可能になる。

エーテル波動は、物理学者により宇宙を満たしていると仮定されているもので、光の研究過程に現われる多様な現象を、実験だけなく数学的に理解するために提出された。

光の数学者フレネルと同時代人で、肩を並べるのは、電気の数学者アンペールである。アンペールはファラデー以前の才能豊かな実験家たちが発見してきた現象から、電流の相互作用の法則をつくりあげた。

このように実験的・経験的なレベルから出発して、理論科学としての電気力学を確立したアンペールは、そこから、光波を運ぶエーテルは当然、電気的攪乱の媒体でもあるにちがいないと示唆した。とはいえこの魅力的な仮説の実験は容易ではなかった。

次の達成はクラーク・マクスウェルによるものだった。マクスウェルは、電気的攪乱は光と同じ速度で伝わることを発見したが、それは事前に独立して計算していた完全導体の導線を通過する電流の速度と合致した。電気と光の間になんらかの密接な対応関係が存在することは、もはや疑いえなくなった。

マクスウェルの次の一歩は、いわゆる導体と不導体の違いの再解釈にあった。彼はそれまでの科学者のように後者を不活発な物体とは考えず（読者がまだそう考えておられるならご勘弁願いたいが）、両者をまとめて再解釈したのである。

銅線は一般に完璧な導体ではなく、オームがすでに単純な法則に示したように、かなりの抵抗をもっている。この抵抗がエネルギーの累進的な損失を引き起こして銅線を加熱、白熱させ、電灯に光を点すのである。熱の発生によるこの電気的損失のプロセスを、マクスウェルはパイプ中に水を強制的に流して観察した事実と比較した。

パイプを細くするにつれて摩擦と熱は増大する。あらゆる流体はほぼ不完全流体である（実際、水は他の液体に比して粘性の大きな液体である）から、液体の運動は遅かれ早かれ停止して、全エネルギーが熱に変換されることは明白である。要するに、導体の電気抵抗は粘性抵抗にあたるとみなしうるのである。

では不導体とは何だろうか？　不導体はたんにきわめて不良な導体であるとみなされ、両者の差異は同じものの間の差異であり、相対的なものとされた。

さらにマクスウェルは斬新なアイディアを持ち出した。不導体の非伝導性は、粘性のようなものというより、柔軟なバネの抵抗のような性質をもつというのである。バネの抵抗は、運動エネルギーを摩擦や熱で浪費せず、構造が保たれている限りコイル内に弾性エネルギーとしてたくわえる。そして上からの圧力が減じられるか、取り去られたときに、新たにそのエネルギーを放出するのである。

周知の伝導電流では、起電力が持続する限り電流が導線を流れるのに対して、マクスウェルの洞察力により発見された不導体（今述べた金属バネのような機械的イメージ）の変位電流の持続時間は、ごく短かい。なぜならその変位は、すぐに静電エネルギーの均衡に達するからである。

今度はコイルバネが壊れるか、あるいは破断すると想像してみよう。突然、エネルギーの完全解放が起こる。このプロセスは明らかに、電流を運ぶ導線に見いだされる熱の消散と鋭い対比をなしている。

こうしてマクスウェルは、不導体をたんなる受動的な障害と見る旧来の否定的観点を脱し、内部の変位電流によって、大量のスプリングの高速振動のように振動するものと解釈した。

通常の電流がおのれの存在を明らかにするのは、次のような現象によってである。

① 導体の欠陥による抵抗により、熱として浪費される。

② 回路に検流計を導入して見られる磁石の動き。

③ 同様に隣りの導体を流れる電流の誘導によって。

マクスウェルによる不導体の仮想電流が実在するなら、それは上記の性質を持っていなくてはならないことになる。しかしその変動はきわめて速く、持続時間も極端に短いので、通常の実験によって検出することは不可能である。

数学的な処理に関しては論理的確信を抱いていたにもかかわらず、マクスウェルは電流は実在しないものとして、光の電磁気理論を組み立てた。フレネルらによってすでに明快に、だが個別に視覚化され、計測されたエーテル《エーテル》の光波は、誘電体中の高周波交流の産物と解釈され、（まるでバネの弾性振動のように）空間を伝播するとされた。

数学的知性の持ち主はマクスウェルの理論と計算に感銘を受けた。けれども物理学者も凡人も、実験による具体的な証明がないことには満足できなかった。とはいえ、光速度と同じ秒速約三〇万キロメートルの高周波交流や振動放電の実験を制御し、理解するにはどうすればよいのか。

その瞬間、無数の波とともに、最長の赤の可視光線までが一インチ［2.5cm］の間にぎっしりと詰め込まれ、網膜の上に少なくとも毎秒二万五千回注がれるのである。さらに写真乾板に影響を与える光線は、同一時間にその二乗倍以上にも達する。

実験の困難は明らかだった。にもかかわらず実験者は研究に着手した。

ライデン瓶で研究したフェッダーセンは、高速回転する鏡を使って、つとに知られているその火花を写真に撮っていた。放電が持続すれば、ちょうど地球が自転中に長時間撮影された星の光跡のように、写真には明るい光跡が写るだろう。ところが写っていたのは、放電が間欠露光したことを示す連続した蛍のような閃光だった。しかも火花の写真から、これらが同種でなく、対称的で正反対のものであり、一端の光点は、もう一端の暗点に対応するということがわかった。これは人間の目には一つの瞬間的な火花としか見えない放電が、実は正負の間で振動する連続的な火花なのだという明確な視覚的証明となった。

この振動は次にケルヴィンによって、電気振り子の振動として明瞭に描写された。これらの電気振動のエネルギーは、周知の火花の白熱粒子のように、抵抗による熱として放散するものなのか。マクスウェルは電波の場合には、このような放射もいくらかあるにちがいないと予言していた。

そこで、このような現象がまったく想像されなかった先行理論と、彼の理論を試す実験が必要になる。ここにまさしく決定的な実験で参入したのが、ヘルツだった。

最初に彼は高速な振動放電を着実に励磁する新しい装置、いわば短縮された電気振り子を考案しなければならなかった。しかもその放電はいっそう完全に観察され、制御される必要もあった。彼を成功に導いたのはこの装置だったが、大きな困難がなかったわけではない。とりわけ難しかったのが、放電球の間に生じる火花の不確実で不規則なふるまいの追跡だった。

次の大問題はマクスウェルが予言し、探究した電波が、本当に彼の放電装置から空中に投射されたのかを、いかに見きわめるかだった。ある種の受信機が必要なのは明らかだった。そのための工夫が新たな面倒な実験課題となった。ヘルツが考案したのは、放射線の通り道に検知器を置くことだった。近接した一対の金属棒からなるこの装置は、放射線によって金属棒に電圧を誘導することができた。電圧が十分に高くなれば、隣接した棒の間に微小な火花が飛ぶはずだった。

ああ、しかし、火花はまったく観察されなかった。だがヘルツは落胆しなかった。そのような誘導電流はごく小さいにちがいないと気づいた彼は、顕微鏡に頼ることにした。かくして二本の金属棒はぎりぎりまで接近させられることになった。そしてついに成功の喜びが訪れた。距離を置いた励磁装置からインパルスが発生するごとに、短いながらも紛れもない火花が生じたのである。

このごく小さな火花はただちに、長らく求められていたマクスウェルの理論を初めて実験的に証明するものとして認められ、若い実験者の努力も正当化された。軽蔑や嘲笑を浴びがちだった夢みる発明家は、たちまち尊敬と称賛の的となる科学者として成功の頂点にのぼりつめたのである。

さて、ヘルツの実験プロセスや詳細から、このエーテル振動の新領域が客観的に存在するという証明に転じてみよう。

マクスウェルがその強腕によって大胆に推進した概念体系の劇的な勝利ほど、端的に数学者を喜ばせたものはなかった。いわばそれは最初の「蝕」の予言とか、あるいは計算によって予言されたまさにその位置に、あとから望遠鏡によって新惑星が発見されたようなものである。

それでも驚異の主役は依然として物理的なものである。一方には、われわれが実生活でも知的生活でも深く依拠している光がある。光に関しては、きわめて多様かつもっとも正確な知識が蓄積されてきた。他方には多様で、複雑で、逆説的で、理解しがたい電磁気現象がある。こちらは神秘的ですらあり、長い間、視覚化に逆らってほとんど姿をあらわさなかった。

熱も根本的によく知られている。熱の測定と観察は何世紀にもわたって進歩しつづけてきた。輻射熱をたんなる赤外線の連続スペクトルにすぎないとして光と同一視することは、当時からつい最近まで、もっとも偉大な発見のひとつだった。この種の熱は従来、エネルギーの保存に結びつけられてきたが、とくにその損失や散逸の観点から、より本質的で包括的なエネルギー理論に組み入れられたのである。

ニュートンのプリズムによって分散した白色光の小さな可視スペクトルは、赤から紫までの華やかな色彩を並べている。だが、それは広大な宇宙線のスペクトルの一オクターブを示しているにすぎない。その証拠として、可視光よりずっと短い紫外線や、赤より長い熱線に対応するオクターブをあげることにしよう。光のスペクトルに比較して大きな（六万分の一から二万五千分の一インチ［(0.4～1)×10^{-3}mm］におよぶ）スペクトルをもつこうした熱線のはるか下に、ヘルツは実験的にまったく新しい放射線をつくりだしたのである。

この種の放射線が存在することと、ある程度光波のようにふるまうことは、マクスウェルも予言していた。しかしながらヘルツの放射線は、予期しなかった奇妙で多様な特性をもっていた。しかもまもなくそれは応用可能になり、ヘルツにはなによりの驚きになり、また喜びともなった。

既知の最長の熱線より長いヘルツ波の大きさを理解するには、既知のエーテル波のスケールから離れて、大気中をゆっくりと移動する音波と比べる必要がある。

大気は軽く弾性のあるエーテルとは違い、重く粘性のあるエーテルである。暖天における音速は通常秒速一二〇〇フィート［366m］で、その可聴周波数域は下は一六ヘルツから上は三万ヘルツまで一一オクターブの広範囲にまたがっている。感知可能な音波のうち、もっとも波長が長い音波は約七〇フィート［21m］であり、もっとも短いのは約四インチ［〇・四インチ（1cm）の誤りか？］である。

ヘルツの最短の電波でさえ、計測でおよそ四ヤード［4m］あることがわかった。最長の波では数百ヤードに達した。さらにこの巨大な電気スペクトルが、短波長の熱スペクトル方向だけでなく、未知の長波長の方向にも伸びている証拠がまもなく明かされた。

こうしてヘルツはマクスウェルが生涯をかけた努力を堂々と正当化したが、依然として完全な検証の入り口に立っているだけだった。

このような電波が与えられたなら、波長は光よりはるかに長いとしても、光のようにふるまってはならないのか。仮に同じようにふるまうのであれば、それらはまず多様な伝達可能性をもつと期待してよいだろう。すなわち、光に対して半透明な物体もあったように、電波に対しても透明なものや吸収性があって不透明なもの、その中間のいわば半透明なものも存在すべきなのである。

これらの予想は実験によってすみやかに証明された。物理学者が通常の光で予想した媒質の性質とはやや異なり、電波に対して不透明なのは水の層で、透明なのはガラスや［コールタール］ピッチであることが明かされた。

次の質問は自然なものだった。この種の波は光のように反射されるのか。

亜鉛などの金属板の大きな平面鏡によって反射が起こることは判明した。しかし電波の場合には、その反射角は光学現象のように正確に入射角と等しくはならずに散開した。これも波の大きさから予想されていたことにすぎなかった。光は直線的に伝播するが、障害を通過するや一定の波が生じることは長く知られていた。そしてこの「回折」現象は、実験的かつ数学的にみごとに探究されてきた。

音波に匹敵するほど長大で、実のところ音波をはるかにしのいで、最短数メートルから最長二百ヤード［200m］、さらに一マイル［1.6km］にまでおよぶヘルツ波の伝播の直進性は相対的なものにすぎず、音波のように角を回り込むのは当然だった。

ヘルツが次に調べたのは、この新しい放射線でもニュートンの古典的実験、プリズムによる光の屈折実験を再現できるかどうかだった。

無限大のプリズムは無理でも、少なくともガラス鋳造できないほどの大プリズムが必要だった。ヘルツはひるまず、およそ二トンのピッチで巨大なプリズムを鋳造した。実験は彼の努力に報いた。電気の放射線は明らかに底面に向かって曲がったのである。これほど長い屈折波の測定は、最初の概算にすぎなかったとはいえ、証明したものは偉大だった。期待どおり屈折は起こり、しかも非常にはっきりと認知されたのである。意を強くしたヘルツは、電気の放射線にも光線のような偏光が起こるのかを調べる実験に着手した。

光学実験家の偏光子と検光子のかわりに彼が使用したのは、平行した針金の列からなる金属格子だった。その結果、電気振動が針金に対して平行な場合は吸収されるが、直角な場合は通過することを発見した。二個の格子が平行している場合には、電気ビームは通過した。ところが互いに直角をなすように置かれると、ちょうど交差するニコルのプリズムの光のように、完全に阻止されたのである。

光と新しい電気放射に関するヘルツの比較はこれまでのところおおむね完璧であり、これによってマクスウェルの理論は確認された。もちろんなすべき課題は多かった。未知の発展はいうにおよばず、装置全体の細々とした改良も、光の場合に有効な考察を取り入れた研究精度の増進も、両方とも必要だった。

こうした方向でヘルツが一段と前進したであろうことは疑いえない。しかしこの段階で彼は病に負けてしまった。おそらく何年もの集中的思考と奮闘による過度の緊張が原因で、ろくな治療もせずに病状を悪化させてしまったのだろう。彼は当時ですら命に関わることはまれで、今なら外科手術によって簡単に治る鼻カタルがもとで亡くなったのである。

この早すぎる死に対する科学界全体の落胆は、比べようがなかった。著者の記憶でまったく同様のケースといえば、今からおよそ三五年前にケンブリッジの発生学者フランシス・バルフォアがアルプスの事故で亡くなったのが唯一である。

ポアンカレも評価したボースの受信機

だが、道はヘルツが望んでいたように開かれた。有能な物理学者が研究に着手し、まず検証し、確認し、それから新しい方向へ拡張していった。

最初に取り組まれた弱点は、放電球の間に起きている振動放電の不確実なふるまいと不規則性だった。後続の研究者の努力は、主に「悪い」火花ではなく「良い」火花を保証すべく、この装置を改良することに向けられた。ここではロッジとボースが抜きん出て成功した。第一の改良は、放電の調節装置の役割を果たす中間の金属球の導入だった。第二の改良は、表面をプラチナで保護し、火花が傷ついたり、酸化したりせずに通過できるようにしたことだった。

ボースの放電装置は、一片のほこりによってかき乱される他の研究者たちの装置を尻目に、火花を連続的に発した。しかもこの波は、道路の埃にまみれた風に吹きさらされても、中断されないほど安定していた。二個の中空な半球で囲った球を用いたこの放電装置は、放射エネルギーも大きかった。

電気放射の光学的特性を計測によって決定するという作業は、なかなか進展しなかった。原因は波が大きすぎて、伝播の直線性を厳密に保てないことにあった。そこでボースは、赤外線とヘルツの長波との間を埋めるごく波長の短い波をつくりだした。このため装置の放射部は二重の金属壁で遮蔽された。外側の銅壁は電気線の漏れを防ぐためで、内側の軟鉄は磁気攪乱を遮断するためのシールドだった。

実験家が取り組むべき次の課題は、ヘルツの受信機の改良だった。いち早く着手したのはパリのカトリック大学のブランリー教授である。彼の「ラジオコンダクタ［コヒーラ］」はたちまち有名になった。基本的にそれは金属の削り屑を詰めた細長いチューブである。金属屑自体は良導体だが、接点が比較的少なく、そのうえ不完全で変化しやすいため抵抗はかなり大きくなっている。

ブランリーは、ヘルツ波が金属屑にかなりの誘導を起こし、抵抗が極端に下がることをつきとめた。時には一〇〇万分の一にまで低下した。結果として、装置はヘルツの最初の受信機よりはるかに明瞭で精細な電気線を検出できたので、改良型受信機として使用されることになった。

役目を果たし終えた金属屑は、軽くたたきさえすれば元の不規則さに戻った。これによって次の実験に備えられるのである。この単純な便法を考案したのはロッジだった。彼は金属粉のふるまいを次のように解釈した。入射したヘルツ波によって屑の中に誘導効果が引き起こされ、その結果、粉末の微小な接点が融解され、はんだ付けされたのだと。この理由から彼はそれを新しく「コヒーラ［密着するもの］」と命名した。しかしながらブランリーは、ヘルツ波はたんに金属屑表面の非伝導性の皮膜を改変したにすぎないとして、元の名前を使い続けた。

ブランリーやロッジの受信機は、気まぐれじみて感度が変動しやすかった。この点で、ボースの受信機は大きく進歩していた。不規則な金属屑は針金のコイルバネに置き換えられ、およそ千個の規則的な接点にはめこまれ、エボナイトで固定された。そしてねじで制御されていた。微弱な電流が装置を通過すると、これに対応してコイルバネに明瞭な抵抗があらわれた。ブランリーの装置と同じように電流は極端に減少したが、機器が電波の通り道に置かれると、反応はいっそう敏感に、いっそう規則的にさえなった。

ボースの受信機の電気線はたんに鮮明で明確だっただけでなく、調整も申し分なかった。装置の感度はポアンカレ氏（その明晰な論文に著者は多大な恩恵を受けている）に言わせれば、

——絶妙である。それは一オクターブ間の全放射に反応する。あらゆる放射に敏感に反応し、受信機を横断する電流によって発生する起電力を変化させるのである。

ボースは別タイプの受信機の発明にも成功しているが、こちらは装置をたたかなくても自動回復した。

このようにボースは装置全体を改良し、すべての細部を完成させた。それだけでなく、ヘルツの最初の装置やロッジなど他の研究者の手になるかなり大型の装置を、コンパクトな装置にまとめたことも特筆に値する。これによって机の端に置いたり、スーツケースに詰め込んで、聴衆の前で披露することもできるようになった。

今やボースはこの分野の物理学者の中で、もっとも優れた実験設備をもつにいたった。彼が産み出す断面半インチの確定的な放射線は、十分に制御されており、回折による散乱が少なかった。これによってさらなる短波長の研究が可能になったのだった。さらに、彼の受信機で重要なのは、あらゆる点で先行者の感度を上回ったばかりか、ふるまいが確実で均一的なことである。ボースの工夫は、より徹底的で明晰な議論の展開を可能にした。

ヘルツの電波研究は多かれ少なかれ質的なものだった。光学現象との比較においてはとくにそうだった。しかしながら「科学は計測である」。量的な精度を備えていなければならない。このためにはさらに規則的な波、しかもできるだけ熱や光に近い波、すなわち可能な限り短い波が必要だった。

ボースは完成した装置で、電気線の光学的性質の研究を拡張しようとした。採用された計画案は次のとおりである。

ⓐ 反射の法則の（平面鏡、曲面鏡）の検証。

ⓑ 屈折現象（プリズム、全反射、複数の屈折と反射によって引き起こされた不透明性。屈折率の確定）。

ⓒ 選択的吸収（電気的に着色された媒体）。
ⓓ 干渉現象（波長の確定）。
ⓔ 二重屈折と偏光（偏光格子、偏光クリスタル、結晶などの物質や張力によって作り出された二重屈折、回転偏光、電気偏光器、偏光メーター、回転平面偏光）。

ここで、この包括的な実験的研究の成果を完全に要約するのは不可能である。高名なアメリカの物理学者、イリノイ大学のクンツ博士による最近の回顧から借用することで満足しよう。

ボースは反射、屈折、さらには全反射、二重屈折、偏光、偏光面の回転などを示すことで、こうした短波長の電波が光線と同じ性質をもつことを明らかにした。

ごく波長の短い可視光線の場合には、きわめて薄い空気の膜で全反射が起こるが、ボースの短波長の電波では、プリズムの屈折力と電気振動の波長が全反射を起こす空気の厚さの臨界を決定した。光線の偏向はトルマリンのような結晶の選択的吸収によって起こるが、彼はこれとまったく同じように電波の偏向を示す特殊な結晶を発見した。ネマライト［水滑石］とよばれるこの結晶は両方向で導電率が異なるため、これを利用して偏向の実験を行うことができた。

偏光面の回転はロープのようにねじれた装置を使って行われた。すると、異なる種類［右旋性もしくは左旋性］の糖が通常の光の偏光面をどちらかに回転させるように、［電波の偏光面を］左回転もしくは右回転させた。電波の屈折率を決定したのは材料の差違だった。こうしてマクスウェルの理論が提出した光の屈折率と絶縁体の誘電定数との関係に関する困難が除去された。ボースは同じく種々の振動の波長も計測した。

短い電気振動を作り出し、検出し、その光学特性を研究するため、ボースは数多くの新装置と器械を発明しなければならなかった。簡潔で明快で、巧妙なそれらの装置によって、彼は物理学を実に豊かなものにした。

以上はアメリカの物理学者の言葉だが、本章の結論として、ボースの自身の一節を引用するのが最善だろう。彼自身の言葉によって、研究の背後にある精神、つねに理論と実験の統一に向かう科学的想像力の一端が明らかになるからである。

それぞれ特定のエーテル音を生じさせる無限の音栓《ストップ》をもつ、大きな電気オルガンを想像しなさい。そして毎秒一回の振動を作り出す最低音の音栓を想像してみなさい。そのときわれわれは波長一八万六〇〇〇マイル〔30万km〕の巨大なエーテルを獲得する。

次の音栓に毎秒二回の振動を生じさせよう。つぎつぎと続く音栓によってさらに高い音を生じさせよう。そこにはなんと無限の音栓があることか！

ますます高い音を生み出しながら、異なる音栓を続けざまに押す見えない手を想像してみよう。

エーテル音はかくして、毎秒一回の振動から、何十、何百、何千、何十万、何百万、何千万、一兆までの振動数に上昇するであろう。われわれが浸かっているエーテルの海はこのような膨大な波に揺り動かされているのに、われわれはまったく影響されないままだろう。なぜなら人間は、この種の波に反応する認識器官をもたないからである。

エーテル音がますます音程を上昇させるにつれて、一瞬、暖かい感覚が知覚されるだろう。それはエーテル振動が毎秒数十億という周波数に達した時だろう。

エーテル音の音程がさらに上昇するにつれて、目が影響を受けはじめる。赤く明滅する光はその最初の出現となる。われわれが見る少数の色は、一オクターブ中の毎秒四〇〇兆から八〇〇兆回もの振動で構成されている。

振動数がさらに上昇するにつれて、認識器官は完全に役に立たなくなる。意識の大きな隙間がすべての感覚を消失させてしまうのである。短い閃光を継承するのは、果てしない暗闇である。

人間の目はなんと不自由なものか！　われわれの知識はいかに制限されていることか！　貧弱な視覚は現実の存在とは比較すべくもない！

だが現在は隠されているものも、いつかは明らかになるだろう。知識はゆっくりと、だが確実に、一歩ずつ増大していく。多くのすばらしいものが最近発見された。われわれはすでに不完全ながら見えない光の一瞥をキャッチした。いつか、多分それほど遠くないうちに、われわれは可視から不可視まで、途切れない連鎖の中にひとつになる微光を見られるようになるだろう。

第5章 ヨーロッパ科学界の称賛

前章で示されたボースの科学的成果は、レーリー卿経由で王立協会に受理された一連の論文を通して、現代科学の中に、またイギリスや大陸の教科書に急速に浸透していった。レーリー卿のゆるぎない後楯は、新進の研究者にとって最大の励みとなった。ボースの物理学論文集はいずれ再版され、ボース自身や彼の学生、あるいは他の研究者によって、さらなる発展をとげるだろう。

王立研究所で講演

論文全体の主要な成果は、さまざまな講演でも一般化された。その頂点は、最先端の研究を発表する由緒ある場、王立研究所の金曜講座だった[1897年]。

ボースが栄えある講座に招聘されたことに深く感じ入ったインド政府当局は、三か月間の特別代表団として出発することを承認した。

代表団の歓迎会は称賛にあふれたものとなった。科学界はボースの研究に関心を寄せる準備が十分に整っていた。王立協会の論文や『エレクトリシャン』などの技術雑誌に載った完全な要約と称賛の記事の数々、さらには英国学術協会のリバプール会議に出席してイギリスに初登場した時［1896年］の熱狂もあった。ボースの論文発表の直後、ケルヴィン卿は温かい称賛の拍手を贈っただけではなく、不自由な足を引きずって二階の婦人席まで入り、ボース夫人の手を両手で握りしめて振り、伴侶のすばらしい研究を熱烈に祝福した。

一般の報道機関や大衆が強い印象を受けたのは、彼が科学研究を通して栄誉を勝ち取った最初のインド人であることだった。科学は全部門の中でもっとも厳密に西洋のものであり、しかも当時、もっとも革新的なものでもあった。

前［一九］世紀には、ウィリアム・トムソン卿（後のケルヴィン卿）に名声をもたらした大西洋横断ケーブル敷設など応用物理学に関する多くの業績が登場し、電灯、電話、蓄音機、X線といった驚異が相次いだ。

今や新しい驚異が世界を激変させる準備を黙々と進めていた。それはヘルツがなにがしか予感し、とりわけロッジやマルコーニのような後続の研究者が手探りで進めたヘルツ波の無線電信への応用である。

ボース自身は早くも一八九五年、カルカッタでの公開講義で、講義室の発信機から発せられた電気放射が、一部屋をはさんで七五フィート［23m］離れた三番目の部屋まで伝わることを実証した。こうしてそれは議長（たまたま副総督がつとめていた）の体を通り抜けただけでなく、二つの固い壁を透過したのだった。彼の受

王立研究所、金曜講座で電波について講演するJ·C·ボース教授(1897)

信機はその距離でなおベルを鳴らし、ピストルを発射させ、ミニチュア鉱山を爆発させるだけのエネルギーを保持していた。小さな発信機でこの結果を出すために、ボースは現代の無線電信を奇《く》しくも先取りしたきわめて高い「アンテナ」装置を組み立てた。二〇フィート〔6m〕のポールの頂点にある円形の金属プレートが発信機に接続され、同様の器具が受信装置にも接続されていた。

公開講義の成功に励まされて、われらが発明家は大学を横断して信号を送っただけでなく、自宅の屋根の上にこうしたポールの一本を固定し、もう一本を一マイル離れたプレジデンシー・カレッジに固定する計画を立てた。しかし、これを達成する前に、イギリスへと出発してしまった。

電波に関して発表されたボースの論文について、『エレクトリシャン』誌（一八九五年一二月号）のレビューは、彼のアイディアの実用性に注目した。

船上の受信機が人間の目の電気的等価物になる電磁気「灯台」のアイディアは、実用の可能性の高いシステムである。適当な発信装置はおそらく、あまり困難なく開発されるだろうと思われたものだった。これにひきかえ、適当な受信機の開発にはかなり手間取りそうだった。

これについて、われわれはボース教授によって考案され、彼の論文「新しい電気偏光器について」の結びに記述された職人仕事の実用的な「コヒーラ」に注目する。このタイプの「コヒーラ」の感度と範囲《レンジ》はほとんど申し分ないように思われる。それは確かに、これまでのいずれの形式よりも冷静に、航海中に受ける無数の衝撃に耐える可能性が高い。

発明で個人的利益を追求しない

王立研究所におけるボースの金曜講座の後に、『エレクトリカル・エンジニア』誌はこう表現した。

その構造はいっさい秘匿されず、実用化すれば一攫千金も夢ではない情報が全世界に公開されてきたことに驚くばかりである

ボースの発明がなんの利益も生まないことで、当然ながら非現実的だと批判されたこともあった。とはいえそれは初めから覚悟の上だった。

子供のころの記憶で、ボースの印象に強く残っているのはインドの礼拝で供えられる純白の花だった。幼な心のうちに、生涯を何に捧げるにしても、個人的利益を図って汚してはならないと考えるようになったのだ。さらに彼は科学者の中にさえ、利益の誘惑によって堕落する兆しが見られることを痛感していた。それで発明による個人的利益を追求しないと決意を新たにしたのだった。

一九〇一年、王立研究所での[三回目の]講演直前に、無線装置製造の大会社が、ボースの新型受信機に関する好条件の契約を提示してきた。しかしその実業家を怒らせたというより呆れさせたことに、彼はその申し出を謝絶したのだった。

ボースのあまりに非現実的で理想主義的態度に憤慨したアメリカの友人は、ただちに彼の名前でアメリカ

の発明特許を取得した。しかしボースは権利を行使しようとせず、特許が無効になるにまかせた。結果的に、代わりの新しい装置が登場するまで、彼の改良コヒーラがいたるところで使用されることになった。

率直にいって、現在の産業・経済環境において、既定のルールに従わずに、何か有用な発明を計画し、応用することはほとんど不可能だろう。いや、場合によって絶対に不可能だと断言さえできる。そのような経済の一般状況を十分に認めたうえで、ボースの立場はたんなる空想家のものではないと説明すべきだろう。ボースの態度は、まさしくインドの昔の「リシ〔聖仙〕」のものだった。彼の同国人は、ボースが求める者すべてに最善の教育をほどこしたリシの生まれ変わりだとの思いをますます強めている。それは後章の現代の巡礼者や、古代詩や過去の騎士道の熱狂とともに成長した若者の態度そのものであった。

一八九七年の滞英が終わろうとするころ、ボースはパリとベルリンの物理学の巨頭から、研究成果を説明するよう求められた。

フランス物理学会の議長は科学アカデミー総裁M・コルニュだった。光学と電気学の老練な研究者であるコルニュが寄せた惜しみない称賛は、ボースのもっとも大切な思い出のひとつとなっている。講演にはカラー写真術の発明を通してすでに有名だったリップマン、ガス液化で最初の成功のひとつを達成したカイユテなど、主要なメンバーが出席した。リップマンなど熱狂的な支持者たちは、ソルボンヌ大学でも実演するよう懇請した。その後まもなくボースはフランス物理学会の名誉会員に推された。

ベルリンでの講演は科学アカデミーで行われることになり、彼の包括的な実験概要が出版された。講演には、ベルリンの物理学者のみならず、はるか遠方からも出席者があった。多大な興味をもってボースの装置の製作を計画していたハイデルベルク大学の老クインケ教授は、講演にはるばる参じ、自分の研究所への招待を申し出た。ヘルムホルツの後継者であるワールブルク教授は、電波研究の着手に関して助言を求めた別の研究者にこう答えた。

「ボースがあなたに残したことはほとんど何もありません。何かほかのことに挑戦されたほうがよいでしょう」

キールを訪問し、大学での講演後に著名な電磁気学の研究者エーベルトに会った。次いでクインケやレーナルトらを訪ねて、ハイデルベルクでの滞在を楽しみ、すべての日程を終えて、マルセイユから帰路に就いたのだった。

旧来の偏見を払拭

こうしたボースのヨーロッパ科学代表団の輝かしい記録から、インド人には先端科学の研究はできないという西洋の旧来の偏見が払拭されたことがわかるだろう。長い間閉ざされていると思われてきた扉を、ボースは実際に開拓者となってうち破り、同国人のために活動的で生産的な科学にいたるハイウェーを開通させたのである。

ボースの研究を参照したロンドン大学の副総長ヘンリー・ロスコー卿は、東洋人にはすばらしい科学的発見をなしとげ、高名な実験家を生みだす能力がある。この点に関しては西欧人と同等だと認めた。そして前ボンベイ総督リー卿は、政治家の見地を代表して、インドの科学への貢献の重要性に注目した。

「なぜなら科学は絶対的に国際的であって、ボース博士がインドで獲得したいかなる結果であれ、ただちに、抵抗なくわれわれのものと併合されるからである」

科学の進歩における東洋との協力の重要性を深く感じたのは科学者だけではなかった。まったく思いがけないところからも熱狂が喚起された。

ロンドン『スペクテイター』紙は一貫してインドの悲願に対する批判的な態度を崩してこなかった。けれどもその編集者は王立研究所でのボースの講演に参加して、好奇心を突き動かされた。そして翌週、長い社説が紙面に登場した。次がその抜粋である。

しかしながら私見では、まれに見る光景が展開されていた。このベンガル人はロンドンで、居並ぶヨーロッパの碩学を前に、現代物理学のもっとも難解な一部門について、もっとも純粋かつ洗練された講演を行ったのである。

それは少なくとも、鋭い観察と辛抱強い実験により周到に隠された自然の秘密を絞りだそうとしている偉大な軍団に、かけがえのない人物が追加されるのを見る日が訪れる可能性を示唆している。

東洋の人々は一見バラバラな事実のかたまりから、真実を強引に奪い取る白熱した想像力にたけている。それは偉大な数学者や技術者に属するような、精神の浪費を許さない瞑想の習慣である。加えて忍耐力である。これは辛抱強さとは少し性格が異なるもので、ヨーロッパ人には絶対に見られないようなものである。われわれはボース教授を知らないがあえて言おう。

もし彼がその科学的な想像力で、つねにエーテルを貫いて驚くべき働きをする未知の「放射」を瞥見し、実験によってその性質と可能性を明らかにできると信じたなら、彼は長い生涯の最期まで絶え間なく実験を続けるだろう。そしていずれかの後継者に、あるいは息子か門弟に研究を託すだろう。

自らの精神と神との究極の関係を問う真のサニヤシ〔修行僧〕のように、彼にとっては研究の苦労も、無意味さも、苦痛もいっさいない。サニヤシの精神をもつ千人が研究に加わったら、どんなことになるか想像されたい。肉体を完璧にコントロールし、瞑想し、生ある間果てしなく問うことができる精神は、現世の誘惑によって一瞬たりとも対象を見失うことも、心を曇らせることもない。

われわれはアジアの精神がなぜ、解決不能な問題から、熱烈に、熱心に、渇えるように、自然の研究に向かったのか、その理由を理解できていない。自然研究は決して終わりがなく、いまなおつねに、さらに掘り下げた研究の上に基礎が置かれうるし、良い結果だけでなくしばしば不快な結果ももたらすものである。何はともあれ、もしこれが現実になったら、人類の精神の力の総計に対する最大の上積みとなるだろう。ボース教授はそれが起こりうるという生き証人なのである。

『タイムズ』紙の記述はいっそう簡潔だった。

ボース博士の業績の独創性は、彼がカルカッタの物理学教授としての不断の任務に加えて、わが国ではまったく不適切とみなされる装置と器具で研究しなければならなかった事実によっていっそう輝かしいものとなる。博士は研究を進めながら、自ら器具を組み立てなければならなかった。その研究は労働―製作―研究を同時進行させた成果なのである。

主要な科学者の多くが実際的な方法でボースの研究を評価することを望んだ。科学者たちの生来の報道官であるケルヴィン卿は、彼がほとんど不可能な条件の下で研究してきたことを痛感して、当時のインド担当大臣ジョージ・ハミルトン卿に書き送った。

ボース博士の教授職に関連して、設備の整った物理学研究所がカルカッタ大学の資産に加えられるなら、インドとカルカッタにおける科学教育の名声に貢献することでしょう。

この手紙に続いて、大臣の注意を引きつけた覚書が送られた。

カルカッタのプレジデンシー・カレッジに関連する先進的な教育研究のための中央研究所をインド帝国に設立することに寄せる重大な関心について。

私どもは、それが高等教育に関して有利なだけでなく、帝国の実質的利益を増進させるであろうと信じるものです。私どもは貴下に対し、インド大帝国にふさわしい物理学研究所を設立されるようあえて強く要請するものです。

署名者には、当時の王立協会会長リスター卿、ケルヴィン卿、クリフトン教授、フィッツジェラルド教授、グラッドストーン博士、ポインティング教授、ウィリアム・ラムゼー卿、ガブリエル・ストークス卿、シルヴァヌス・トンプソン教授、ウィリアム・ラッカー卿などが連なっていた。

このすべてに感銘を受けて、大臣は覚書を同封してインド政府へ公文書（一八九七年五月付）を送付し、「この種の研究所設立に関する問題は、閣下によって評議会で考慮されるに値する」と後押しした。

当時の総督エルジン卿は、政府がボースの計画に興味をもっており、ベンガルの関係機関と連絡を取るだろうとボース宛に記した。この文書が、計画は重要だが、期日は延期されるかもしれないという追加メモとともに、省庁ルートで漏れてきた。ボースは悟った。インド政府と当局に科学の権利を認めさせはしたが、政府という機械の動きは省庁の歯車によって効果的に遅らせられるのだと。

もし彼が遅れの原因をイギリスの友人たちに知らせていたら、本部では事態を急がせようと躍起になったことだろう。けれどもそれは自分の研究を無期限に中止することを意味した。そこでボースはおなじみの困難に立ち向かうことを選び、政府が提案するかもしれない施設と無関係でいようと決意した。もはやチャンスはほとんどなさそうだった。

ボースの公務からの引退時期が迫ったときに、省庁の歯車が突然動きだしたことは注目に値する。彼が何年間も努力してきた計画は、最後には（一九一四年）、設備が整った大学の物理学研究所として実現した。実現があまりにも遅かったため、ボース自身には大した利益にならなったが、彼は設立自体よりもプレジデンシー・カレッジを去ることが可能になったことに慰めを見いだした。ボースが訓練した生徒は今では種々の大学の研究所の物理部門の管理者になっていた。彼の努力はまったく無駄にはならなかったのである。

この件に対するボースの態度については、他の決定ならとっくに下しているのに、超然としているのは空想的で、非現実的だとみなす者は多かった。ボースは原理のための論争を避けたことは一度もなかったものの、個人的利益にはまるで無頓着だった。友人たちの批判に彼はこう答えている。

「自分はずっと前に、安直な道ではなく、より困難な道を選択すると心に決めており、そこに男らしさを示す本当の機会があると思える」

自分のための研究施設や研究を一般に認知させることによる利益は断念したものの、後継者のためにそれを確保するという夢は捨てなかった。彼は自力で研究所を設立するという決心をさらに固め、妻とともにふたたび出費を削減し、給料と大学試験や出版・講演などの収入の一部を定期的に蓄えることにした。これらを彼は有価証券に投資したが、幸い二〇年後にその価値は三倍に上がっていた。

意外なところから果報がもたらされた。ボースは年功序列によって、また仕事の卓越性によって、教育局の最高位である公教育局長官の職に手が届くところまできていた。彼は科学の教授としてプレジデンシー・カレッジに留まることを望んだが、大学でも、年功序列による昇給と最上級の地位につく権利も与えられているはずだった。ボースは、いつもの無関心さで、一度も俸給表を調べたことがなかった。もし彼がそうしていたら、高等文官トップへの昇進がずっと遅れていたことに気づいただろう。

理不尽にも、当局はこの昇進について政府に知らせていなかったのである。若手職員の請求により、ようやくボース引退の晩に、優先されるべきボースの権利がなぜ報告されなかったかを問いただす政府の通知書が届けられた。満足な説明が出てくる気配がなかったので、政府はボースを最上級の地位に任命し、その効力を遡及的なものとした。

こうして受け取った多額の給料は全額研究所の資金に振り込まれ、数年のうちに実現にこぎつけられたのだった。年長の大切な友人の遺産がもたらされたのも、このころだった。

ボースが政府に対して研究施設を要求した件に関しては、まったく撤回されたわけではなかったことを請け合っておこう。カーゾン卿は総督就任中に、本当にその案件を復活させることを望んだのである。しかし、彼は科学者ではなかったので、四人のイギリス人科学者に電報を打って意見を求めた。二人の物理学評議員は、ボースの研究を最高に評価する電報を返した。けれども他の二人はたまたまボースに敵対する生理学陣営（後述）に属しており、反対したのである。科学的な意見が真っ二つに割れてしまったため、総督は折衷案として、一九〇二年、デリーの謁見室でボースにインド帝国コンパニオン勲章を授与した。

第6章

物理学研究の発展

分子ひずみ理論とその解釈

まず第4章でふれた電波受信機、ブランリーの「ラジオコンダクタ」を思い出してほしい（ロッジはこれを電波の誘導効果で金属粒子の接点が融合される現象とする単純明快な説により「コヒーラ」と呼んだ）。次に、すべての観察者が大なり小なり手を焼いていたその装置のふるまいの不規則性を著しく減じたのが、ボース型の受信機だったことを想起してほしい。

すでに見たように、ボースは信頼性が高いスチールバネ（その後、酸化防止のためコバルトで電気メッキされた）式の電波受信機の製作に成功した。ほかにも、自動修復する非常に高感度な受信機の開発も果たしている。

受信機の感度は接点圧力の微増と受信回路の起電力を増大させることによって、要求に応じて高めることができた。だが、こうした改良の後に新たな例外が生じた。

実験を開始してから二時間ほどたったときのことである。受信機の感度がしだいに低下しはじめ、さらに作業を続行するとますます低下していった。まるで人間が疲労していくようだった。受信機が疲れるとはどういうことなのか。

「疲れた」受信機は数時間休ませると、感度を回復した。さらに長く休ませれば、感度はいっそう上昇するだろうと考えたボースは、受信機を数日間放置してみた。するとふたたび感度が低下していた。予想外の結果にボースは困惑した。この無感度状態の「怠けている」受信機は、疲れたときのように休ませても復活しなかったが、電気ショックを与えると、感度が復活するという驚くべき結果をえた。

この二つのケースには、対照的な治療が必要なことが発見された。すなわち「疲れた」受信機のためには休養、「怠けている」受信機のためには活発な刺激である。

この現象は「コヒーラ」理論では説明できなかった。外部刺激に対する抵抗減少が、たんに粒子の融合によるものだとしたら、受信機の日々の過ごし方とは無関係なはずで、適度に休ませると疲労から回復するとか、長期休養させるとかえって怠けるといったことは起こらないはずだった。こうした例外を説明するために、ボースは新たに広大な研究分野に導かれていった。二本の論文はその成果である（「自己回復するコヒーラ」『王立協会会報』1899：「電気的接触と電波による物質の分子変化」同 1900）。

「コヒーラ」という用語を含む理論を避けるため、彼は「電気的接触」、あるいは「接触感受性」という用語を導入した。この変更には、反応の性質が根本的なものではなく、接触表面に依存するという理由もあった。銅のような［電波に対し］感受性のない金属を、コバルトのような敏感な金属薄膜で被覆すると、高い感受性を示した。一方、鉄のような非常に敏感な素材が、銅のような無反応な金属で被覆されると、反応がわずかしか、あるいはまったくあらわれなかった。

ボースは次にすべての入手可能な金属、非金属、半金属の接触感度の体系的な調査に乗り出した。当時はレアメタル（稀少金属）の多くが利用できなかったが、彼は電気炉を使って元素を化合物から単離させ、たび重なる実験的困難を克服した。

もっとも低い原子量七のリチウムから、もっとも高い原子量二〇五の鉛まで、原子量順に金属が調べられた。ボースが驚いたのは「電気的接触」が周期的な変化を示すことだった。電気放射を受けた物質が伝導力の増大を示すと、その「接触」は電気的に正として識別された。これは鉄粉製の「コヒーラ」の強い特徴である。抵抗の減少は決して一般的なものではなかった。カリウムは正反対の影響、すなわち、抵抗の増加を示すという驚くべき事実が明らかになった。

さらにカリウムから作られた受信機は、まったく叩く必要なく、速やかな自律的回復を示した。この抵抗の増加と自動的な自己回復を説明するのに、誘導スパークによる隣接粒子の融合や結合では不適切なことは明白である。

正の反応か、負の反応かを決定するのは、物質の化学的性質である。現象は分子変化のひとつにちがいないと考えたボースは、元素を原子量の順に配列することによって、前述のような「電気的接触」が注目すべき周期性を示すことをつきとめた（図01）。この水平線より上は正の反応、下は負の反応を示し、線をまたぐ物質はほぼ中立である。この中立物質で典型的なのは銅と銀だろう。

その他にも金属によって、興味深いふるまいの違いが見られた。ある場合には、電気的ストレスに誘導された抵抗変化は恒久的ではなく、完全に原状を回復した。それは分子が印加ストレスによってひずみ状態に置かれているようなものだった。電気的な弾性を有する物質もあり、これらは回復が速い。弾性が乏しい物質の場合には、分子ひずみはそのままで、回復はきわめて遅かった。しかしながら、このような場合には、たとえば高温のような分子的な攪乱を引き起こすものが自動的な回復を助けた。鉄のような物質でさえ、電気的刺激の余波として誘導が残存し、高温が維持されれば自動回復が起こった。

こうした種々の特徴を観察したボースは、ひとつの

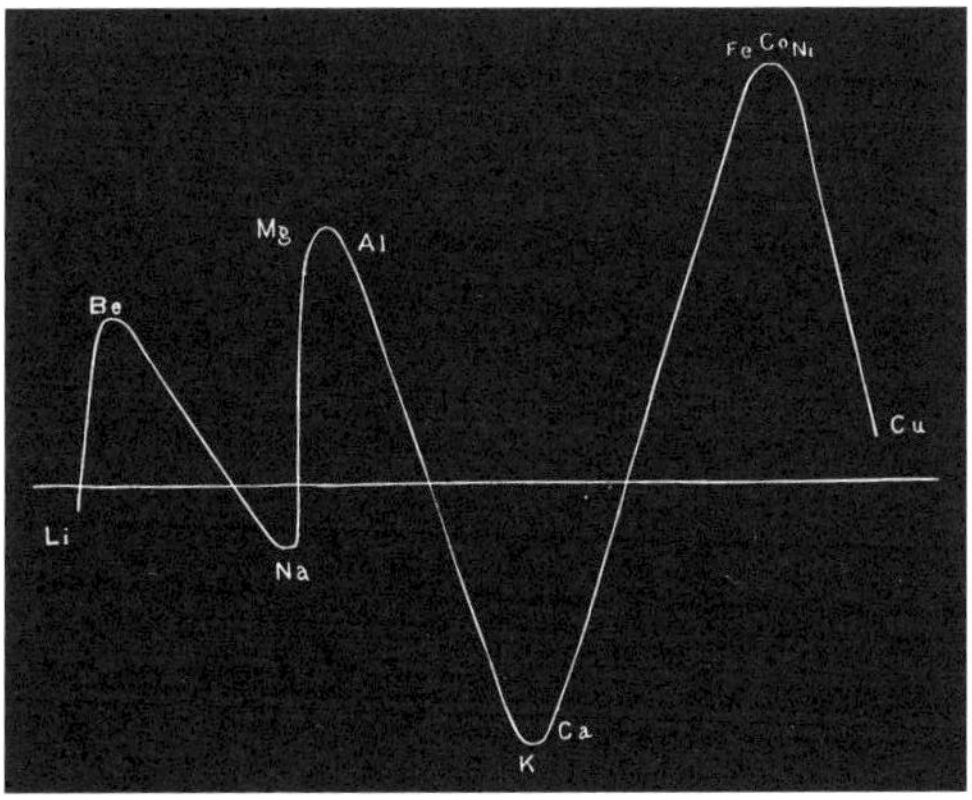

図01｜電気的接触の周期性
横軸は原子量、縦軸は電気的接触が正か負かを表す。

仮説に導かれた。電気放射は、可視光線による硫黄やリンの同素変態にも似た、「同素体」の分子変化をもたらすという仮説である。

さまざまな物質に対する光の作用はよく知られているが、理解されているわけではない。光による褪色は周知のことだが、化学者には通常の黄リンが光により赤リンに変化することがつとに知られていた。赤リンになると、黄リンのように大気中で急激な酸化を起こしてさまざまな物質を発火させるような危険性はなくなる。光に晒された硫黄は見た目には変化しないが、非常に便利な溶媒である二硫化炭素で処理すると、光がなんらかの働きをして不溶にされたことがわかる。われわれは後にこの「同素体」現象に戻るだろう。まずは直接観察できるかいなかにかかわらず、物体に対する光の作用が実在し、重要であることを指摘すれば十分である。

こうした変化についての研究をどうやって進めるべきか。変化が起こるとすれば、どうやってそれを検出するのか。光に晒された物質とされない物質をいかに識別するのか。

写真乾板はよく知られた適切な例である。化学者は塩化銀の還元、塩化銀から金属の銀への還元現象で説明しようとした。しかし分析や検証をするには、変化する物質の量があまりに少なすぎた。ボースはそれを電気的に検出する方法を考案し、化学的な推定をはるかにしのぐ高感度な検流計を開発した。

さてボースによれば、物質中の分子の凝集における同素変態は、たとえば溶解度、密度、化学活性、電位などほぼ全物質の物理化学的な性質を変化させる。その結果、電流が正から負へと流れ、電気的な伝導力も変化するはずである。

これに関連して、よく知られている炭素の三つの同素体における伝導力の相違に注意してほしい。木炭は伝導力が高く、黒鉛は伝導力が中くらい、ダイヤモンドはほとんど不導体である。これらを仮にA、B、Cと呼ぶことにしよう。もし黒鉛（B）を木炭（A）に変換できれば、伝導力の増大として検出され、ダイヤモンド（C）に変換できれば、減少として検出されるだろう。この巧妙な電気試験によって、見えない分子変化が検知可能になる。

電気による試験は、大量の物質の長時間にわたる分析中に物質が初期状態に戻るおそれがある化学的な方法に比べ、はるかに有利である。同素変態が電気的方法で検出される可能性があることは、他の方法でも理解される。セレン光電セルでは、光の入射によって伝導性が増加し、光を取り去ることによって元に戻る。光の圧力が中程度であれば、回復は速い。圧力が非常に大きい強い光の場合には、回復は大変に長引く。

また、このような同素変化は光だけでなく、熱線も作用因になりうる。たとえば薄膜状に広がる通常の水銀のヨウ化物は、実際には赤の色素がほとんどだが、熱放射に晒されると、黄色の多様な同素体に変換される。放射が除去されるとたちまち回復するが、その回復は機械的なひっかき傷によって早められ、薄膜は再度赤くなる。ボースはこの可視的な変化が、電気抵抗の変化に付随して起こることをつきとめた。

要約すれば、正の「接触」をもつ鉄のような物質では、変換は伝導力の増大に向かい、カリウムのような物質では減少に向かう。すべての物質が磁気特性に関して、常磁性と反磁性の二種類に分類されるように、あらゆる物質は正の「接触」と負の「接触」の二種類に分けられる。ボースはここで新しい種類の電気現象を発見したのである。

導体（実験可能なのは導体のみ）は、「正＝接触」と「負＝接触」に大別される。電気的にほとんど中性だがわずかに正の物質である銀において、ボースは化学的手段によって、伝導率の減少（負の反応）を示す多様な負の性質を作り出すことに成功した。

この新しい負の性質は、加熱すると元の性質に戻ったので、それほど安定していないことがわかった。さらに刺激によって正から負までの逆転が反復され、結果的に交流曲線がえられることをつきとめた。電気放射によって種々の物質に誘発された変化は、ボースには外部圧力に反応する分子ひずみのひとつだと思われた。彼は自問自答した。

化学者の（これまでのところ経験的な）「同素体物質」において十分に顕著で恒久的な変化を垣間みたが、物理学者としてさらなる調査に向かう方法を見いだせないだろうか。このようにして発見された一時的な同素体が、回復可能な分子ひずみだと考えられるなら、比較的安定している通常の同素体も、通常の条件下では自然発生的な回復が困難か不可能な過度のひずみをもつものとして理解することができる。ボースはこの精緻な研究の可能性を以下のように正当にも主張した。

分子物理学における多くの研究で前途有望である。現象の多様さは無限で、われわれは物質ごとに化学構造の特性、エーテル波に対する反応、遅延と分子の粘性を考慮しなければならない。これらすべての化合が、それぞれ特有のカーブを示す。このカーブによって、種々の物質の化学的性質と物理的状態に関する多くの情報が与えられる可能性はおおいにある。

「コヒーラ」、すなわち受信機の材料にさまざまな金属の組み合せを用いたボースの新研究は、電気光学ではまったく示唆されてこなかった新たな現象を明らかにした。上記の原子量と電気的特性の興味深い相関は、有名なメンデレーエフの配列のような新たな配列の研究の可能性も示唆していた。

電波と光の類似

さて第4章で論じられた電気放射の性質に戻ることにしよう。

まず第一に、熱放射のスペクトルを長波長の方向に拡張したスペクトルであり、マクスウェルが予言し、ヘルツが証明したような光波との類似を示す放射である。またボースの研究によって、反射、屈折、偏光などの現象について順次決定された両者の対応をともなう電気放射、要するに電気光学の発展についてである。当面は、多様だが深いところで類似した紫外線、熱、電気、発光といった長い放射スペクトルの直接研究を離れることにしよう。そしてさまざまな物質に対する多様な放射の効果を扱いながら、第三の問題に取りかかることにする。

ボースは電気放射が物質を物理化学的に変化させることによって、物体に一時的、あるいは恒久的な分子ひずみ状態を誘発することを実証した。電波の性質とふるまいが光と類似していることがわかった以上、その分子反応はおおむね写真的効果と似ているのではないか。電気的接触の論文の結びの部分で、ボースはこう述べている。

光が写真乾板に原子か分子の新たな状態を引き起こすように、電気放射は（可視光線のように）物質原子もしくは分子の再配列を作り出すはずである。コヒーラの接点は写真乾板の粒子に対応していると見なせるだろう。

この問題の研究からは驚くべき成果がもたらされた。それらは一見、共通性があるように見えない多くの現象を一挙に結びつける可能性がある。私は今のところ脈動検流計の光点を使って、種々の外力によって起こる分子変換の自動記録装置を準備しようとしている。

じつに多くの実り豊かな研究の端緒となる先見的仮説である。本来仮説を実証科学とするには、公表する前に実験による検証をへねばならない。だが、どんな伝記においても興味深いのは、アイディアの発端と発展である。さらにいえば、こうした視点は、彼の夢を批判しようと躍起になっている研究者には望むべくもない。ボースの夢は、他の研究者や科学教師にとっても示唆的で興味深いものであるというのに。

どの研究所でも研究者は根気強く正確であれと教えこまれてきたし、これまでのところそれでうまくいってきた。だが、同時に自由で多様な思弁を奨励してはならないだろうか。すばらしい発見はすばらしい夢ではなかったのか。ケプラーの三法則は、数百とも数千ともいわれる試行錯誤からなる膨大な思弁の残存物ではなかったか。ダーウィンは自ら「愚者の実験」とよんだ実験ですら弁護し、推奨しなかったか。多くの新しい研究が、このような思弁的かつ試験的な方法で始まったのである。

興味を引くのはさらなる展望である。電気放射における「接触」、すなわち接触＝敏感性の発見は、当初、光学においては類似性がないかのように思われた。しかしながら今ではそうした新しい電気現象の発見は、光や超可視光線によってもたらされた現象の解釈に反映されている。長スペクトルの基本的な単一性は、いちだんと明らかになっている。既知の一端から他の一端まで、電気的なものから写真的なものまで。

直観もしくは相当な先見の明によって、ボースは一八九六年にすでに、電波の受信接点を「写真粒子」にたとえて記述していた。しかも彼はその予感を今やますます実証可能なものにしていた。本書では吟味する余裕がない論文「光と電気放射効果の持続性」(『王立協会会報』1901)で、それは多くのさらに一般化された問題として研究された。

次に、最初は仮説だった「放射と機械ひずみの類似性」が「ひずみセル」モデルによって実験的に示された。このセル中には、水中に浸けられた類似した二本の標準的導線の一本が正確な測定角度で突然ねじられており、それが一定かつ適量の電動力を産み出すことが明らかにされたのである。作動した導線は通常、普通の電池の亜鉛板のようにふるまうが、必ずしもすべてがそうなるわけではなく、中には銅のようにふるまうものもある。したがって、電気放射に関して見たように、伝導体には二種類あることになる。適度なひずみからの回復効果、そして急速な回復を越えた過度のひずみ効果も注目された。

興味深い論文「写真作用のひずみ理論について」(『王立協会会報』1901)は、専門的な細部にもかかわらず、写真家でない者にも原則として十分に理解できるものとなっている。

感光性にすぐれた乾板の写真的効果は露出後の「現像」によって示される。高感度物質におけるこの光の効果には、一時的なものから持続的なものまで段階があるだろう。ボースの着想は、光と影による画像が、高感度物質に異なるひずみを作り出すというものだった。光によってひずんだこの粒子に、現像液が不均質な作用を与えて、定着されると考えたのである。分子ひずみの観点から写真画像を解釈すれば、その後画像がしだいに薄れるとともに、ひずみは徐々に回復することが予想される。

ダゲレオタイプ（銀版写真）を所有する初期の写真家は、この問題に大いに悩まされた。より耐久性の高い乾板を製作すべく写真術が進歩したおかげで、現在では乾板とフィルム一式を持ち運び、手が空いている時に現像できるようになった。

ボースの理論によれば、乾板に耐久性を与えるためには、十分な現像時間をとって、画像を構成するひずみ粒子の柔軟な回復を遅らせるか妨げるだけでよい。その意味で、回復を妨げるものに対して「増感剤」という用語は不適切かもしれない。限界があるはずの回復時間についても、経験的に確認されたと記されていて、興味深い。

ボースが王立写真協会で理論を発表した後、聴衆のひとりがインドでの写真旅行後に、環境のせいで一束の乾板の現像が二年間も遅れたしだいを語った。その後現像に取りかかったところ、画像はまったく現れなかった。彼はそのときまで、気候のせいでだめになったとばかり思っていたが、ボースの理論を聞いて、乾板のひずみ状態からの回復としてとらえるようになった。

しばらく後、彼は緊急に写真撮影したいと思ったが、あいにく手持ちの新しい乾板がなかった。このとき、現像を断念していた例の乾板を試すまたとないチャンスだという考えが浮かんだ。

現像してみると、うれしい驚きとともに、まるで新品のように写真が浮かび上がってきた。今初めて、彼はボースの「ひずみと回復」理論の明快な確証としてその経験を理解し、前進させたのだった。物質の感度は十分でも、画像がえられない場合があるかもしれない。程度や回復率の差はあれ、ほとんどすべての物質は分子レベルで放射の影響を受けている。したがって同じ一般的概念から、画像に対して敏感な物質を同様に変化させて、そのための広範な現像剤を発見することは理論的に可能である。しかもそれによって、自然界の全スペクトルを通じた放射エネルギーの活動と、敏感な物質に対する作用についての考え方も等しく拡張される。そのうえこれが無生物全体にあてはまるのなら、なぜ生物全体にもあてはまらないのか。放射に対して生物が敏感であることはわかっているのに。

失礼。ボースが当面の論文で言わんとしたことをいささか追い越してしまったようだ。

銀塩以外の高感度物質を用いた写真乾板がないのはなぜか。モーザーはすでに、まっさらな銀と銅の乾板を長時間露光し、これを水銀蒸気で現像することによって、不可視の画像をえていた。ウォーターハウスは通常の現像液を使用して、鉛と金で類似の実験を行っていた。

電気放射に対してすべての金属が敏感であることを発見していたボースは、光に対しても同様だろうと予想していた。同時に、光に対して銀塩より鈍感な物質には、より長時間露光がしかるべきひずみをもたらすと考えた。機械的圧力も現像可能な画像、いわゆる「圧力かぶり」を作り出すだろう。しかも電気ひずみによって、「誘導の筆跡」もえられるだろう。

一九〇一年の時点でボースが興味をもっていたのは、光を作用させずに写真撮影をするという問題だった。写真乾板に影響をおよぼす放射性物質は数多く発見されていたが、ボースが研究したのは、通常は放射性を示さない物質だった。乾燥した木の幹の断面は、季節ごとに成長が異なるため、同心円状の模様を示す。これらの異なった環は、ボースによれば、刺激作用によって異なる割合で放射性粒子を放射するはずだった。

彼は幹の断面を暗箱の中に封じて、その前に写真乾板を離して置いた。箱の外には二枚の金属プレートがあり、それはプレート間に高周波の電気振動をもたらす装置に接続されていた。この刺激作用下で、写真乾板に並はずれて鮮明な構造の刻印があらわれ、これによって木の放射が証拠づけられた。まさしく光の干渉なしの記憶。図02はこの方法で撮影されたインドボダイジュの木の葉の写真である。

同様にさまざまな石や結晶などを撮影することによって、注目すべき成果をえた。そこには特有な組成の相違が見られたのである。ただちに探究されるべき新しい研究分野が拓かれた。しかし後に見るように、ボースは別の研究に専念する必要があったため、すべてを無期限に延期せざるをえなかった。

しかしながら、分子ひずみに関する彼の理論は、物理と化学の研究者にとって実り多いものだった。その後、ハートレーが金属の硝酸塩の溶剤の吸収スペクトルに関する研究で確証を見いだした。彼はその成果を次のように要約している。

チャンドラ・ボースの注目すべき三つの報告は一九〇二年の『王立協会会報』に発表された。それは「放射効果が分子ひずみ状態を生み出す」といううみごとな仮説にもとづくものだった。物質の物理化学的特性を変化させて、光の作用が引き起こす分子ひずみを示す実験的な証拠が引用された。それに

よってたとえば還元剤によって、化学的な安定性の違いによって見えない画像を現像することが可能になるのである（『化学学会誌』1903）。

ハートレー博士独自の実験がこれに対する強力な支持を与えた。彼によって得られたスペクトルは「金属硝酸塩の溶解が分子ひずみの状態であること」を示したのである。

人工網膜の発明

さて、写真撮影の理論についてはもう十分なので、ボースの「人工網膜」に移ろう。

彼がつくったさまざまな形式の受信機は、波長が熱線よりも長い波に対して敏感だった。ところが写真乾板は、通常、非常に長くて多彩なスペクトルの対極に位置する短い波長にだけ敏感である。けれども彼は、

図02｜光を使わない写真
インドボタイジュの葉。

受容範囲のはるかに広い物質を見いだせないかと問いかけた。

この理想的な物質は、広大な範囲の全域を通して高感度で、可視光だけではなく、人間の色感覚のオクターブの両側に広がる不可視光の多数のオクターブすべてに反応するものとなるだろう。「電気的接触」に関する論文で最初に指摘されたような無数の天然物質と人工物質の感応範囲に関する一連の組織的な新たな試験は、依然として完成も発表もされていなかった。にもかかわらず、待望の物質はついに発見された。すでに言及した無線受信機で、以前の材料に取って代わるほど長波の電波に対する感度にすぐれ、なおかつ熱線、光線、紫外線に対しても、検流計に確実な応答が示される材料が発見されたのである。

このすべてを感知する超網膜を人間の認識レベルに引き下げることは容易だった。眼球の「水様液」の代わりに、フラスコの水を前に置けば、電気線と熱線は吸収されて反応できなくなるからである。そして紫外線もほぼ同様に吸収される。

こうしてこの「網膜」は、今や事実上、可視光線を「見る」だけで、背後にある検流計の「脳」にインパルスを示す信号を送ることができたのである。他方、吸収性の水を取り除くや、より広い受容性をもつ数え切れないオクターブが復活した。

ボースの所見のように、「多分われわれは耐えられない発光に関して、とりわけ今日のヘルツ波による宇宙信号に関して、感覚をベールに包むその保護的な仕組みの重要性を正当に認識していないのだろう」。

ここには「科学の驚異」の第一級の例がある。かつて自然学者デッラ・ポルタは「カメラオブスキュラ」に関するいまだ記憶されるべき自著を『自然魔術』と名づけた。驚異のカメラは今や写真機のサイズに縮小されはしたが。

カメラは本当に巨大な目のようである。その敏感な乾板は一種の単純で無機的な網膜である。同様に目はカメラであり、その網膜はもともと光の異なる陰影を知覚するために巧妙に積層され、念入りに仕上げられた敏感な乾板なのである。最初は信じがたく多少奇異にも思われたボースのさらなる発明は、目とカメラの類似についての一般的、基礎的な理解と一致している。

カメラの驚異は、広大な範囲にまたがるその高感度にある。しかし顕微鏡による調査の彼方に、ましてやたんなる分析の彼方に、入念な仕上げの超網膜を発見する代わりに、光電セルの小さな眼球を開いて、そのレンズを取り除いてみよう。するとこの驚くべき超網膜が、接触感受性に適合させたごく小さな二個の方鉛鉱の結晶だけで作られていることがわかる。このありふれた鉛鉱石、この重い硫化物が、既知の全物体の中で、自然または研究所製の全エーテル波に対する最大の敏感さをもつということは、熟慮する価値がある。

鉛、「鈍感な鉛」は、われわれが思うほど鈍感ではない。そして、のちに見るように、この人工網膜の特有の反応から、ボースは人間の視力のある思いがけない現象を発見するように導かれたのだった。

第7章

生物と無生物の反応

前章を通してますます明らかになったのは、無生物の反応と、生物の特質と見なされている現象との間に見られるさまざまな類似である。たしかに、単純化して書いたために類似が誇張された面もあったかもしれないが、その現象は最初、われらが物理学者にとってはまだ主要な研究の付随物にすぎなかった。ところが物理学研究で磨かれてきた厳密な実験的手法のもとに生理学研究が拡張されるにつれて、現象はさらに鮮明になり、より密接な対応関係が見いだされるようになっていった。

パリ国際物理学会で講演

ボースにとって、生理学研究も、慣れ親しんだ精密な手法で進めるのは当然のことだった。重要なのは、生命現象はきわめて複雑で、しかも長い間神秘と見なされてきたので、生物学的な思弁、いや実験さえもが、怪しげに思われがちで、生理学者同士もお互いを懐疑的にみるきらいがあるということである。

ボースはもっとも賢明な生理学者がとりうる慎重さと自己批判力をもって、研究に着手した。それはたんに、ひとかどの専門家が、あえて隣人の壁の検分に乗り出し、さらには自分の庭に張り出しているバラを引き抜くときに、誰でも感じる大きな恐れと震えのゆえではなかった。

彼は東洋に対して西洋が抱く信念、抽象的な思弁においては細部にいたるまで卓越しているが、精密科学に関しては特別な資質を備えていないという信念を十分自覚していたのである。実際、当時は具体的な研究能力は、西洋人の頭骨上にのみドームのようにそびえている骨相学的な「こぶ」によるものだと一般的に考えられていた。それがインド人の骨相には存在しないのだと。

それゆえボースは、物理学研究と教育にかかわった当初から、同国人の科学的な素質を正当化し、復興させるという大望をもっていた。インド人には、昔の商工業見本市のように、実際的で熟練した手腕がないわけではないし、サンスクリット文学の集中的な研究が思わせるほどには、宗教的で抽象的な頭があるわけでもないのである。

ボースが研究において、実験的な厳密さを通してきた理由はここにある。最初の送受信機から、彼の作業場から誕生している繊細で正確な現在の記録装置にいたるまで、彼の装置は単純だが、絶妙な洗練を誇ってきた。

じつのところ著者は折にふれ、研究所の装置と研究について、ほどほどの装置で事足りた場合もあったのではないかと批判してきた。何度も装置をつくり直さなければ、研究が遅れることもなかっただろう。それも、結局のところわずかな精度を追い求めるあまりのことだった。しかしボースは、微塵も不正確さのない物理学的精度の証明にも耐える道を歩まざるをえないのである。

ともあれ、今は「生物と無生物の反応」と呼ぶことになる新しい研究に戻ろう。それがこれらすべての研究を要約した二年後の単行本のタイトルだからである。

研究は豊かな、驚くべき成果をもたらしたので、ボースは新たなヨーロッパ旅行の必要を感じた。インドにはまだ科学界が存在せず、討論できる同僚すらひとりもいなかった。幸いにも、国際物理学会から心のこもった招待状がとどいた。一九〇〇年のパリ万国博覧会で準備された多くの国際会議のひとつに招かれたのである

ボースが達成した驚くべき成果は、ベンガルの新副総督の関心をかきたてた。彼は四年前の前任者にならって、ボースを科学代表団としてヨーロッパに派遣することに決めた。副総督は「ボース教授のパリ訪問は、彼が従事しているきわめて独創的な研究にとって、大変有益なものとなるだろう」と信じたのである。

決定に従って一九〇〇年八月、ボースはベンガル政府とインド政府の代表としてパリに到着した。

「パリ国際物理学会」で、ボースは無生物と生物の反応についての論文(「無生物と生物における電気のもたらす分子現象の一般性について」国際物理学会1900)を読み上げた。電波受信機が示した不思議な疲労現象と休養後に疲労が除去されるさま、長期間放置されると感度を失い、この場合には電気ショックの刺激によって回復するといったボースの観察についてはすでに言及した。また一方、この論文でボースは初めて、生物の組織の

刺激反応と無生物の組織の刺激反応を科学的に比較対応させた。

分子反応曲線が無機物の変化を正確に記録するのと同じように、筋肉曲線は生体組織の興奮が引き起こす分子変化の履歴を記録する。二つの曲線が表現するものは同じである。前者では分子ひずみは伝導性の変化によって証拠づけられる。他方、後者では同様のひずみが形の変化によって明らかにされるのである。

このようにさまざまな頻度、強度、持続時間の刺激が引き起こす分子反応の研究手段が用意されている。生物の現象と無生物の現象の間には深淵が横たわっているが、動物機械の隠れたメカニズムを理解しようとするなら、目下のところは手におえないような多くの難題に直面しなくてはならない。

それから「無機物および有機物の分子反応曲線の比較研究」が続く。

一番目は少し温められた磁性酸化鉄（Fe_3O_4）の曲線、その次に、全般的に前者と顕著な類似性を示す筋肉曲線のひとつが続く。これによって筋肉と酸化鉄のふるまいを比較するさらなる研究に導かれる。

① 最大の興奮の重ね合わせ効果について。
② 相互に緩慢に続く適度の興奮の合計効果について。
③ 急速な刺激の継続効果について。

鉱物と筋肉に対するこのような効果は驚くほど似ている。実際、その曲線は、きわめて厳密に対応しているので、互いに取り違えてしまうほどである。詳細：

① 最初の興奮が最大限であれば、どちらの場合にも二番目の刺激からは効果は観察できない。
② 適度な興奮は合計される。緩やかな連続では、各刺激の効果は上昇曲線の一歩として識別できる。
③ 刺激がきわめて速いと、効果は結合され、強直《きょうちょく》として知られている現象が同様に両方に現われる。

ボースはまた多くの無機物では、通常の刺激が標準的な「負の」効果を生み出す場合には、微弱な刺激がまさしくその反対、すなわち「正の」効果を生み出すことも発見した。彼はこの二重反応には、物理学的に新奇というだけでなく、生物組織の類似反応がまだ観察されていないことに、困惑した。けれども、彼は自問した。これは本当に生物と無生物の間の差異なのか、あるいは、さらなる実験によって生物における類似した二重反応が明らかになる可能性はないのか、と。

研究によって彼はとても重要な生体反応の発見に導かれた。これらはのちにさらに子細に扱われることになるだろう。

酸化鉄が温められると、刺激に対する反応がいっそう強化されるし、その回復も速められる。しかし、それは一定レベルまでで、反応も回復もふたたび減衰する。同じ現象は筋肉に関してよく知られており、同様に、ある一線を越えると反応が減少する最適条件がある。一方、筋肉の疲労が、休養、マッサージなどの優しい機械的振動、温度変化、温浴とかによって回復するように、その疲労は酸化鉄でも除去される。疲労、すなわち反応の減少もまったく同じ治療によって取り除くことができるのである。

次に異物の注入効果について。すでに見たように電気的に高弾性のカリウムは、たちまち刺激から回復する。しかし特定の異物とともに扱われると、最初の反応では変化がないように見えても、次の反応で回復力はほとんど失われる。これは筋肉に対する特定の毒(例えばベラタイン)の効果に類似している。

上記のすべての現象で連続性は破れていない。「ここで物理現象が終わり、生理現象が始まる」とか、「それは無機物の現象であり、これは生物に特有の生命現象である」とかいう境界線を引くことはむずかしい。こうした境界線は非常に恣意的なものとなるだろう。

上記の現象に対しては、膨大な数の独自仮説が作られるか、さもなければ有機物と無機物の全形式に共通する性質を見いだし、この共通性をベースに、一見かけ離れた現象の説明が試みられるだろう。後者の見解に与して、事実が許す場合にはいつでも、見かけの多様性の中心に根本的な単一性を探究する科学の一般的傾向があると願ってよいだろう。

ボースの論文は非常な驚嘆をもって迎えられた。学会の事務局長は最初ぼう然としたと表明した。学会はまもなくその主題の最高の重要性を理解し、メンバーの多くが新しい結果をめぐり熱狂的に意見を表明した。その論文は最重要論文のひとつと認められ、一巻として刊行された。

西洋の科学者たちのアイディアの受容に関してはこれくらいにしておこう。

タゴールの祝福

思慮深い同国人の間に引き起こされた影響のほうが、はるかに深かった。ヨーロッパはインドにおけるルネッサンス、力を蓄積していた知的活動の反乱にまだ気付かなかったが、インド人は西洋が理解し、正当に評価しうる新しい科学の提唱者をボースに見いだして、喜んだ。その感覚をあらわす独自の表現も現われた。

ヴェーダンタの哲学的・宗教的精神を豊かに表現してアメリカに感銘を与えていたスワーミ・ヴィヴェーカーナンダ〔1863-1902〕は、当時、パリ滞在中だったが、会議でボースの講演を聞くために出かけて行った。彼は手紙のひとつ（のちに「放浪者」に収載）にこう書いている。

ここパリには、それぞれの国の栄光を示すために、すべての国の偉人が集っている。碩学はここで称賛され、その反響は祖国に栄光を与えるであろう。

全世界から集いしこれら比類なき者たち、なんじが代表せし国はいずくぞ、おお、なんじが生まれし祖国はいずくぞ。この膨大な集合から、なんじの英雄的な息子たちのひとりである若者がなんじを代表した。彼はその言葉で聴衆に衝撃を与え、それは同国人すべてを感動させるであろう。

——この英雄的な息子に祝福あれ。そしてつねに彼の傍らにいる献身的で比類ない配偶者に祝福あれ。

西洋ではまだ無名だったが、ボースの生涯の友で、ベンガル文学に強い影響を与えているラービンドラナート・タゴール［1861-1941］は、インドから詩を送ってよこした。次の抜粋がその忠実な翻訳である。

なんじはその沈黙をいずくから持ち来たるか
なんじはたちまちそのうちにあり
すべての存在の深い中心において孤独である
選ばれし者のみがそこに住まいし、太陽に月に花
葉に、獣と鳥に、ほこりと石に
おのが膝に眠れぬ生命のあるところ
すべからく沈黙の旋律で揺り動かす
あらゆる動くもの、または動かぬと思われるもの
なんじはなんじの博識をあらわせ
自然の表面に、この広大な地球に
すべてを集わせよ。わがインドもまた
帰さしめよ、われらが先祖の地に

おお、ふたたび断固たる研究に復帰せよ
義務と献身に、真摯な瞑想の恍惚に

これまでのところ、個人的にも、研究上の新機軸としても重要だとして、やや詳述したこのパリ論文の内容が流通しているようだ。

次いで基本的に類似した論文が、一九〇〇年九月の英国学術協会ブラッドフォード会議の物理学部門で読まれ、物理学者に心から受け入れられた。この会議では、もっとも著名な数人の科学者が、ボースに、当時空席だった物理学の重要ポストに立候補するようすすめ、熱心な支持を確約した。しかし、祖国と大学に忠実な彼は、賛辞には当然感謝したが、誘惑に駆られることはなかった。

また、この会議でボースはかすかな影も感じた。彼の研究を熱心に評価し、その解釈を快く採り上げた物理学者とは対照的に、論文発表に招かれていた生理学部門の会員は「境界線上の問題」が提出されると、お定まりのように当惑し、沈黙を守っていたからである。ボースのこれまでの論文を通じて物理学者にはなじみ深い実験方法が、彼らには奇妙な違和感をもって迎えられたのである。

「伝導力の変化」の方法について言及されたのも、この会議だったかもしれない。それは、この後ボースの生理学的研究で採用されて大成功を収め、今では植物生理学者の間でも受け入れられている。昨今では、動物生理学者の間でも同様だといってよいだろう。

インドを発つ前に、ボースはあまりにも絶え間ない実験と慢性疲労がもとで病に苦しみはじめていた。病は重篤になる一方だった。カルカッタでの治療に失敗したままブラッドフォードの会議後にロンドンで倒れるまで、患者は自らを省みなかった。その結果、二か月間が手術と予後のために失われた。しかし、この強制的な休息期間中にさらに熟考し、生理学者にも抵抗がない実験方法を考案することができた。

回復するやいなや、彼は旧友にして師でもあるレーリー卿とジェームズ・デュワー卿による心からの招きを受け、王立研究所のデービー・ファラデー研究所で、一九〇〇年一二月まで研究することができた。

ここで見いだされたのが助手のブル氏である。彼の几帳面で、知的で、実験的な研究を実行する熟練の技術を、ボースは格別な満足をもって今も振り返っている。彼のみごとなサポートのおかげで、失われた時間を急速に取り戻し、新しい方向での多くの新実験に速やかに取り組めたのである。ロンドンを去るにあたり、彼は友人たちにブル氏の継続的な受入れ先を探してもらうことができた。ブル氏はその後、ロンドン・ポリテクニクの写真部門の責任者に就任し、インドの学生たちをいつも温かく迎え入れた。

この冬の研究はいっそう生理学的なものになった。それでもなお課題を両面から見すえながら、今や生理学の物理学のみならず、物理学の生理学と呼べそうな分野に専念していた。上記のパリ論文で概説された起電力の変化による生物と無生物の反応比較は、われらの生理学者の新たな手法となった。

敏感な植物たちとの出会い

金属と筋肉の疲労や刺激、抑制、薬物中毒などの実験が徹底的に行われ、新たな曲線が示された。無生物と生物は本質的に似た反応を示した。これらの結果をめぐり、ボースの心には自己批判と宇宙観が交互に浮かんだ。金属と動物のような両極の間に顕著な連続性が実在するなら、これまで無反応と思われてきた普通の植物もテストしてみるべきだろう。

このアイディアで頭がいっぱいになったボースは、ロンドンの下宿の菜園にとびだして、開花したばかりのセイヨウトチノキの第一葉［若い本葉］をかき集めた。その葉の一枚をテストしてみると、活発に反応した。次に彼は八百屋にとんでいって、ニンジンとカブも入手した。平凡で鈍感そうなこれらの野菜の根も、大いに敏感であることを発見した。しかしながら、若干のハマナはほとんど、あるいはまったく反応しなかった。八百屋の説明によれば、降雪地からロンドンへ運ばれる間に傷んだとのことだった。後日、新鮮な標本によって完全な反応がえられた。

こうして金属と動物、植物の反応がなべて似ていることが、多くの曲線によって確証された。次の実験は麻酔薬と毒の影響に関するものだった。

植物の反応は、動物の場合と同様、クロロホルムの使用によって消失した。そして麻酔薬の蒸気を新鮮な空気で適宜吹き払うことで、その植物は復活し、新たな反応を取り戻した。新鮮な試料に投与された毒が吸収されるにつれて、それは死ぬ直前の筋肉反応と酷似する反応曲線を示すようになった。しかも動物と同様植物についても、反応は全体的に終焉を迎え、見たところ明確な死の兆候を示した。

大量投与すると有毒な種々の薬品が、微量に投与されると、興奮剤の役割を果たすことも判明した。

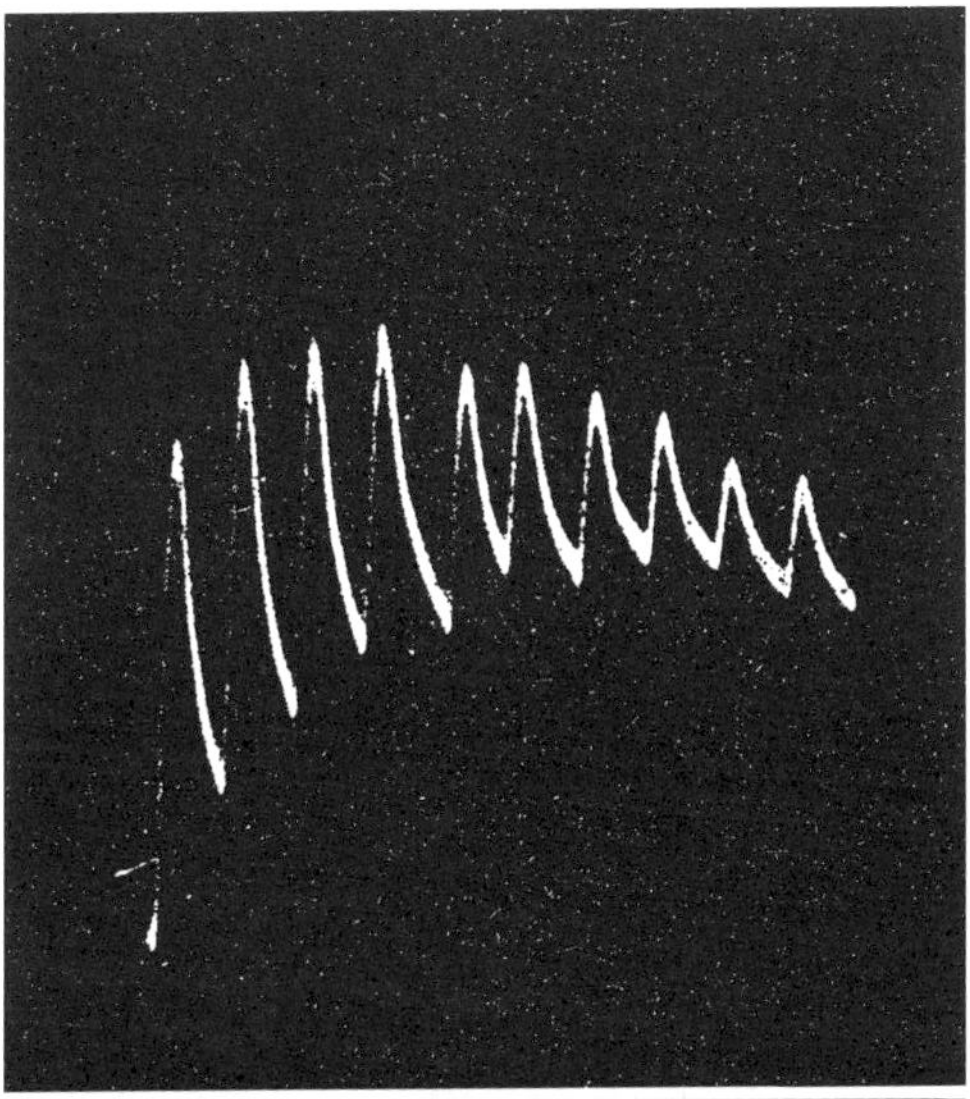

図03｜金属疲労のようすを示す電気反応〔錫〕

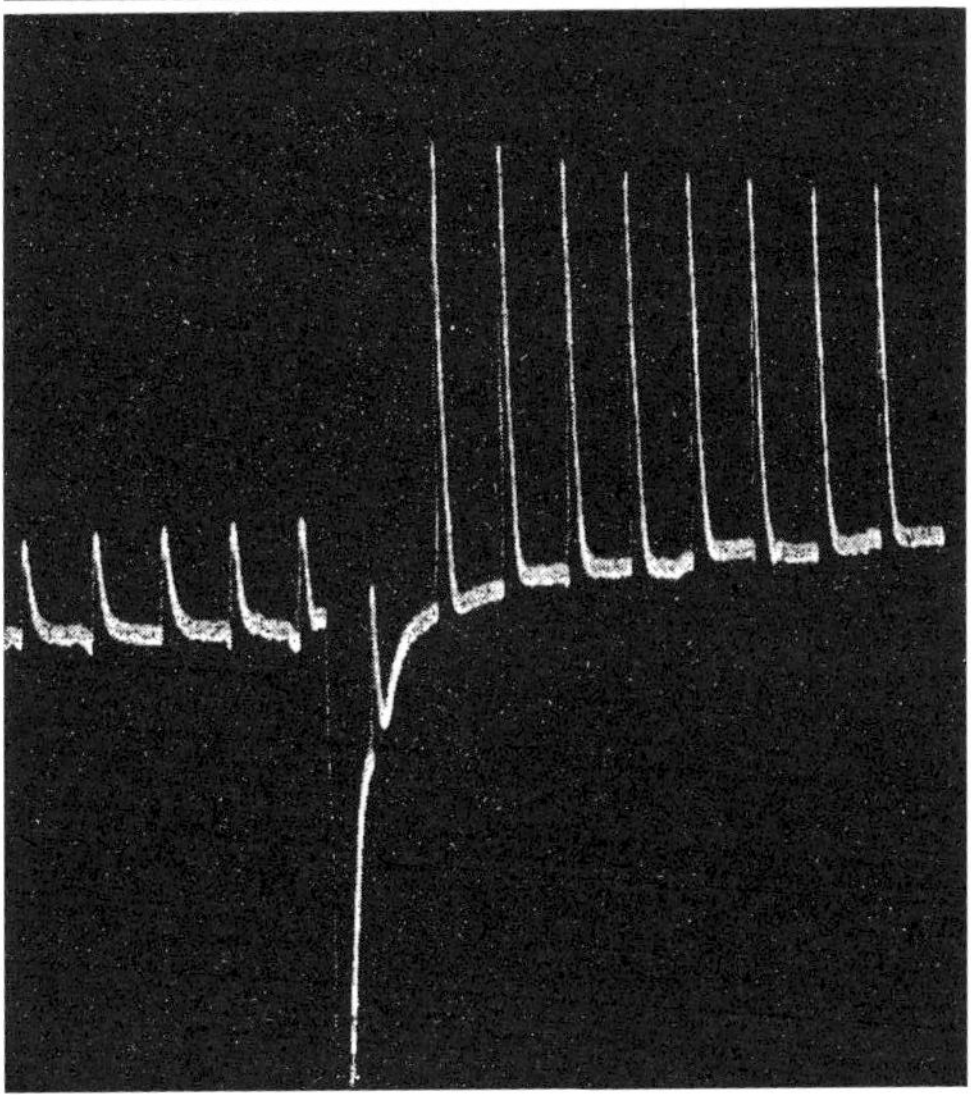

図04｜金属〔プラチナ〕の反応を強める興奮剤の作用
これと次の記録において、左側は通常の反応を示し、右側は化学物質の効果を示している。

ここに、生物学者の先入観に捉われない新しい精神的価値が出現した。植物学者、動物学者、生理学者の誰もが、金属に毒を盛ろうなどと考えたこともなければ、そんな見地に立とうとする者もいなかった。彼らはこのような実験のアイディアそのものを、ばかげたものと見なしたことだろう。だが生物学的伝統の重荷を負わない物理学者は、以前にも意外な反応を経験したことから、自らの論理を冷徹に貫き、これら全実験をあらゆる金属に関して行った。

錫、亜鉛、真鍮、そしてプラチナさえもが、連続して種々の毒を投与された。結果は驚くべきもので、毒殺された動植物と類似した反応曲線を示しながら、同じように死にいたったのである。

急速に崩壊するもっとも過敏な金属である錫に対しては、シュウ酸がとくに効果的であることが発見された。貴金属の中でもっとも化学的に不活性なプラチナでさえ、まもなく死んだ。

モウセンゴケに対する炭酸アンモニウムの刺激作用についてのダーウィンの観察を思い出して、ボースは金属で試してみた。すると通常の反応が三、四倍にも増大するという驚くべき結果があらわれた。大量の毒やそれに類する薬の投与は植物を殺すが、小量なら刺激するようなことが、金属においても起こることが判明したのである。

この反応があまりに顕著だったので、ボースがケンブリッジの大家、生理学者マイケル・フォスター卿に実験記録を公開しはじめると、彼はひとつの記録を採り上げてこういった。

「おい、きみ、ボースくん。この曲線のどこが新しいというんだね。われわれは少なくともこの半世紀間はこれを知っていたぞ」

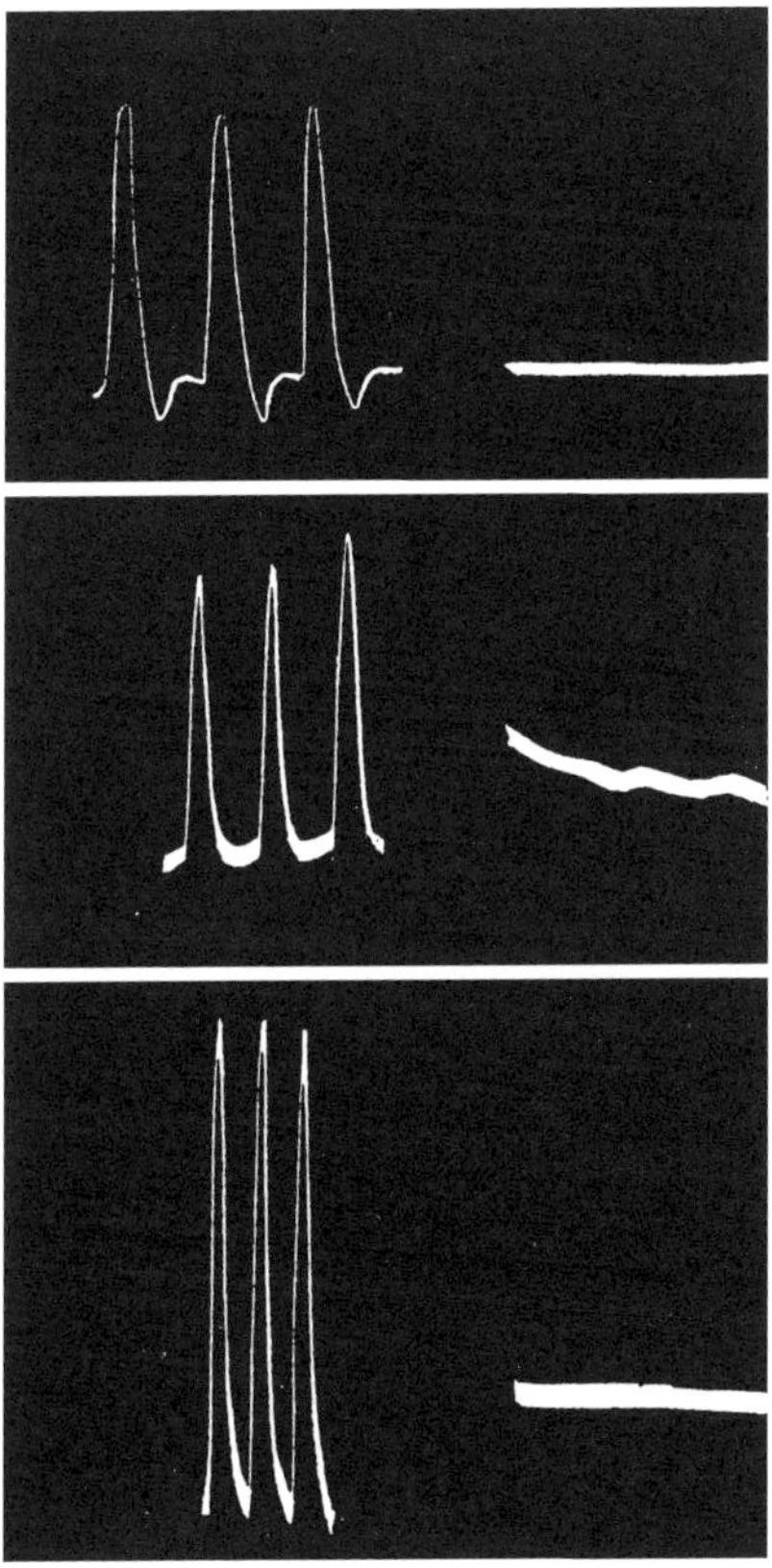

図05｜反応を停止させる毒の作用の記録
筋肉（上）、植物（中）、金属（下）。

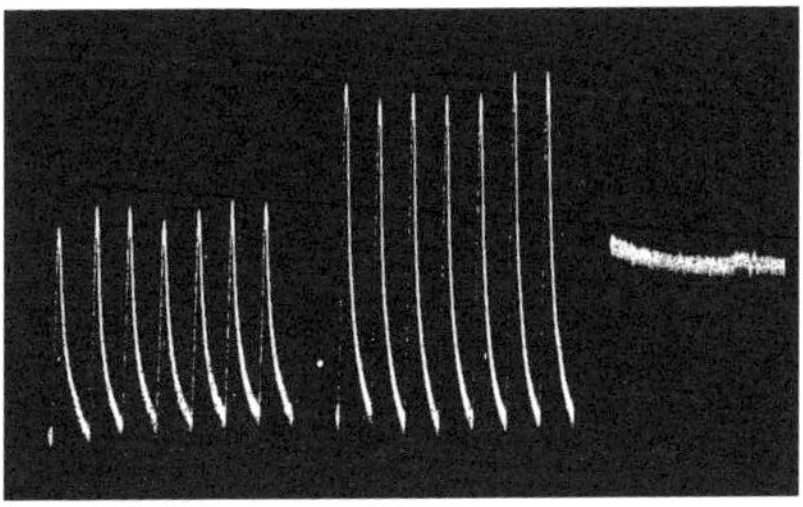

図06｜金属の反応に対する小量の「毒」の刺激作用と大量投与による反応の停止

「それを何だと思われますか」とボース。

「そりゃ、もちろん、筋肉反応の曲線じゃないか」

「申し訳ありませんが、それは金属の錫の反応なんですよ」

「なんだって！」フォスターは跳び上がった。

「錫だって！　きみは錫と言ったのかね」

ボースが説明すると、驚くばかりだった。彼は王立協会に連絡するようボースを急きたて、自ら（当時の事務局長）通知をかってでた。

ボースがすでに王立研究所の金曜講座でこうした発見を説明すべく招聘されていたことに気付くと、フォスターはこういった。

「そうだ、すぐにわれわれに予備的な通知をさせなさい。それであなたの優先権と王立協会の優先権が確保される。そうすれば来月の会合後に実演することができる」

これは実行された。

王立研究所の講演（一九〇一年五月一〇日）で、ボースはそれまでの四年間に獲得し、一連の包括的な実験によってそれぞれ実証した成果を整理した。すでに上記で概説したので、ここではその演説を引用すれば十分である。

――今宵は皆様に生物と無生物の圧力とひずみの自動記録をお見せいたしました。両グラフはいかに似ていることでしょう。区別できないほど、本当にうり二つなのです。一方で盛衰するパルス反応が、他方においても同様に盛衰するのが見られました。生物におけるように、無生物においても、疲労によって衰え、刺激によって強められ、毒によって殺される反応が見られたのです。

このような現象においては、どこに境界線を引けるのでしょうか。ここで物理的なものが終わり、生理学的なものが始まるといえるのでしょうか。そのような絶対的な壁は存在しません。

こうした記録は、一般的で持続的な問題の性質についてなにがしか語っていないでしょうか。それらは生物に見られる反応プロセスが、無生物における予兆となることを示していないでしょうか。生理学的なものは物理化学的なものと関係があることを示していないでしょうか。急な断続があるわけではなく、統一的で連続的な法則の歩みにすぎないことを示していないでしょうか。

もしそうであるなら、勇気をふるい、長きにわたり手をつけかねてきた謎の調査に方向転換すべきです。あらゆる科学の進歩は、新しいことや矛盾していること、あるいは気まぐれと思われたことを調和的な単純さで包含することによって、実現されてきたのです。科学の進歩は見かけの多様性の基礎となるもっとも高度な統一性の認識に向かうものだったのです。

こうした自己を記録する無言の証言者に出会い、そこに光のさざなみに震える微片、地上の豊穣な生命、光り輝く頭上の太陽など、万物に横溢する統一的な相を認知したとき、三〇世紀前、わが先祖がガンジスの岸辺で示した神託を初めて多少なりとも理解したのです。

「すべてが変化してやまぬこの宇宙の多様性において、ひとつのこととしか見ない者たちにのみ永遠の真理を属さしめよ。ただ彼らにのみ、ただ彼らにのみ！」

王立研究所の講義は高く評価され、予想外の新事実は当然、科学界全体に、そして報道機関にも広範な興味を引き起こした。

ここまでは、ボースの以前の研究と四年前の訪欧が獲得した科学的かつ大衆的な成功が繰り返され、それをしのぐほどだった。しかし、彼の苦労が始まったのはここからだった。

科学的アイディアなどの進歩に関する旧知の格言が思い出されよう。最初に人々はこういう。「それは本当ではない」。次には、「それは新しくない」といい、その後によく、「われわれは前からすべてを知っていた」という。中でも最後のものはインドではもっともありふれた格言である。けれどもヨーロッパでは一般に最初の二つから始まる。

生理学界の長老の壁

予備的な通知の後、一九〇一年六月六日、ボースは詳細で完璧な実験的証明とともに王立協会で論文を報告した。例によって、論文は十分に受け入れられるように思われた。しかし今度は当時のイギリス生理学界の「長老」で、何年もの間その権威を維持してきたジョン・バードン・サンダーソン卿などから強烈な一撃が襲ってきた。

サンダーソン卿は、神経と筋肉の作用の研究のみならず、とくにダーウィンが最初に注意を喚起したハエジゴク（*Dionæa*）の動きに関する研究に、何年もの間、惜しみない労力を注いで専念しており、動植物両分野における電気生理学の権威として光彩を放っていた。

サンダーソンの学問的関心はいまだに非常に鋭敏で、この論文のためにオックスフォードから上京してきた。彼はもちろん、論文発表後に恒例の議論を開始することを誰からも期待される人物だった。

サンダーソンは、ボースの以前の物理学研究に関する賛辞で口火を切った。しかしそれから、彼が広く認められた栄誉を達成した自らの研究領域を離れて、生理学者に属すべき領域に向かうことは大変残念であると述べた。

ボース教授の論文はまだ出版の検討段階にあった。けれどもサンダーソンは彼に、タイトルを「電気的反応《レスポンス》」から「ある物理的反作用《リアクション》」に変えて、物理学者に関わりのない「反応」という用語の使用を生理学者に任せるべきだと忠告したようだ。さらに、論文の末尾で言及された一般の植物の電気反応については、自分は何年間も検出を試みたが、なにも検出できなかったので、絶対に不可能だと述べた。それはただ単にありえない、と。

もうひとりの著名な生理学教授で、サンダーソンの後継たる筋肉・神経反応の研究者は、実質的に彼を支持した。二人の生理学者はそれぞれひとつか二つの質問をし、実演されたすべての実験に満足したと意見を表明した。

それからボースが回答を求められた。実験的に示された事実がどちらの批評者にも疑われなかったのに、実験的な証拠に基づいて論駁される代わりに、権威によって論文の目的と意味を変更し、実演したばかりの実験的事実を引き下げるよう求められたのである。場所もあろうに王立協会で、知識はこれまで十分に進歩してきたので、これ以上、進歩すべきでないという教義が提唱されたのである。これは彼にはまるで理解しがたいことに思われた。

ボースは出版拒否のリスクを冒しても、論文の言葉を決して変更しようとしなかった。さもなければ、今示したばかりの実験の科学的な根拠に欠陥があるか、不完全だとみなされてしまうからである。彼は実験的な批判を期待して、それに対する用意を整えていたが、生理学の批評者からは、それに関する言葉は一言も発せられなかった。

この後、発言者はなく、論文の著者に対する儀礼的な謝辞で会合はお開きとなった。しかしさらなる問題が待ち受けていた。

この件でサンダーソンは深く気分を害していた。複雑なグラッドストーン的知性の持ち主で、絶対的な影響力と権威を当然とする彼は、科学においても、人生と同様、異なった観点と関心のバランスを保ち、適宜妥協するタイプの人間だった。若く素直な精神が、かくも慇懃な折衷案に対し、論外のやり方で挑んだことに、彼は驚き、傷つけられたにちがいない。さらに、自分の植物からの否定的な結果とボースの肯定的な結果の矛盾を、意識しないわけにはいなかった。

ボースが受け入れられる見込みはなかった。彼の物理学論文は科学性において高く評価されており、これまではすぐに受理され、研究の正確さには定評があった。科学的な根拠に基づかない反対はなかった。彼は物理学者として、自分が生理学の領分の侵入者と見なされたと感じた。

東洋からきた世慣れない者として、彼はカースト制度の悪について西洋から説き聞かせられる授業をまじめにとっていた。けれどもここで彼は、そのカースト制度よりさらにひどいシステムを、礼儀をわきまえずに侵したのだと痛感した。

のちにレーリー卿は、空気には思いがけない新元素が含まれているだろうと予測したとき、化学者から受けた攻撃についてボースに語ったことがある。しかし彼らの抗議にもかかわらず、その予測はアルゴンの発見によって実証されたのは周知のことである。

王立協会では、証明が会合以前にメンバー間に広められた論文については、『会報』には発表されず、協会の「記録保管所」に保管される慣わしになっていた。他の著名な論文の例では、数年前、著者の死後数十年たってからレーリー卿によって発見、公表されたガスの運動論の先駆的業績などがある。

ここで、その『会報』や『紀要』の発表論文に関する王立協会の慣習が、フランス科学アカデミーの『学報』の慣習とは著しく異なることを説明しておこう。

後者では読まれたすべての論文が印刷され、もっぱら著者の責任において直ちに刊行される。それはアカデミーによる正式な受け入れとか、メンバーによる認可すら示唆するものではない。これに対して、王立協会には出版委員会が組織されているため、いかなる論文の発行でもこうした精査のひとつを通過し、少なくとも受け入れ派が多数であったことを示した。

それぞれの方法に関してこういう見方がある。フランス人のやり方は、アイディアの周知が厳密に研究者の興味でなされ、遅滞がないという点では民主的である。イギリス人のやり方は組織の興味であり、これまでのところ必ず階級的である。したがって『学報』には、質の悪い論文が『会報』よりもたやすく掲載されうる。『会報』に関しては、斬新な論文が拒絶されるか、あるいは、この例のように、棚上げされる可能性がある。いずれにしてもその編集方法では遅れが生じがちである。パリで読まれる原稿は少なくとも次週には要約で定期的に発表されるのに対し、ロンドンでは数か月、時には一、二年もかかるかもしれないのである。重厚な四つ折り判の『哲学紀要』の出版となると、とくにその傾向が強い。

もちろん、つねに健全で正確であると当該委員会に認知されるようになった研究者の論文は、わずかな遅れか、あるいは少しの遅れもなく印刷された。ボースのすべての物理学論文がこれにあてはまった。今度の論文に関しても、遅れはまったくなかった。彼は本当に自らの手でその運命に決着をつけ、論文は記録保管所に移管されたのである。

これまでみごとに成功してきた経歴に対するもっとも強烈な妨害。その対照は深い苦痛をもたらした。まさしくそれは、今のところボースの生涯における最悪の衝撃であり、当人にとってのみならず、英国の科学者一般にとっての打撃でもあった。

ボースは、インドでの科学者としての将来のキャリアが脅かされ、新しい研究にむけて施設増強のための系統だった支援の見込みも危ぶまれるようになったことを悟った。実際、そのニュースはすぐにインドで「ボースの研究と論文が王立協会によって拒絶される」と仰々しく報じられた。かくして彼の以前の研究にまで疑いが投げかけられた。

イギリスでの滞在時間はあと二週間で終わろうとしていた。船の予約もしていたが、彼は最後まで戦い、自身を正当化する必要を感じた。即刻、インド省に状況を説明し、代表団の期間延長を申し込んだが、先例がないとして許可は降りなかった。ボースは必要な公務はすでにすませていたので、一年間の通常休暇を自由に使えることになっていた。だが、これは彼自身の大学を通して、インドにおいてのみ手配できるもので、インド省は与り知らない問題であるとのことだった。それでも一応識者の意見が求められたが、ボースにとって不運だったのは、問題を調べてアドバイスした生理学者が敵対するグループに属していたことだった。彼の要請は当然却下された。だが、ボースは少しもひるむことなく、必要なら船を燃やしてもと意を決して再度要請の手紙を書いた。

彼は、一刻も早く成果を正当化する必要を強く感じていると繰り返し、問題を解決するためにイギリスに留まる決意をしたのであり、その結果どうなろうと甘んじて受ける用意があると述べた。

この度はインド担当大臣が個人的に問題を調査し、ボースの決断がいつも最善の英国流でなされてきたことを見いだした。大臣は彼の断固たる勇気をきわめて好意的に受け止め、ボースの代表団延長の承認については自分が責任をとると、大学に伝えた。これに勇気づけられて、ボースは王立研究所で新たな研究に取りかかった。当初、彼は冷淡な反応を恐れたが、同僚の物理学者からはこういって慰められた。

「なんらかの憤慨を呼ばずに、他人の領分を侵害することなどできないよ。君がしたことはもっとひどい。彼らの計画を台無しにしてしまったんだからね」

彼は休暇をロンドンの家でゆっくりとすごし、一〇月になって再開された王立研究所に戻った。仕事が憂鬱をやわらげはしたが、取り除くことはなかった。

今回、彼を元気づけてくれたのは、オックスフォードの著名な植物学者で植物生理学者のヴァインズ教授からの手紙だった。興味を表明した教授は、実験を見たいと申し入れてきた。彼は植物生理学の有能な研究者ホーラス・ブラウンと、ハクスリーの後継者となった南ケンジントン大学のハウズを連れて、研究所にやって来た。

植物に最初の刺激を与えると、ガルバノメーターの光線が表示目盛りに沿って大きく振れた。ボースはかつてそれほど興奮してはしゃぐ三人のしらふの英国人を見たことがなかった。

「彼らはまるで少年のように熱狂していた」

ハウズいわく、「ハクスリーならこの実験の観察に何年も捧げただろうに」

もうひとりがいった。「これを発見したとき、なにか鬱憤晴らしをしましたか。いや、あなたは叫ぶべきだった。さもなければ、その抑圧によって自殺してしまうでしょう」それから事務的な調子でつけ加えた。

「王立協会はあなたの論文を出版しなかったので、その論文はリンネ協会が受理することができます。われわれは今年の会長と事務局長です。そこで、あなたに全論文を読み上げるよう求めたいと思います。実験を披露していただければ、すべての生理学者ととくにあなたの対抗者を招待しましょう」

先にボースの金属と普通の植物の電気反応の発見についての記述が、いかにして王立協会の記録保管所に移管されたかを見てきた。

反対者がとくに招かれるリンネ協会での論文発表は、あらゆる敵意のある批評に出会う唯一の機会となった。この論文発表の前夜に、彼はインドの友人に書いている。

「この新しい方向の研究を断念するとしても、強制ではなく、選択によってそうするでしょう。私はまだ自分の方法をはっきりと理解していませんが、何度でもそれを取り上げるつもりです。たとえそれが、志のある人間の精神力と断固たる態度が、いかなる状況にも立ち向かえることを示すためだけだったとしても。私に関しては、手をこまねいて服従していることなどありえません。

私は奇跡を信じていません。けれども今回は奇跡が起こるべきです。なぜなら自分が真実の証明のために戦っていることを理解しているからです」

論文発表の翌日（一九〇二年二月二一日）、彼はふたたび書いている。

「勝利！　私は、反対者に備えてひとりそこに立っていましたが、ホールには一五分間、拍手喝采が鳴りやみませんでした。論文発表後、ハウズ教授は、実験を見ながら説明の抜け穴を探したけれども、次の実験でその穴がすべてふさがれてしまったと述べました」

万事うまくいった。熱烈な祝福の言葉が贈られ、大喝采で幕が引かれた。

会長からは後日手紙が届いた。

あなたの実験は、大部分の植物が運動能力を有するばかりか、刺激に対して敏感なことを電気的反応によって疑いなく証明したように思われます。

これは進歩への重要なステップです。さらなる研究によって、それは敏感さを構成する分子状態の性質や、刺激によって誘発される分子変化の性質を明瞭にする出発点になると期待されるでしょう。これは疑いなく、生物のみならず無生物にも共通する物質の性質に関する重要な一般法則を導くものでしょう。

かくして前年の大惨事は完全に償われたようで、論文は装置の完全詳細図とともに出版の運びとなった。ところが新しい不意打ちが襲ってきた。以前に劣らず突然で、しかもいっそう辛辣な打撃が。

新しい成果を確信しているいかなる意欲的な科学精神も、信念を維持するために、世界と戦った往年の神学者のように奮起するだろう。結果が信用できないといわれること、次にそれらを証明することで、科学的発見にとっての勝利となる。ボースはこれを一年以内に達成した。科学の悲しい歴史があまりに続いてきたので、これは例外的に速い成功だった。けれども新しい打撃が襲ってきた。それは彼の成果が新しいものではなく、以前から知られていたという証拠を主張するものだった。それは、すでに他の者によって発見されていたのだ、と。

一九〇一年一一月、ボースによってえられた結果と実質的に類似する結果が、ある生理学者によってロンドン科学協会に伝えられていたのである。この生理学者は、王立協会（一九〇一年六月）のボースの実験を見ており、その後の論議にも参加していた。

ボースが問題の新たな転回を知ったのは、リンネ協会の事務局長ハウズ教授の手紙からだった。以前よりはるかに深い新たな憂鬱期間が始まったが、彼は問題の公的な調査を求める返事を書くために元気を奮い起こした。この要求はすぐに承認された。

幸い、ともに王立協会のフェローでもあるヴァインズとハウズが、申し立ての通知の一〇か月前に王立協会で、五か月前にはリンネ協会で、ボースの論文の校正刷りを見ていた。王立協会の会合より数日早い王立研究所でのボースの講演も同じく印刷されており、これも証拠となった。すべての事実の前に、調査委員会はなんのためらいを感じなかった。ボースの絶対的優先権は完全に確立され、論文が出版された。

ハウズ教授はリンネ協会の事務局長として、ボース論文の出版を脅かしていた優先権に対する主張を調査した後、非公式にボースに書いた。

「私は完全に同情的であり、あなたが引き合いに出した事実は、最初の確信を強めさせただけです。あなたは冷遇されてきました。けれども私の忠告は、あなたは事実の率直な陳述によって論文を進めるべきだし、まして愚か者は放っておくべきだということです」

ボースは、自分が正当化された今、結果に満足していた。そこで、敗った敵は追いかけないという少年時代の物語の騎士道的伝統に思いをはせ、問題をやり過ごすことを望んで、その陳述を最大の簡潔さと丁寧さに弱めた。けれどもこれはハウズの激怒をよんだだけだった。怒りは完全にボースに向けられた。

「我慢なりません。あなたは彼の面目を立てようとはしているが、東洋の礼節をはきちがえている。覚えておかれよ。人々はこのことを忘れるだろうし、彼はすぐにまたあなたの敵になるでしょう」

ボースが苦い体験によって再三知ったように、悲しいことにその予言は真実であることがわかった。遠く離れたインドに隔離され、ボースは敵対者が彼の研究の正確さについてせっせと広めた中傷に、直接、立ち向かうことができなかった。彼らはそれによってイギリスの生理学者に偏見を持たせようとしたのである。

この種の戦術は次の一九年間、彼の研究に困難を加えた限りにおいてのみ奏功した。しかしそれも、ボースがその注目に値する成果を公的・私的に実証する十分な機会をえられたとき、とくに一九一四年の二度のヨーロッパ訪問後に究極的に失敗に終わった。

生理学者たちが抱いていた敵意は、完全に故意にゆがめられた先入観によるものだった。彼らはボースの発見とその新しい実験方法の価値を認識した。最初、彼を侵入者と見なすよう仕向けられた一般の生理学者たちが、今やいちばん信頼できる友人となったのである。上記に関連する二つの苦い経験の後、ボースはもはや出版の遅れとリスクをともなう学会向けの伝統的な論文執筆方法に満足できなくなった。

「私は怠け者すぎて本を書けなかったのだろうが、そうした事情にも余儀なくされたのだった」

この後、新しいエネルギー集中期間が始まり、次の数か月に何百という実験が実行された。これらは彼の大著『生物と無生物の反応』（ロングマンズ・グリーン、ロンドン 1902）に大量に含まれている。それは、以前のロンドンにおけるすべての講演と論文の成果を具体化するだけでなく、それらをさまざまな方向にめざましく拡張するものである。

こうした進歩については、一九〇二年五月、王立協会に提出された新しい論文（「金属における機械的擾乱にともなう電気的波」『王立協会会報』1902）に若干の指摘がある。この論文は、以前に反対された当の問題を再述したものだが、すみやかに、いかなる批判も反対もなく印刷にかけられた。

論文は本質的に物理学的なもので、物理学者の専門的な表現形式で書かれ、その金属の反応曲線も従来より説得力を増していたからである。しかも彼の主要論文とすべき論文の要約よりも、今回王立協会に受理された論文は厳密だったからである。

無機物の反応と関係した種々の現象、刺激と反応の関係、持続的な刺激後の反応の増大、長時間の刺激後、標準的な反応に変換された異常反応、抑制剤による減少と、いわゆる毒による撲滅によって減少する二相の反応の増加。これらの反応はどれも生体組織における種々の反応現象に奇妙に似ている。両分野間における現象の相互関係に関する完全な説明は、まもなく出版される『生物と無生物の反応』という著作で見いだされるだろう。

ともあれ、王立協会の記録保管所に彼の成果を委託した決定は覆った。

科学的進歩に敏感なハーバート・スペンサーも、『生物と無生物の反応』を心の底から認め、自著『生物学原理』に新しい成果を利用するにはあまりにも遅すぎたことを残念がった。とはいえ、科学研究と論争の贈り物としては十分だった。著者にとってと同様、それは読者にとっても、実験室の科学とは大きく異なる環境で発展するような諸分野に喜ばしい変化をもたらすものとなるだろう。

第8章
休暇と巡礼

旧来の鉄道、蒸気船、電信に加え、明日の航空路線を有する産業時代の思い込みのひとつに、ぜいたくな大旅行や世界貿易は本質的に現代の出来事であり、われわれの祖先はどの国でもみな出不精で、自給自足の町や村以外のことはほとんど知らなかったというものがある。

巡礼のもたらすもの

しかしながら、過去を調べるにつれて、この単純すぎる見方は揺らいでくる。石器時代初期ですら明らかに輸入された火打ち石が見いだされる。しかも西欧のあちこちの博物館で、その近辺で掘り出された丹念な細工の新石器時代製の玉が見られるだろうが、その起源が中央アジアの崑崙山脈より近かったことはありえないのである。初期の内陸の墓によく見られる貝殻の装飾品は、はるか遠方の海岸から運ばれたものであることが多い。

後代にも、東プロイセンの海岸の琥珀がバビロンの遺跡で発見されている。ソロモンの船が南アフリカの廃坑から金を運んで来たとの言い伝えも、十分ありそうなことである。その他、このような例は世界中に見られるだろう。

貿易と戦争の近代にとって、古代の武器や埋蔵された宝はもっとも注意を引くものだが、宗教も現在われわれが国際主義と呼ぶ主張を着実に推進していた。

僧玄奘あるいはそれ以前から今日に至るまで、巡礼の往来によるインド全土を越える仏教の急速な伝播については、もっとも明確な証拠がある。

さらにいえば、この偉大な宗教でさえ、広く同時発生した興味深い一連の精神運動の一例にすぎなかった。ペルシャのゾロアスター教徒、エルサレムの「法の発見」、ギリシャを越えたピュタゴラス派、ローマの初期にガリアからヘブリディーズ諸島までひろがったケルトのドルイド教など。

現代のインドを理解するためには、当今の著者の本にまさる手引書が必要である。現代の手引書は多少とも狭義に専門化されていない場合には、あまりに大げさでどぎついことが多いからである。このためには、コントとかアクトン卿のような真正なヨーロッパ精神をもつ歴史家が必要となる。

アクトン卿ならば、他者を理解する前にまず自分自身を理解しなくてはならないとして、上記で簡単にふれた有史以前の、半歴史的な伝統をわれわれに提示するだろう。次にはクライド川からユーフラテス川までのローマ時代の団結と、必ずしも敵対的ではない北方の野蛮な世界との相互作用を復活させるだろう。彼はただわれわれのためにアーサー王、アルフレッド大王、カール大帝などをヨーロッパの英雄としてよみがえらせるだけでなく、キリスト教世界におけるすべての王者の背後に、キリスト教世界そのものを、もっとも穏健で善良な状態で示すだろう。

ローマ、アイルランド、イオナ島、ホリー島の伝道に対する永続的な衝動の源泉として、聖パウロの放浪の重要性を改めて感じさせるだろう。ヨーロッパ全土にわたる聖アウグスティヌス、聖ベネディクトゥスといった人たちの放浪も、後代のさらに遠く旅した教師たちの放浪の重要性も。

ローマやソフィア大聖堂をめざした中世の俗人の巡礼における人生の再理想化はすべての民族に見られ、エルサレムをめざした十字軍さえ憤激に駆られた巡礼にすぎなかったのである。各地であらゆる人々の間に、巡礼者を見いだすだろう。カンタベリーに向かって馬を走らせたチョーサーの穏和な仲間たちは、この古い精神の最後の作品にすぎない。

それをいっそう完全に理解するために、われわれは［サンティアゴ・デ・］コンポステーラ、シャルトル、ケルン、さらに遠くの西洋諸国に向かうすべてのすばらしい巡礼に参加しなくてはならない。そして同様に東ヨーロッパ人とともに、神聖なノブゴロドとキエフに、アトス山［ギリシャ］に、そして再びエルサレムに。

さらに、現代の機械と大砲の騒音によって、巡礼者の合唱の永遠に回帰する多様な韻律がかき消されている西洋の都市でさえ、その古い精神は感じられるだろう。狂信的な敵意が生き残る世界的中心であるアルスター［アイルランド東北部］ですら、聖パトリックの墓の近くに立てば、アメリカ行きの船に乗る前に農夫が死ぬまで抱いて運ぶ古い封筒の中にその土壌のわずかな穀物をかき落としているのを見るだろう。彼はそれをはるか彼方の異国の地に埋めて、家族と信仰のためにあがめるだろう。

現代的な流儀からすれば奇妙だとしても、私たちがこのような場面に敬意を払うに十分な人間的感情を持ちあわせているなら、なぜ同じように、インドへの途上にあるメッカ巡礼を尊敬しないのか。それはもうひとつの偉大な信仰を統一するもので、結局のところユニテリアン派や禁欲主義者の同類なのである。

このような共感なしに、われわれはもっとも古代の市民であるのみならず、もっとも現代的な同胞の市民でもあるユダヤ教徒をいかに理解できようか。彼らは心の奥底に聖都の思い出と憧憬を抱き、今でもこれらを一新しているからこそ、ビジネスや政治のゲームで私たちを打ち負かしているのである。

インド旅行の案内書は、学校や大学の理事や専門家、ビジネスマンによる通り一遍の調査や、学派や人種がどうあれ、政治志向の著者の因習によって退屈なものになっている。だが、キップリングやスティーブンスなどによる生き生きと脚色された報告で準備をすれば、私たちはインドのもっとすばらしい面を理解できるだろう。インドはまずもって、数え切れない皮相な差異の基礎となる精神的な全体として理解されるべきなのである。

ボース夫妻の聖地巡礼

かくしてボース夫妻のインド旅行にいたる。

物理科学は観察に基づいている。自然科学ではなおさらである。しかしとりわけ観察が必要なのは社会科学である。人間の社会的関心は旅行を通してとくに訓練された。それゆえ、ヨーロッパでは宗教的巡礼の動機は弱まり、インドでも弱まりつつあるとはいえ、それはおそらく現代にらせん状に戻ってくるだろう。クックの旅行客にしても、アメリカの旅行客にしても、深い宗教的尊敬の手本とは考えにくいかもしれない。しかし多くの人々を本来の巡礼に送ってきたことも確かなのである。インドではこうした宗教的崇敬の念がはるかに強力に存続している。

東西双方にとって生きた本物の教育が公認の伝統的、営利的な類の教育に活力を与えるか、それに取って代わるにつれて、旅行による社会的宗教的な教育は昔の巡礼の本当の復活へと育っていくだろう。しかしながらまだ、高等教育期間の遍歴として、おおむね非宗教的に見える用語で語ることを好むだろう。

さしあたりここでは、意識的に明確にそうするとしても、われわれが準備してきたのは、ボースの生涯と広範な教育とを正当に評価することだった。一見、科学研究とはかけ離れているように見える経験も最良の研究への活力と、彼個人の興味や業績を越えたインドの大志への勇気を与えたのだった。

結婚直後、ボースは若妻とともに、二度の年次休暇を利用して、インドを見学旅行し、インドが何を代表してきたかを理解することに着手した。彼らの経験は、大量の写真から選り抜かれた写真で示されたら、確かにインド旅行の最良の記録のひとつとなっただろう。

しかしなんということか、数年前、ネガ・コレクションのほこりを払うよう指示された新しい使用人が、それを徹底的に拭き取ってしまったのである。彼の善意の活動が発見されたときには時すでに遅かった。大学の学期中を通した科学研究の圧力によって、ボースが雑誌の執筆にとりかかれない間の出来事だった。

それでも、生き生きした思い出は存続し、教育的な経験は増大した。この西洋的教養を身につけた現代物理学者が、インド人中のインド人としても自国についての格別広い知識を有しているのはこのためである。

若い夫婦の旅は、おおむね歴史年代順に古い中心地や神社から始まった。最初の行程のひとつは、アショーカ王妃が仏陀の遺骨の上に建造したサンチーの仏舎利塔だった。それと当時の生き物が刻まれた巨大な塔門である。アショーカ王の子息と娘はこのサンチーから布教に出発し、今日に至るセイロン仏教を確立したのだった。

余談だが、われらが現代の巡礼ペアは、群盗と若干の冒険をしながら、次に巨大な石の基礎とかすがいで固定された門があるマンダータに向かった。それは三重に神聖なネルブッダ川とタプティ川という二つの聖なる川の合流点に建造され、インドの手軽で適当な聖地になっている。「マハーバーラータ」のビマ、アルジュナなどの英雄につながる伝説をもつ隣接寺院の廃墟も訪問した。

もうひとつの胸躍る訪問先は、再三、ラージプトの騎士道と女性の犠牲の英雄的中心となったチトールの高貴な高原都市だった。その敗北の物語は有名な「勝利の塔」の物語をしのいでいる。同じく湖上にあるプシュカル巡礼の中心であるアジメールも型どおりに訪問した。

次の訪問地は、天文学者の王子が計画した壮大な形式美を誇る近代的なジャイプルと、それと顕著な対照を見せる彼の先祖伝来の丘陵都市アンベールだった。西洋人には多分新しくて古いエジンバラを思い出させるが、それを上回るものだろう。もちろんアグラとデリーも含まれていた。

ちなみに別な年には健康上の理由からナイニタールを拠点としてラクナウを見物、そこからひとりでピンダリ氷河に向かった。この旅行でボースはガイドといっしょに間一髪の命拾いの体験をしたが、肝を冷やしたにすぎないことがわかったので、次の年はアルモラ経由で出発し、ふたたび妻と数人の友人を氷河に案内していった。

また別な年は、当時、鉄道の終点だったラウルピンジーから出発し、バラムラまで前進した。スリナガルまでハウスボートをチャーターし、多くの美しい風景、カシミールの庭園や記念碑を見た。その後二年間はカシミールを再訪し、最後の回はマハラジャのゲストとして、十分に親交を深め、その後もたびたび招かれて再訪を重ねた。さらに、ブバネーシュスワルの有名な寺院があるオリッサ、ウダヤギリの石窟、アショーカの巨大な岩石の銘刻、ジャガンナート寺院があるプリー、隣接するカナラク、チルカ湖などを巡った。有名なアジャンタとエローラの石窟はいっしょに訪れた。その後、高名なヘリンガム夫人（現在は貴婦人《レディ》）のインド人グループやアジャンタ壁画の複写作業に従事する芸術家の協力者たちとともに再訪した。このときはシスター・ニヴェディータ（マーガレット・ノーブル）も同行した。

バンキプルではパタリプトラ遺跡と有名なペルシャとムガールの図書館を型どおり訪問した。同じくシーク教を設立した聖人や英雄たちの名高い後継者のひとりゴビンダ・シンの出生地も訪れた。

別な年には、シーク教徒への興味から黄金寺院がある主要な中心地アムリトサルをたどった。ラホールへの旅行では大学で講義をするつもりだったが、訪問は再度延長された。同様にエレファンタ、カルチ、ケンハリの石窟寺院を主な目的地にボンベイ地区をさまよい、次いで戦闘的なシヴァージの軍事同盟をもつマラータ国をめざした。

一九一五年のヨーロッパとアメリカからの最後の帰路でも、これらの情熱的な旅行仲間はコロンボに上陸し、古代の仏教寺院を訪問し、セイロン［スリランカ］を旅行し、マドライとタンジョールに近いラーメシュワラムから南の大きな門前町を通って北方のトリチノポリとスリランガムまで訪問した。それらは著者が最近、ファーガソンの評価をあえて修正すらして、解釈的な讃辞を書いた場所である（Geddes, P., The Temple Cities, *Modern Review*, March, 1919.）。

最後に指名されたボースは、通常のインド人訪問者が見る場所をすべて見ただけでなく、最奥の構内にある至聖所にまで招き入れられた。彼は自分が正統なヒンドゥ教徒ではないうえに、もはやカースト制度も信頼しておらず、いずれにしても海を渡る外国旅行によって至聖所に入る資格を失ったと説明した。

「いえ、いえ」とバラモンが言った。

「中にお入りなさい。あなたは苦行者《サデュー》（瞑想的・宗教的な人生に献身する世捨て人もしくは放浪者）です」

クマオン地区にも何回か訪問し、マヤヴァチの修道士と一緒に滞在した。そのたびごとに村々を訪れた。村は本当に彼のすべての旅行において、過去の遺跡や連想に劣らずリアルな興味を呼び覚ます要素だった。

インドでは、現在の村と過去の伝説において、明確な歴史記録の欠落があまりにも多いが、伝統的精神は生き残っている。しかももっとも素朴に思われる村人たちが、ヒンドゥの文化と神話に深く染められていることが多く、どんな旅行でも興味津々《しんしん》だった。

テンジクボダイジュの下で仏陀が悟りを開いたとされるブッダガヤーでは、休暇の大部分をマハンタ（修道院長）の客として過ごした。このときの会話は、夫妻の仏教精神への洞察を深めるものとなった。古都ラージギルも見学した。ここは、仏陀が王の生活を捨ててヤギの生活を嘆願した地であり、死後の信仰を最初に組み立てた場所である。

古代のインド学問の中心地に対するボースの強い興味には、ひとつの核が存在した。それは若いころ自然になじんだヴィクランプルとその伝統についての記憶だった。それゆえわれらが巡礼者は、一三世紀前の玄奘の旅行記に今導かれて、その遺跡があるタキシラに行ったのである。

また別の機会には、ヒンドゥ教徒が偉大な大学として振り返るナーランダーの遺跡を訪れた。そこにはアテネ時代に、国外からの学生も含めて、何千という学生が学んでいた。

全旅行中で、もっとも印象的だったのは、伝統的な巡礼の特徴をひととおり体験できるバドリーナートとケダールナートへの旅行だったように思われる。そこは最期の場所を求めた英雄のひとりであるジュディシュティラの旅の終着点だった。

この長い旅行の出発点は、たいていの巡礼者にとっては終点となるハルドワール、ちょうどガンジス川が山から出て平野に入る地点から始まる。鉄道からは三週間の上り坂の旅が必要だった。ラバで生活必需品をすべて運びながら、ボースは馬に乗るか歩き、ボース夫人は歩いたり、軽い担架で運ばれたりした。この旅行で、夫妻は以前のどの旅行よりも深く自分たちを巡礼者の一員だと感じていた。

巡礼は、セイロン、コモリン、ベンガル、オリッサなど、事実上インド全土から殺到していた。彼らは宗教がこのように伝統的に、自然に集中して影響力をおよぼしているのを見たことがなかった。全巡礼者が調

ボース夫人

和し、一致し、カースト制度なしでお互い友人同士として挨拶を交わしていた。

「雪の神」（ケダルナート山）が姿をあらわすにつれて、すべての顔が熱情で真っ赤になっていった。そして「ジャイ、ケダルナート！（雪の神に栄光あれ！）」の叫び声が口々にあがる。男も女も、祈りがもたらす恍惚状態で一様に変容していた。狭くて危険ながけっぷちの道を手探りで進む盲目の男が、「おい、気をつけろ！」と注意されると、「彼が手を引いてくれているのに、なぜ恐れる必要がある？」と、答える。

ボースがこうした思い出をしみじみ振り返るのも不思議ではない。

「私がインドの息子となり、それを保ってきたのは、これらすべての経験だった。私はそのすべての経験の奥底にインドの生命と統一を感じる」

宗教的精神と女性の魂の最奥に生きているこのインドの本質的統一性は、古風な政治的手腕にもはっきりとあらわれている。

その鮮やかな例証を与えたのは、ホルカールの有名な、戦闘的な王朝の支配者ではなく、もっとも優しく、少しの影響力もなかった女王アヒヤバイだった。それもつい一八世紀後半のことである。ネルブッダの美しい小首都マヘシャワールは、インドールの現州都から南に四〇マイルほどのところにあり、それゆえ中央インドを代表する巡礼地ともなっている。彼女はこの町から資金を送り、建築業者を選んで、インドの東西南北の極点に四つの新しい寺院を建てさせた。かくしてさらなる巡礼を促進したのである。

精神の共同体としてのインド

インドの統一とは、マッツィーニ［1805-72　イタリアの政治家］から継承され、うわついた青年期までに吸収される弁護士や政治家の最近の理想にすぎない。こうした見解は、しばしばイギリスのジャーナリストによって表明され、分別あるべき当局者によってさえ表明されてきた。雄弁家が論理的に弁舌をふるうヨーロッパ的な愛国心と自由主義的教育により、あまりに単純に考える者がいるのは事実である。

しかしながらインドの真の統一は比較すべくもないほど古く、深い。それは神聖な叙事詩文学、民衆の伝説、古代哲学に広がり、古典的教養を身につけた人々によって磨かれただけでなく、善悪としてすべての人々の間に深く浸透していったものなのである。

本質的な調和と、（われわれにとっては奇妙なほどに）不寛容さを免れたこの文化的影響の多様さは、古い自給自足経済と道義的連帯とともに、はるか昔からインドの村中に行き渡っていた。それゆえ、言語とカースト制度の明白な異質性、ヒンドゥ教徒とイスラム教徒とヨーロッパの規範の混交と変化などは、われわれが思っているほど重要ではなかった。

インドは、ヨーロッパ的感覚では国家ではないかもしれないが、たんに国家より劣るものではない。むしろすぐれたものである。どちらかといえばインドとは、ヨーロッパの類似物なのである。人口はさらに膨大で、気候と民族はいっそう多様で、より広く、しばしばより深い精神の共同体を有している。

この統一はたんなる政変によっては、十全に理解されえない。現代的ならせん状のものとして考える者もいるかもしれないが、もっと深く確実に、イスラムの征服にさえ断ち切られず、西洋の近代的規範などの影響にすら破壊されなかった精神文化を通して理解されるべきものなのである。

過去の宗教団体や現代の政治団体にも等しく見られるように、たえず再生を喚起しているのはこの統一であり、古い価値をより完全に復活させて、新たに西洋の価値と調整するのもこの統一なのである。これこそ、ボースのような開拓者が生涯を通じて独自の方法で実践し、さらに万全を期していることなのである。

西洋の方法があまりにも長い間優勢だったため、インドは西洋から学ぶばかりで、教えるものなどない国だと見なされてきた。だが、ここへきてインドからも学ぶべきことはあるという認識が広まりつつある。なるほど今のところはまだ、ボースやタゴールなど、少数の第一級のインド人の場合に限ると考えられているふしがある。しかしながら、われわれが学ぶべきはインドの文化そのものなのである。それはおそらく、仲違いし、引き裂かれ、終わりなく細分化されているヨーロッパの現状にあてはまるだろう。

現代ヨーロッパは、古代の言語と国籍に従って分割されつづけているが、それは最近のゲルマン、アングロサクソンなどの人種神話によって再強化されたものである。しかも、まさにそうした分割が多かれ少なかれ分裂を引き起こし、さらに革命をめざす労働者の断絶が広がることで、また新たな分裂が引き起こされているのである。

さて、今まではさほど政治的でなかった人文科学の学者が次のように考えはじめたと仮定してみよう。熱望される真の平和と善意の促進が、決してたんなる論文の理解や政治的同盟の獲得によらず、最善の政治的手腕によっていかに実現できるのか、と。われわれはふたたび各国の歴史と文明における最良の部分に注目

J・C・ボース教授（1907）

してはならないだろうか。それをすべての田舎の村や都市の過去に見いだしてはならないだろうか。

たとえばヨーロッパでは、スコットランド人と英国人の間の古く苦い不和と憎悪の歴史が続いている。長さと強烈さで決して引けを取らないこの歴史は、いかにして終焉を迎えるのか。そのためには共通の利害もさることながら、相互の知識と理解の成長が不可欠である。ほかに、アイルランド人の古い恨みや新しい疎外感を和らげるすべがあろうか。かくも長きにわたり、望ましさからほど遠かったイギリスに、いかにして健全な感情を吹き込むか。

ベルギーに関する限りは、イギリス国民がフランスに対して若干の敬意と好意を抱いていなければ、明白な実質的利益に目をつぶり、［第一次世界大戦で］彼らを支持することもなかったろう。

アメリカの旅行者が二世代にわたり自国に持ち帰ったヨーロッパ文化に対する共感の増大なしには、現在の西ヨーロッパと地中海ヨーロッパの事実上の再統合は不可能だったろう。ヨーロッパが、たとえゆっくりとでも、もっとも強力な再統合をなしうるのは旅行による教育を通してである。最近のたんなる観光気分ではなく、少なくとももっと生な形の、復興を効果的に支援する現代の文化的な旅行と、古い巡礼精神の最善の統合によって、それは可能になるのである。

過去には、イタリアのブラウニング夫妻とラスキンの例がある。なぜこうしたことが、いま足跡をたどってきたインド人旅行者の場合ように、もっと広く復活しないのだろうか。

ヨーロッパ人がいっそう寛大に、同情的になるにつれて、われわれの教育旅行の計画も同様に、バルトと地中海諸国のすみずみへ、そしてスカンジナビアからスペインまで、さらにギリシャを越えて、インド的スケールのより完全な巡礼へと広がっていく。

実際、なぜ東西はロシアからアイルランドまでなのか。なぜアメリカまでではないのか。それらのすべての地域と市民の資産は、自然的、霊的、時間的なものがあわさって、歴史的、現実的、原初的様相において、つねにますます評価が高まりつづけている。これは「ユートピア的」と思われるだろうか。

結局、そうした資産の増大は長い間、観光客や放浪の自然愛好者、画学生や歴史家などが担ってきたことであり、それを今、地域の農学者や都市計画家が代行しているにすぎない。現代では、それはすべての出会いをより完全に組織化する再教育や再建に、そして再信仰にかかっている。

多くの欠陥や欠点にもかかわらず、インドにおいては深遠で具体的な統一と、ほとんど普遍的な寛容が達成されている。この点からして、西洋ではインドの子供たちが感じているような精神的連帯の回復は不可能である。とはいえ、かつてはそれが全キリスト教徒の生きる力になっていたので、昔日の魅力は失われても、その力は絶えることなく再生しつづけているのである。

広大な旅行体験のもつ文化的・精神的な価値は、ボースの一般的見解として明らかにされ、たちまちインドと西洋に広がった。それだけではなく、そこには科学的示唆を越えるものもあった。

美しい自然や荘厳な古代遺跡の風景のただ中にあらわれる新しい物理学的・生物学的な洞察。あるいは新計画のひらめき。人はこのような精神的な出来事に満足のゆく説明をつけることはできない。それらは感覚的・精神的な鼓舞を越えてあらわれるものだからである。ただ、ボースはその情熱的な気質によって、アショーカ王の古い碑文を己の人生に対する強烈な要求や命令と感じざるをえなかっただけである。

「旅に出て、入り混じれ。彼らに正義をもたらし、知識を伝えよ。旅に出よ。恐ろしく強力なものたちの間に、国の内外に、兄弟姉妹の同族の絆の中に、あらゆるところへ」

ボースはタキシラの遺跡にも、ナーランダーの廃墟にも驚くことなく、そこに心震える古代の大学精神ばかりか、全大学共通の精神も感じたことだろう。こうした訪問によって、彼がとくに呼び起こされたのは次のような認識だった。

自分の生涯の仕事は、個人的目的や科学的特性以上のものであり、最良の組織である物理学研究所すら上回るはずである。しかもこれから自分がめざし、考え抜き、研究すべきことは、今なお知的な探究と普及の中心地のたんなる再現にとどまるべきものではない。なにはさておきインドのために。にもかかわらず、それを越えた全世界と接触し、衝撃を与えなければならないのである。

一方ではインドの過去の誇りと現在のインドの希望の中に、他方では、西洋科学におけるボースの格別に豊かで広い関与の中に、われわれはボース研究所の創建に示された二つの結合力を同時に見る。そしてインド側に立って人間をより良く理解し、つねに文化的共感と展望をひろげながら、彼の科学的研究に戻ることにしよう。

第9章 植物の反応

植物の興奮状態を記録する

まず、この複雑なテーマの概略を述べておこう。ボースは機械的な刺激などの下で興奮を示す電気反応の研究で、普通の植物やそのさまざまな器官に感受性があることを発見していた。彼が大いに当惑したのは、いわゆる普通の植物が目に見える運動によって興奮の兆候を示さないことだった。

もっとも有名な敏感植物であるオジギソウは、葉が刺激されると、突然垂れ下がるという印象的な反応を示す。これはクッション型をした関節状の葉脚の下方にある「葉枕」の収縮によるものである。ボースは葉枕自体の収縮は小さいことを指摘した。ここで拡大指数の役割を果たしたのは長い葉茎であった。

彼は、普通の植物にも興奮による収縮があって、他の研究者が気づかなかっただけかもしれないと考えた。この予想を検証するために、彼は同様の拡大装置を普通の植物に取り付けて、顕著な収縮反応を見いだした。ここから彼は、植物の興奮状態を示す機械的反応の長期的な一連の調査に乗り出した。反応を記録するために、ボースは運動を著しく増幅する「光学レバー」を使った。この装置により、「動物組織によって示される反応のすべての特徴が、植物の反応にも見られる」と説明できるようになった。これらの拡大された調査結果は、一連の七本の論文に採り入れられ、一九〇三年一二月に王立協会に伝えられた。論文はきわめて重要なものだったので、協会はそれを『哲学紀要』に掲載するために受理した。けれどもリンネ協会の論文を抑圧しようとしたのと同じ敵対的な気運もまた最高潮にあった。ボースは当時イギリスを離れていたため、敵の意のままだった。

王立協会はボースに次のように告げた。

ボースの研究に対する評価は、論文を『紀要』に受理するという肯定的な姿勢によって示された。しかしながら、植物の自動記録に関しては、現在の理論とは正反対のきわめて予想外の結果だったので、ほとんど説得力をもたないだろう。したがって彼の論文は、当分の間、協会の記録保管所に置かれるだろう、と。

保管条件はその時点では不可能だと思われたものだったので、この出版延期は事実上の拒絶といってよかった。このことはもちろん、ボースの発見と主張されている事実を強く疑わせるものとして一般には受け取られた。とくにインドではそうだった。

ボースは憂鬱と憤激に交互に襲われた。だが、幸いにも彼は、大規模な実験を徹底的に行うことでこれに応じ、その成果を二冊の本に要約した(『植物の反応』1906;『比較電気生理学』1907 ロングマンズ・グリーン)。そこには三年間の生産的な研究と新鮮な結果が含まれており、科学において匹敵しうるものがほとんど見あたらない。

したがって、苦痛に満ちた経験ではあったが、今となってはそれを残念に思う必要はない。むしろ彼の活動と成長を、かくも効果的に促進させた刺激(苦痛)を祝福しなければならないのである。

植物の反応に関する研究に従事しながら、ボースは自問した。

植物内部で起こっている見えない変化をいかにして知ることができるか。それがなんらかの特別な条件下で興奮ないしは沈静させられるものなら、どうすればそれを認めることができるのか。

想像しうる唯一の方法は、可能なら、一定の試験的な打撃に対する生体の実際の反応を検出し、評価することだろう。

興奮しやすい条件では、もっとも弱い刺激が大きな反応を呼び起こすはずである。沈静した状態では、強い刺激ですら弱い反応を呼び起こすだけだろう。そして最後に、死が生命に打ち勝つとき、反応力は突然の終わりを迎えるだろう。要するに、連続した同一の刺激による反応の変化は、環境によって誘発される生理学的変化を明らかにするはずなのである。

それゆえ、植物にその反応を書き留めさせることができれば、植物の内部状態を検出できる。

これを成功させるためには、植物に反応信号を出させるなんらかの強制力を見いだす必要がある。

第二にわれわれは知的な記述言語によって、そうした信号の自動変換手段を提供しなければならない。最後にこうした象形文字の性質をわれわれ自身で学ばなければならない。

植物生理学の本格的研究

かくしてボースの研究は物理学から生理学に移行した。

さて次は、無生物の反応で始まる叢書の概説に移ろう。何年もの研究を示すこの全六巻の叢書は、それぞれが王立協会などの学会に伝達された別個の研究と論文を要約するのみならず、膨大な新資料を追加するものだった。

シリーズの第一巻、一九九ページの『生物と無生物の反応』（ロングマンズ・グリーン 1902）は、すでに要約されてきた。第二巻『植物の反応』（ロングマンズ 1906）は、三一五の実験を詳述し、全七八一ページにのぼる。七六〇ページある第三巻『比較電気生理学』（ロングマンズ 1907）には、三二一の実験が記述され、例によって大量の計算も行われていた。

続く六、七年間の研究は主として記録装置の完成に供された。ただしそれにともなう充実した研究成果も、この重要なシリーズの第四巻で具体的に示された。その『植物の感受性の研究』（ロングマンズ 1913）は三七六ページで、一八〇の実験を含んでいる。

次の数年の研究は、一九一三年の王立協会『哲学紀要』に現われた。一九一五年と一七年の紀要は、二五一ページで、二一本の論文を含む。この大部分は、『ボース研究所紀要』(カルカッタ 1918)の第一巻『植物における生命活動』として発表された。

三四四ページで三〇論文を含む一九一九年の『研究所紀要』第二巻は、出版されたばかりである。あと一巻を出版した後、この多産な著者は植物の運動に関する研究に終止符を打ち、長い間計画してきたが、現実には遅れている他の古くて新しい問題に転じることを望んでいる。

この長大なシリーズは、六巻あわせると、優に二五〇〇ページを越え、千個以上の実験とその概要を含んでいる。このような大作の主要な成果をわかりやすく説明することは容易ではない。著者は第4章で、ボースの電波に関する初期研究の説明を試みたが、これほど多様な植物界の問題を、本書の範囲内で、多少なりとも適切に説明することは不可能である。多くの場合、むしろ望まれるのは、濃縮された説明ではなく十分な説明だからである。

適切に要約するためには、主要な成果だけでもまるまる一巻が必要である。しかもそのような量を書けるのはボース自身のみである。さらにいえば伝記とは肖像画のようなもので、人を描写する方法を探して、せいぜい彼の生涯の仕事の範囲と原理と方法を示せるだけである。

業績の全貌は、専門家に任せるべきであるが、現状では生物物理学、植物生理学、動物生理学(もちろん実験心理学も)の学生のために、数か国語の教科書や論文で、主要な結果が要約されはじめたばかりである。

それでも読者の期待に応えるべく、努力してみよう。

数巻ないしは一巻を完全に要約しようとする代わりに、ダイヤグラムのような(一見なじみのない)表現で、活動的なライフワークの主要段階を示す一助となる新鮮な方法がみつかるかもしれない。もしこのような描写で示せるなら、科学的研究と個人の成長を併せた要約にも適用できるはずである。

ともあれ、かくも長きにわたり、植物(動物も)の生命曲線の追跡につとめてきたわれらが生理学者の生命曲線、業績の進展、さらなる意図についていくらか書き留めてみよう。

池や湖が星空を反射するように、われわれは一般に科学精神を宇宙の将来の完全な鏡だと考えがちである。けれども固有の成長発展のリズムを有する個々の科学的知性の行動は、それぞれがひろがる波の輪のようなものなのである。じっと見ていると、それは興奮の中心から始まって、池の表面をひろがっていく。進行するにつれて、波は新鮮なイメージを反射させる。にもかかわらず、やはりそれは自身の過去と連続し、ひろがる未来に向かって突き進みながら、つねに同じ波円を描くのである。

そのとき、われわれの目にとりわけ鮮明に投影されるさまざまな段階の写真が、本質的な経歴として特性の記録を保存するのである。今採り上げたばかりの一連の本は、深まりはしたものの、いわば、基本的にまったく同一の思考の拡張を示す数多くの記録だった。

かくしてそれぞれの本が、この拡大する環の日付までの、あるいは少なくともその大きな環についてのひとつの記録となっている。他方、挿入されたあれこれの論文は、比較的重要ではない環か、あるいはその途中の環なのである。

現シリーズの本は、とくに明確で、代表的なものかもしれない。もちろん、心の探究が含まれないため包括的とは言えないので、ダイヤグラムは半円とすべきだろう。

精査すると、それは四つの要素に再分割されるだろう。すなわち金属の反応、植物の反応、動物の筋肉と神経の反応、そして最後は心身の相応関係である。

物理的刺激によって動物の組織、筋肉、神経に生じる反応を再考したボースは、生理学者には周知のそうした反応を、自ら見いだした無生物の刺激に対する反応に関連づけ、金属の反応曲線と、動物組織の反応との間には、厳密な類似関係が存在するという注目すべき発見に導かれていった。

次には当然、植物の反応についての調査が始まった。従来まったく受動的で不活発だと考えられてきた植物だが、われわれは及第点をあげられるとも見てきた。ここには、動物生理学から植物生理学へ、さらに物理学へと拡張されてきた現象の新しく、実質的な統一があった。さらに、「視覚の類似」や視覚の両眼交替［視野闘争］の発見などとともに、人間の生理学の分野もうまくおさまるだろう。あらゆる科学において、自然を観察し、解釈し、それを通して自己のよりよい理解をめざしているのは人間だからである。

視覚の類似や両眼交替はとくに心理学の分野に入るような「無意識の視覚的印象」に関する観察によって、一般的に起こることがわかっている。しかも、これまでのところは、次章でわかるように、この分野でのさらなる調査も示されるとはいえ、先行する研究との調和はとれている。

とはいえ、さしあたり実験心理学は別にして、いやむしろ人間的な比較の分野に関わるものとして置くことにして、シリーズの第一巻『生物と無生物の反応』の研究範囲を、便宜的に四つの主要素に分割してみよう。その四つとは無生物、植物、動物、そして人間である。こうして半円を一般化することで、すべてが理解されるのである。

無生物の反応がそれ以上究明されることはなかった。なぜなら、それから先、われらが研究者は有機分野に専念することになったからである。次の巻では、『植物の反応』という名前から察せられるように、その領域をできるだけ厳密に、本質的に植物生理学の範囲内にとどめた。

しかしまた、続巻（実際には補足編にあたる）の『比較電気生理学』では、当時知られていた植物反応のさらなる解明をめざして、動物生理学の知識を集中的に応用するばかりか、彼らの研究分野にも精力的に踏み込んでいった。このためボースは自らの古典的実験をたえず発展させ、さらに洗練された観察と記録、広範な比較処理をめざし、多くの場合、研究を一新したのだった。

このようにしてボースは、葉の反応の研究（この過程で、バードン・サンダーソンらのハエジゴクに関する以前の研究が再検討され、解釈された）を通して、普通の葉を、不思議な電気器官と見なすようになった。こうした器官は、長らく、特定の魚で知られていたものだった。そこから彼は「電気器官の理論」にいたった。

この方面の研究はさらに「動物と植物の皮膚」の反応を比較する章全体に拡張される。片側にブドウとトマト、もう片側にはカエルとカメとトカゲが置かれ、そのふるまいが実質的には同じであることが証明される。そこでボースはふたたび、植物の表皮と分泌組織のふるまいを動物と比較する。同様に一昔前、ダーウィンの『食虫植物』で有名になったモウセンゴケの触手やウツボカズラの嚢状葉と、カエルやカメなどの動物の消化器官の反応との比較も試みている。

ボースはこれらの比較研究において、細部にいたるまで思いがけない一致があることに気づいた。そこで「葉が生み出す光刺激に対する反応」の章からは、大胆にも光の刺激に対する網膜の反応に移行していく。

また一方、植物組織の興奮伝達速度を確定し、「伝導度バランス」を計測する独自装置で同一神経の二つの部分の伝導力を比較した。これによって、新しい神経の量的刺激法に到達した。そこからふたたび孤立した（すなわち、維管束を引き出し、さやに含まれる導電成分とともにシダの葉茎から分離された）「植物神経」の電気的反応に至る。そして、それが常態、強直痙攣、寒暖の影響、エーテルやクロロホルムのような麻酔剤の使用などによって、動物神経と類似したふるまいを引き起こすことを実証する。

洗練された装置の新発明により実験精度をあげ、従来より広範かつ大胆な比較を同時進行させるこのような動物生理学への踏み込みは、当然新鮮な結果を生じさせる。

神経の電気生理学の探究は、あまりにも精緻で、専門的すぎるため、ここで概括するのは困難である。けれども動物生理学者はこれ以降、いよいよボースの成果を考慮しなければならなくなった。

さて、そろそろ初期の関連する二巻のうちのひとつ『植物の反応』に戻り、先任者に対する前進を書きとどめる時である。それはまた、ますます有力になりつつある広範で多様なボースの植物生理学探究への導入部となるだろう。

ボースは本質的な問題をこのように述べている。植物は、その働きを確実な法則で断定できない神秘的な霊体であるのか。それとも、供給エネルギーの変換といった多少とも説明可能な方法で、機械として解釈しうるのか。

運動があまりに多様なため、一番目の仮説が唯一の仮説だと思われる場合が多かった。なぜなら、光は、負のカーブも、正のカーブも誘発する可能性があるし、重力は根でひとつの運動を誘発し、新芽で反対の運動を誘発するといった具合だからである。その点から進化論者でさえ、有機体が種々の特別な感受性を授けられたのは、自身の利益のためであって、その運動の一貫した物理化学的な説明は度外視されてきたというわけである。

とはいえ、ここで「それでも植物は機械と見なされるだろう」という命題が、明らかに確認され、子細に証明された。そして外来刺激に対する反応は、一見非常に多様だが、究極的には基本的で統一的な反応に還元しうることが証明されたのだった。

『植物の反応』の研究対象はこの論証にあり、しかもそれは植物生理学の標準的参考書のテーマ史とともに詳述されている植物行動の周知の諸相を扱うものではなかった。この大命題に関しては、第一章が明白な説明のひとつの手本となっている。

「植物は機械のように、外力の影響とかその内部の潜在的なエネルギーに反応する。エンジンの作業効率がインジケータ線図によって表示されるように、生物機械の生理学的効率もその脈拍記録の特徴から推定されるだろう」

記録を作成し、それを進行中に（大聴衆にも）示す方法が説明され、明確に計算された。したがってここでは、この「光学的パルスレコーダー」が単純で説得力があるものとして図示されるだろう（図07）。

装置は記録面の役目を果たす紙のベルトに包まれた二重ドラムで構成されている。ドラムの回転はゼンマイ仕掛けによって維持される。植物器官の反応運動による光点の偏位を追跡するのは、インクスポンジを突き出すスライド式のインク壺である。

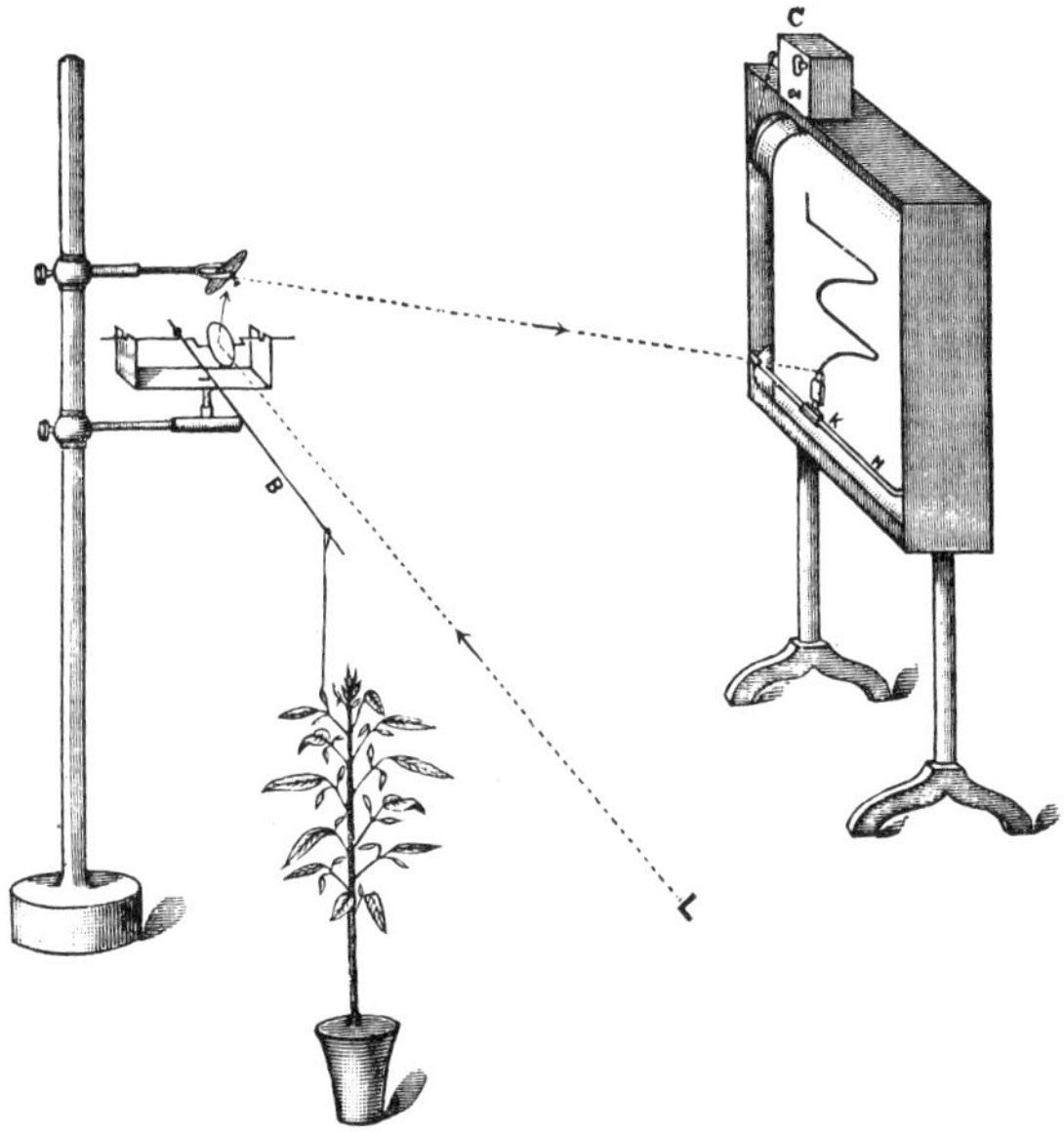

図07｜光学的パルスレコーダー

Ⓑ：運動する小葉とつながっている光学レバーのアーム。

Ⓛ：2回の反射後に、2枚の鏡からレコーダーに落ちる光線。

Ⓒ：記録紙でくるまれた双子ドラムを回転させるゼンマイ仕掛け。

Ⓗ：水平ガイドバー。

Ⓚ：投射スポンジとインク壷。

この方法によって、種々の影響作用下での反応曲線とその諸変化の写図を実地説明することができる。この図には、「マイハギ(電信植物)」の脈動する小葉に取り付けられた光学レバーの短いアームが模写されている。そしてまた、組織の生理学的状態を低下させる作用が反応パルスを弱めることも示される。しかもこの反応は、機械の停止がインジケータ線図に表示されるのと同じように、その死をもって終わるのである。こうして長きにわたって動物生理学者に親しまれてきた筋肉曲線から再出発し、ようやく類似の曲線が、普通の葉で、さまざまに複合した敏感な雄しべや、敏感な葉のみならず、普通の植物の収縮として得られたのである。

トケイソウのコロナ、すなわち「花弁」を作り出す単繊維は、ほとんど全長の二〇パーセントにも達する興奮性の収縮を生じさせることが発見された。これは極端なケースだが、花の雄しべ、雌しべと花柱は収縮を示すのである。

こうした収縮現象はもちろん、組織の性質しだいで変化する。若い細胞の薄いセルロースの壁には後に多くの腫れと硬化が生じる可能性があり、それが大きな機械的強度と抵抗力をあらわすことが多いからである。腫れもまた重要で興味深い可変的な内在的要因なのである。そのうえ年齢、季節、温度などの要素がすべて考慮されなければならない。

次に詳細な実験がなされたのは、一定の植物とその器官が種々の条件下で示す反応の変化だった。

植物の反応は一様とはかぎらない。それは動物の筋肉に見られる漸進的な増大、「階段効果」を示すかもしれない。また、疲労も筋肉だけに起こる現象ではない。植物もまたその記録から、事前に受けた長時間

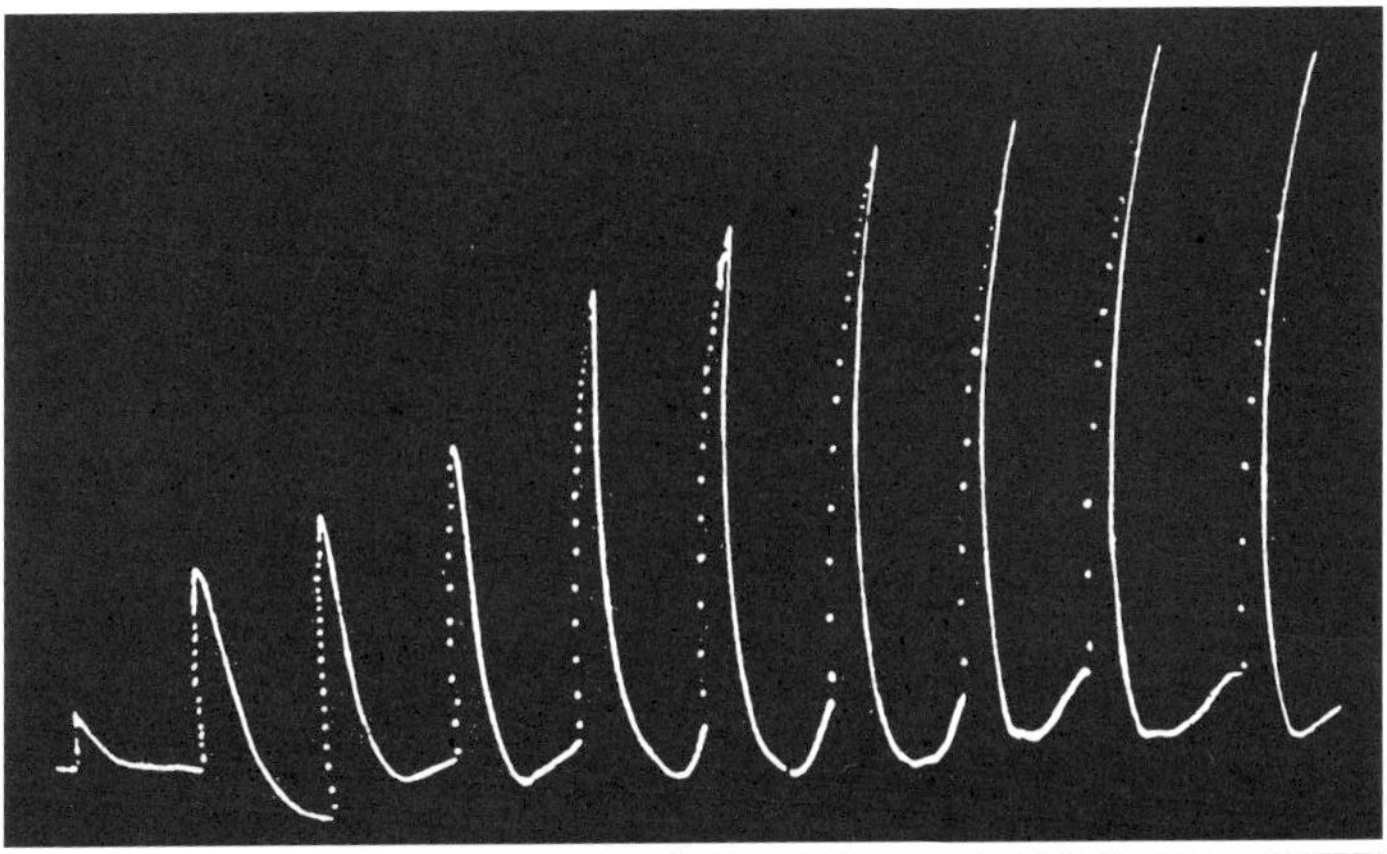

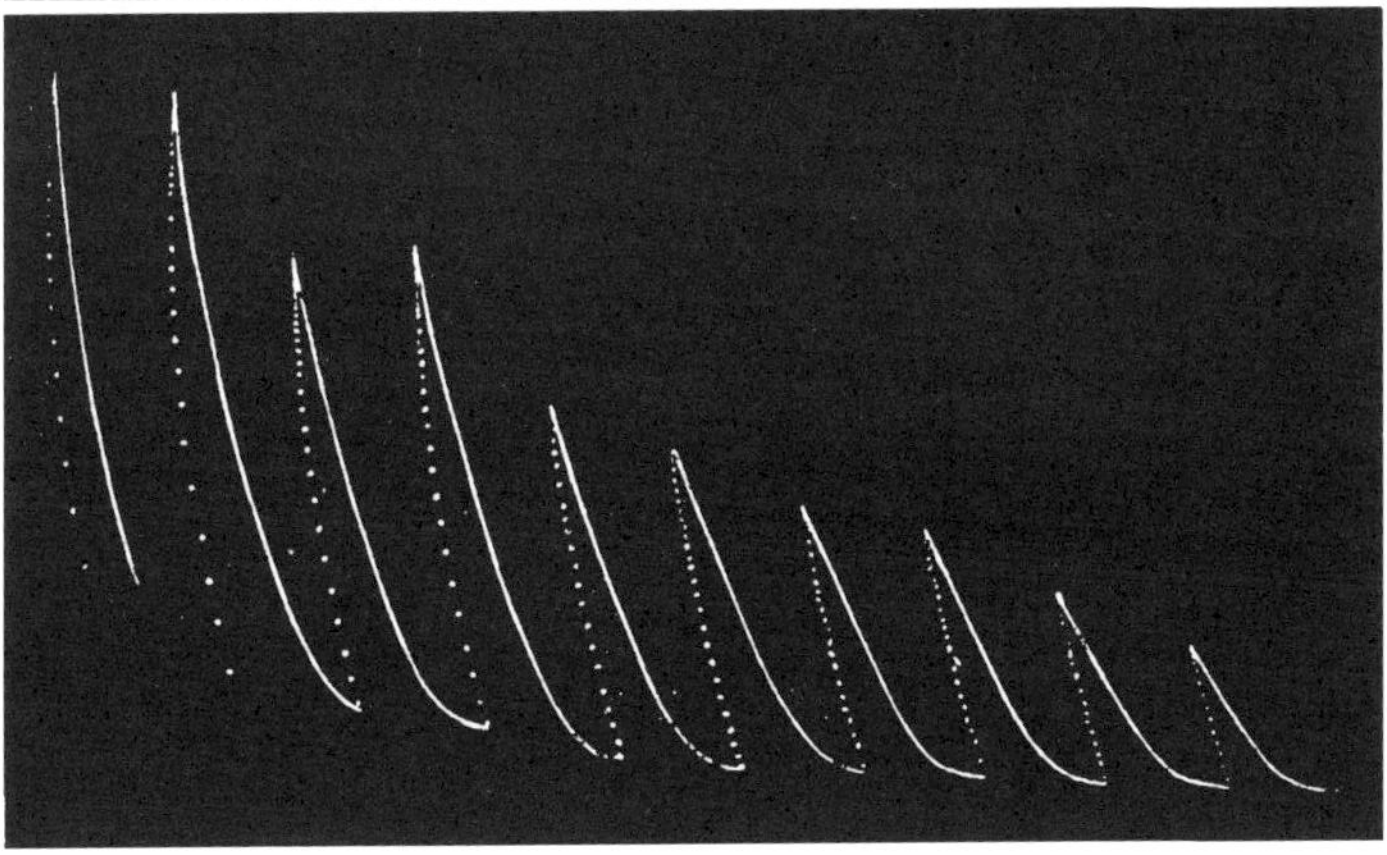

図08［上］｜植物の反応の「階段」状の増大
図09［下］｜植物の「疲労」を示す反応の低下

の持続的刺激によって、容易に、疲労困憊させせられるからである。彼の自動記録装置に記録された添付の図（図08・09）は、さまざまな条件下の実験で、連続的な反応が「階段」状の増大や「疲労」による低下を示すさまを表している。

実際、複雑な疲労現象については、現今では教育、運動競技、産業などの目的からきわめて活発に研究されているので、植物にも類似の現象がないわけではないことは理解されている。それは、敏感なオジギソウだけでなく、ぼんやりしたダイコンにさえ起こるのである。

マイハギの自動運動とオジギソウの反応

反応についての種々の理論的検討は、本職の生理学者に任せるべきだろう。ここでは、研究全体の基礎となり、その進展につれて検証されるより一般的な概念を強調すれば十分である。

機械的な刺激反応は、たんにオジギソウの葉が垂れ下がるような明白な運動だけでなく、光学レバーなどで記録が増幅されれば、普通の植物器官にも認められるはずである。このような外部刺激による興奮性の反応が表れるのは、機械的運動だけではない。電流の発生と電気コンダクタンスの変化によっても、疑いなく他の物理化学的な方法によっても示される。

電流は同じでも、その通過を明らかにする手段はさまざまである。検流計の針の振れだけでなく、回路上の検出装置の性質に従って、化学変化とか、光や熱、あるいは電気ベルのような音によっても示すことができる。有機体も同じように、同一の刺激に対して、本質的に異なる機能的・構造的な表現手段に基づいてさまざまな反応を示す可能性がある。その機械的反応、感応電流、伝導度の相違は、基礎となる同一反応の異なる表現にすぎないのである。

これらの多様な表現に随伴する概念が、その最適条件、最大・最小限のさらなる調査、とりわけ活動が停止し、死さえ併発する温度の調査をともなうと、すべての植物における「死亡痙攣」という意外な発見が導かれた。機械的変化、起電力の変化、伝導度の変化、それぞれが実験的に綿密に調べられ、記録された結果、三つの変化すべてが同一性と同時性を示すことが判明したのである。

死亡痙攣が発生する臨界温度を測定するために、ひとつの完成された装置「死亡レコーダー」が考案された。観察されたすべての双子葉植物とその種々の器官において、死亡温度はほとんど物理定数と同じぐらい確定的であることが判明した。きわめて多様な試料と方法を試みたが、臨界温度はつねに摂氏六〇度あたりだったのである。

植物の死亡収縮はあらゆる点で動物の場合と類似しており、本物の興奮作用の例である。にもかかわらずその死亡曲線は、植物ごとに特有で、同じ種が年齢や前歴条件が変わることで違いを示す可能性がある。植物の抵抗力が人工的に低下させられると、原因が毒か疲労かを問わず、死亡痙攣はかなり低温の摂氏二三度程度でも発生するようになる。この現象からわかるのは、死亡痙攣がたんなる凝固現象ではないということである。摂氏六〇度かその近辺で起きる凝固が、三七度で起こるはずがないからである。

前述のように、死亡時には機械的痙攣に対応する電気的痙攣があらわれる。死亡温度で生成される起電力は時にはかなりの大きさに達する。ボースは半個のグリーンピースには、半ボルトほどの起電力がある可能性を示唆している。もし五百のエンドウ豆が連続して適切に配列されるなら、その電圧は五百ボルトに達するだろう。それは疑いを知らない被害者の感電死さえ引き起こすかもしれない。

ボースは淡々と述べている。妻が特定の料理を準備する危険性はよく知られていない。エンドウ豆が連続的に配置されていないことは彼女にとって幸運であると。

この複雑な研究全体の可否は、必然的に異なる反応形態を機械的・電気的に記録する三つの異なるシステムを考案し、調整できるかどうかにかかった。使用された装置はまったく異なるが、にもかかわらず、えられた反応は重要な細部においてことごとく一致することが判明した。

これらの本において、いや、最近でも、多くの調査が費やされてきたのは、植物世界の極端な例であるマイハギの「自動」運動の性質と原因だった。端的にいって、運動が事前に吸収した外部刺激に依存することが証明される限りは、その自動運動は見かけにすぎない。

このマイハギの自動運動と、オジギソウの葉の単純な反応との中間点にあるのが、カタバミやゴレンシである。どちらもベンガルのありふれた植物で、前者はオキザリスによく似た雑草、後者はインドの庭園で見かける酸っぱい果樹である。それらの植物が中間点だという理由は、穏やかな刺激に対しては、オジギソウのように単一の反応を示す一方、強い刺激に対しては、マイハギの自動運動のような連続的な反応を示すからである。

こうした観察が示唆するのは、マイハギの自動運動は減衰して、オジギソウの単一の反応にまで低下するかもしれないということだった。この状態は実験的に確認された。すなわちマイハギの小葉の脈動が自動運動に応じて停止状態にいたったのである。

逆にいえば、なぜオジギソウの単純な反応は、自動運動に移行するような複雑な反応に強められないのだろうか。このことは当初の機械的な方法では実証できず、電気式の反応記録によって証明された。すなわち、つい最近、高性能な記録器が発明されると同時に、オジギソウの記録に成功したのである。いいかえれば、オジギソウ本来の単一な反応は、ゆっくりとしたリズムの多様な反応に発展させられるのである。これはほとんどカタバミで誘発された自動運動に等しい。

最初はオジギソウのような単一反応をする通常の（しかし表面的にしか知られていないような）無神経な植物から、カタバミのような過渡的な形式を通して、習慣的で自動的なマイハギにいたる。この一連の敏感な植物の上昇曲線は、それで確かに理解しやすくなったし、この理解が進化の過程の概念にもたらした収穫はまちがいなく大きかった。

同じく注目に値するもうひとつの比較が、マイハギと動物の心筋の自動的な脈動の比較である。この比較はかなり詳細に行われ、その結果、通常の条件のみならず、温度とか薬とか毒のようなさまざまな修正条件下においても、完全に確証的なものとなった。

収縮段階で心臓を停止させる毒の反応はきわめて正確なので、同じ段階でマイハギも停止させる。また、弛緩状態で心臓を停止させる毒は、植物に対しても同様に作用する。さらに、心臓に対する毒は、他の臓器に対しては解毒剤となることが知られているが、マイハギの場合も同様にその毒によって中毒から回復するのである。

さらにもうひとつ、興味深い比較ポイントがある。リズミカルで活発な心臓の筋肉は、通常の筋肉よりも外部刺激に対して耐性がある。例えばそれは電気ショックによる強直痙攣に対して抵抗する。活動的なマイハギの小葉も同様に抵抗する。したがって、今見てきた外来刺激に対する生体または器官の受容性がここでの限界となる。そこには生体の内部エネルギーが、外部環境からの妨害に対して、いわば身の証を立てているのが見られるのである。それゆえ、「自動運動」について語り、生体の自立性と器官の個別性をある程度認めることができる。

生命や生物の細部におけるすべての特徴や習性の差違にもかかわらず、植物生理学と動物生理学が深い類似性を有しているという一般命題が、またもやきわめて印象的に立証されたわけである。

次に成長についての項に転じるなら、次章のさらなる詳細からわかるように、その知識には大きな進歩のあとが見られる。しかしながらさしあたりここでは、次のように指摘すれば十分である。すなわち、あらゆる新概念のうち植物生理学者の最大の興味は、成長の過程を再解釈することにあるだろうと。

成長の過程はそれ自身、マイハギの脈動に相当するような自動現象である。なぜなら、そこには一定の自律性を示す内在刺激に制御されるリズミカルな活動があり、なおかつその活動が継続するかどうかは、つまるところ環境の変化に対する感受性から生じるエネルギーしだいだからである。どちらの場合にも、隔離によってエネルギーが枯渇すれば、活動は停止する。しかしそれでも、外部からの新鮮な刺激があれば停止状態からふたたび成長が始まりうる。通常は成長が終わった器官でさえ、ボースが実証したように、電気などの適切な刺激を与えれば、新たな成長が始まるかもしれない。

いずれにしてもここには、つねに繰り返す回春の夢をなにがしか支持するものがある。たとえそれが、高度な種をめざす生命のはかない夢にすぎないとしても、少なくとも実り豊かな論議や、ボースの実験助手と戦争によってこの種の問題に直面させられた若い神経科医との協力の可能性を示唆しているだろう。

第10章 植物の感受性

物質世界と同様、思考の世界でも、運動や変化を遅らせる慣性がある。しかもこうした例はとりわけ新しい科学研究法の採用に見られる。

ボースの『植物の反応』と『比較電気生理学』(1906-07)では、彼の方法が詳細に記述されていたが、実際の証明を続ける機会が少ないことが難だった。この障害にもかかわらず、世界各地のさまざまな研究者が着実に追跡し、成功裡にその方法を使用したのだった。

光学レバーはケンブリッジ研究所の特定の生理学的調査で使用された。ユトレヒト大学のファン・デル・ウォルクはボースの研究方向を追跡して成功した。その間に、ニューヨークのコロンビア大学では、ハーパー教授の指導の下、ボースの電気生理学の研究が先進的な研究コースに採り入れられた。

西洋の研究者からは、ボースの方法に基づく実際の研究について直接知るべきだという声が強くあがった。これに答えて、政府は一九〇七年、ボースを科学代表団としてイギリスとアメリカに派遣した。彼にとっては三回目の代表団だった。イギリスでの短期滞在後、彼は合衆国を訪問し、複数の大学で講義し、聴衆の大きな称賛を浴びた。

インドへ帰るやいなや、ボースは一定間隔の刺激により実験植物を自動的に興奮させる装置一式の発明に集中した。植物が刺激に応え、自らの反応記録を作成し、いかなる観察者の援助もなしに同じサイクルを繰り返すような装置である。数年間の試行錯誤の末、改良点はすべて解決し、倍率も極限まで高められた。新しい原理にもとづく彼の装置は、疑いなく生理学者の旧来のミオグラフ（筋運動レコーダー）を改良させる刺激になるだろう。

高倍率の共振レコーダーの開発

これら一連の器具のうちもっとも重要なのは、共振の原理にもとづく共振レコーダーである。植物の微かな動きの直接記録を不可能にしている原因は接触摩擦にあるが、自動記録法によって千分の一秒程度の短時間が測定できる共振レコーダーの感受性なら何の問題もない。この装置に示された結果から、植物の敏感さは想定されていたほど微弱ではないことがわかった。また認識能力もそれほど鈍いものではなかった。

発明や発見は洞察のひらめきによる幸運の産物だと見なされてきた。したがってそのような精神は「天賦」のもの、すなわち「天才」と考えられてきた。しかしその特質がそれ以上説明されることはなかった。天才ではない者にとって、天才とは、最高の辛抱強さと、絶え間ない注意と反省の結果ではないのである。

じつをいえば、両者のプロセスは入り混じっている。それゆえニュートンにとって示唆に富むリンゴの落下は、彼自身の答えが加わらなければ不十分である。いかにして発見に到達したのか。こう尋ねられたニュートンの答えは、「わかりません。いつも心にかけていたのです」というものだった。

いかに重要な主題をかかえた科学者も、妙に幼年時代を引き継いでいるところがある。パズルを解こうとか、機械のおもちゃを作ろうとか、レンガで塔を作ろうとかしている子供を見れば、建設的な洞察の瞬間と、失敗の中での辛抱強い努力が、まさに交互に繰り返されていることがわかる。科学の進歩にはこれが不可欠なのである。

現在ではどこでも、とりわけインドでは、そのようなことができる大人は「専門家」だと見なされている。しかし、その呼称には、それ以上の探究を阻害するという意味も含まれている。対照的に、発明者や発見者は身のほどをよくわきまえている。挫折にひるまず、新たな洞察と希望のひらめきに導かれて、子供のように一歩一歩前進するのである。

植物運動のさらなる理解についての一般的な基礎にもとづいて、自然状態および刺激下の植物に、どのようにして自らの動きを記録させることができるのか。読者も気になるところだろう。

まずひとつには、動きの各段階の時間関係が発見され、物理学者の正確さで測定されなくてはならない。日常生活では腕時計の秒針が目安になるが、レースのスターターや審判、脈をとる医者は一秒の何分の一かの記録が必要なので、ストップウォッチには、十分の一秒という細かい目盛りがついている。だが、物理的

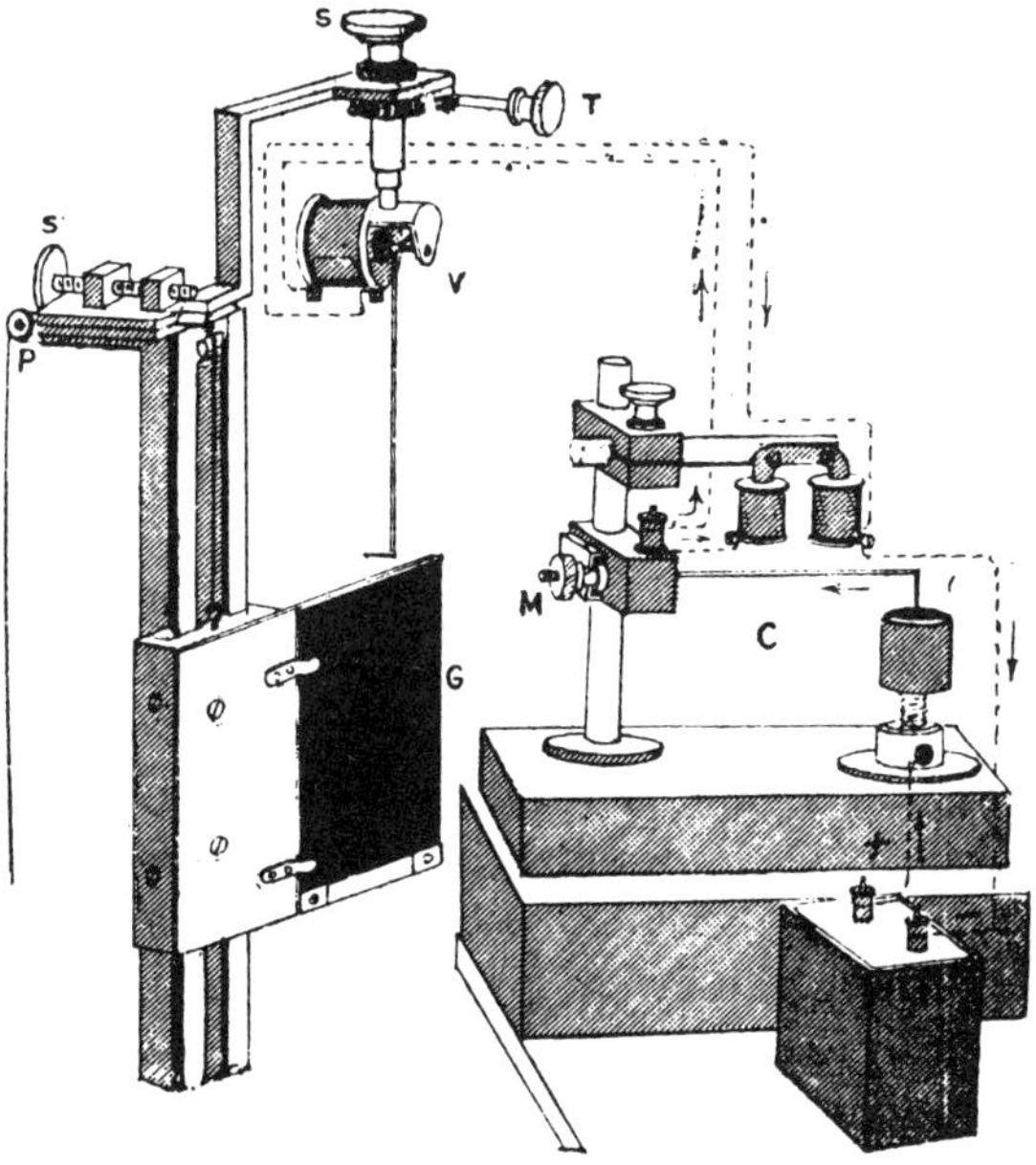

図10｜共振レコーダーの上部

測定のためには、それよりはるかに小さな目盛りが必要である。

毎秒数百回も振動する音叉の利点はここにあるが、さらにすぐれているのが振動リードである。なぜならリードの場合には、広く十分な範囲をもって、どんな高速振動、例えば千分の一秒単位の振動にも対応できるからである。しかも煤ガラス板の記録面上に、その軌跡を簡単に記すことができる。

リードの初期エネルギーはすぐに放出されてしまうが、振動は電気的手段によって維持される。しかるべき振動周波数に調整されたリードの曲がった先端は、振動するたびに小さなカップに満たされた水銀に瞬間的に浸かる。それで金属が接触し、リードに固定された軟鉄の鉄心をもつ小さなコイルに電流が流れる。この結果、コイルが一時的に磁石となり、その磁力によってリードの先端が水銀から引き上げられる。これによって電流が止まり、電磁石の磁力が消滅することで、リードは自由に振れはじめ、新たに水銀をめがけて落下する。さらに電流と磁力を取り戻し、ふたたびリードを引き上げるのである。こうしてリードの長さに対して適切な、望ましいリズムが、着実にしかるべき時間のあいだ、維持できる。

以上が、共振ライターをもつボースの装置の概要である。このライターは、曲がった先端を持つ細い鋼線と、要求される振動速度に適した長さをもち、宝石軸受けに支持された軸によって垂直につるされる。軸受けのひとつは軟鉄の鉄心の中心に固定され、他の軸受けは金属板によって支えられている。鉄心はらせん形の金属線に囲まれ、線にはリードを活性化するのと同じ電流が流れている。それによって、二番目の鉄心がまったく同じ時間だけ電磁石になる。こうしてリードとライターは完璧な調和を保つのである。

ライターの曲がった先端は、それに対して直角に置かれた煤ガラス板を規則的にたたく。記録面が静止し

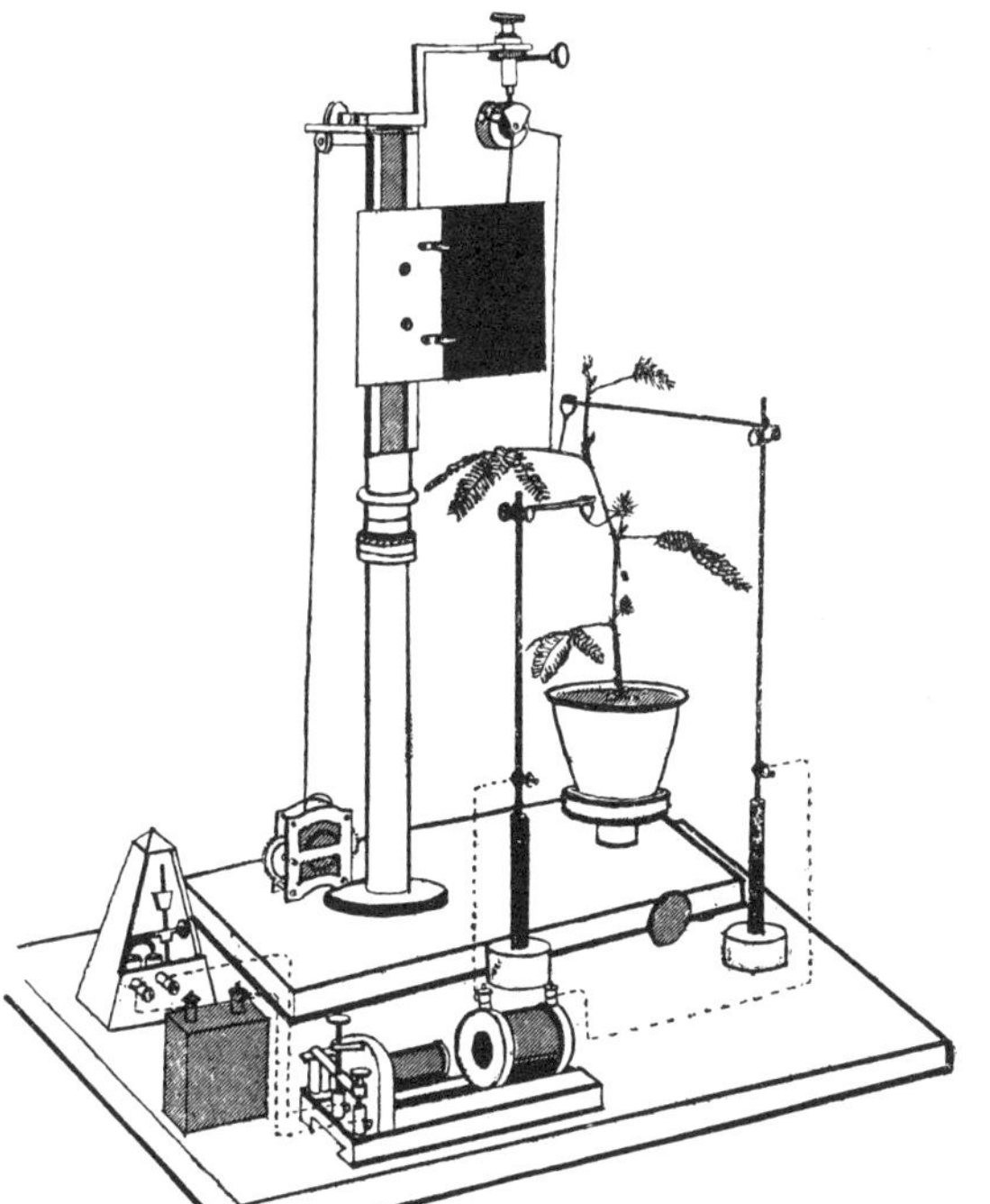

図11 | 共振レコーダーの外見
植物に一定の持続時間の興奮性刺激を与えるための電気接続。
刺激の持続時間は電気回路内のメトロノームによって測定された。

ている限り、打点はつねに一定である。しかし記録面が移動すれば、あらかじめ決められた時間間隔で記されるる横列の点がえられるだろう。

次の工夫はガラス板を自重だけで降下させ、縦列の打点を生じさせることだった。この方法は良好な記録をとるのに最適だとわかった。なぜなら、連続する点間の距離は、落下するガラス板が加速する間に多少は増加するが、毎秒あたりの数は同じだからである。そのため、時間測定には影響しないのである。とはいえ必要ならば巧妙な補完策が提供された。

これにより、この打点法は今や二重の利点を獲得することになった。すなわち、① 正確に同等の時間記録と、② 摩擦の実際的な除去である。いずれもライターの曲がった先端で軽く打つことで、記録面との持続的な接触がなくなったおかげだった。

細い繭糸の一端が観察対象の葉にしっかりと結び付けられ、他の一端はきわめて軽いワイヤーレバーの短いアームに取り付けられた。アームはあらかじめライターと結ばれていた。葉の運動はライターを端から端に引っ張りながら、たんなる縦列の点だけではなく、植物のすべてのふるまいを記録する。

オジギソウの葉の垂れ下がりや、鼓動する小葉のもっとも微細な震え、刺激の下での収縮などが、取り付けられた糸を引っぱる。この引っぱりは、ライターレバーによって伝達され、増幅される。それによって点は一定の特徴的な順序に並び、その曲線によって、植物のふるまい全体の履歴が与えられるのである。

共振レコーダー一式が図11に使用状態で示されている。

実際の記録は、植物が記録の垂線で与えられる刺激を知覚し、反応するのに要する時間を測る次の図で与えられる。連続した点の間隔は一〇〇分の五秒である。そして葉のふるまいは刺激（図12）後、一五番目の点から始まった。したがって植物の認識時間は〇・七五秒となる。植物が疲れていると、その認識時間は非常に遅くなった。過労状態になると、一時的に認識能力を失い、平静さを取り戻すまでには、少なくとも半時間の絶対的な休憩が必要だった。

しかしながら共振レコーダーも、いくつかの目的に対しては限界があった。この種のレコーダーは非常に速い運動は計測できるが、植物の運動には比較的遅いものもある。そのためには、何時間も何日間も連続して、ゆっくりと記録する手段も必要だった。

さらに、運動の中には動きがごくわずかで、弱いものもあるかもしれない。そのためには、磁化できるもっとも細い金属が必要だが、今述べたばかりの記録システムでも、植物の運動力の限界から重くなりすぎるおそれがあった。

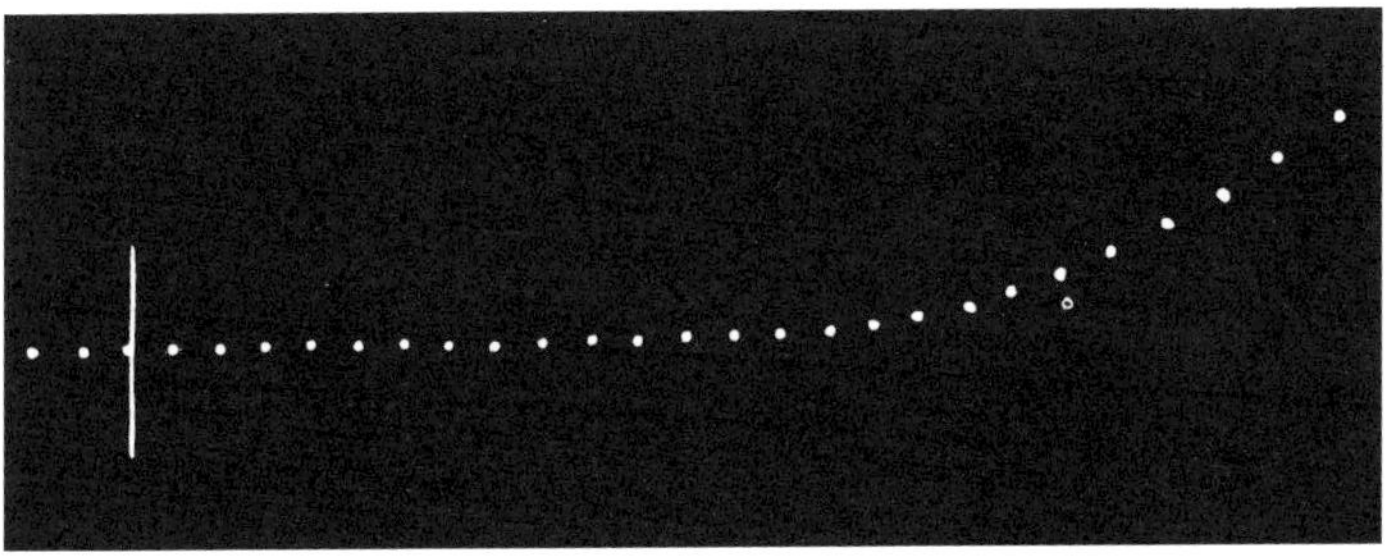

図12｜オジギソウの葉の反応時間の測定記録
刺激は垂直線であらわされている。連続点の間隔は0.05秒。

そこでボースは、ライターの振動数を増やす代わりに、振動する煤ガラス板がライターの記録ポイントに周期的に遭遇するようにした。多様なゼンマイ仕掛けを巧妙に組み合わせ、どんなに遅い振動周期でもえられるようにしたのである。実際にはその範囲は、必要に応じて通常毎秒一回から一五分に一回までだった。

振動と、打点を用いたその記録は、時計が巻き取りに励んでいる限りは継続させることができる。さらに、機械的な振動法はスチール製ライターの必要性を取り除き、軽い芝生ののぎとか髪の毛状に引き出されたガラス繊維に代えることができる。

共振レコーダーの倍率はライターレバーの比率に応じて、通常は二五倍程度に制限される。しかし、今やひとつのレバーを持つ発振レコーダーで、容易に一〇〇倍に引き上げられる可能性が出てきたし、レバーを組み合わせれば一万倍も可能かもしれない。さらに発振レコーダーは、四枚のプレートを動かすため、横へ拡張することができる。これによって四つの植物を並べて、同一条件下で同時に自己記録させることも可能である。

欧米での植物実験と講演の反響

さて、そろそろ実験の成果に目を注ぐ時である。まず第一に、それは「植物の反応」を単純な光学レバーで取り込み、その運動曲線が本質的に正確であることを完全に証明した。また、共振レコーダーに神経インパルス現象を記録することによって、植物には動物の神経系に相当するものは存在しないという従来の見解の誤りを実証した。

ボースの成果はこのように非常に説得力があったので、王立協会はその論文を『哲学紀要』(1913)で出版するために受理した。これと『植物の感受性の研究』の出版後、ボースはヨーロッパとアメリカの複数の大学と学会から講演に招かれた。それに応じて一九一四年、彼にとっては四度目の科学代表団として政府から派遣された。このときボースは、精密器械だけでなく、オジギソウとマイハギ(図13)もインドから運搬することを決定した。植物の見本として聴衆にその自動記録を見せるべきだと考えたのである。

ヨーロッパでは学会の総会がある時期には、植物の大部分が冬眠期間にはいる。世界ツアーでは、精密器械の運搬がまず難しかった。しかしそれよりもヨーロッパの、そしてとくにアメリカの凍てつく気候の中で、活力と敏感さの維持を期待しながら熱帯植物を運送することは不可能な冒険に思われた。けれどもボー

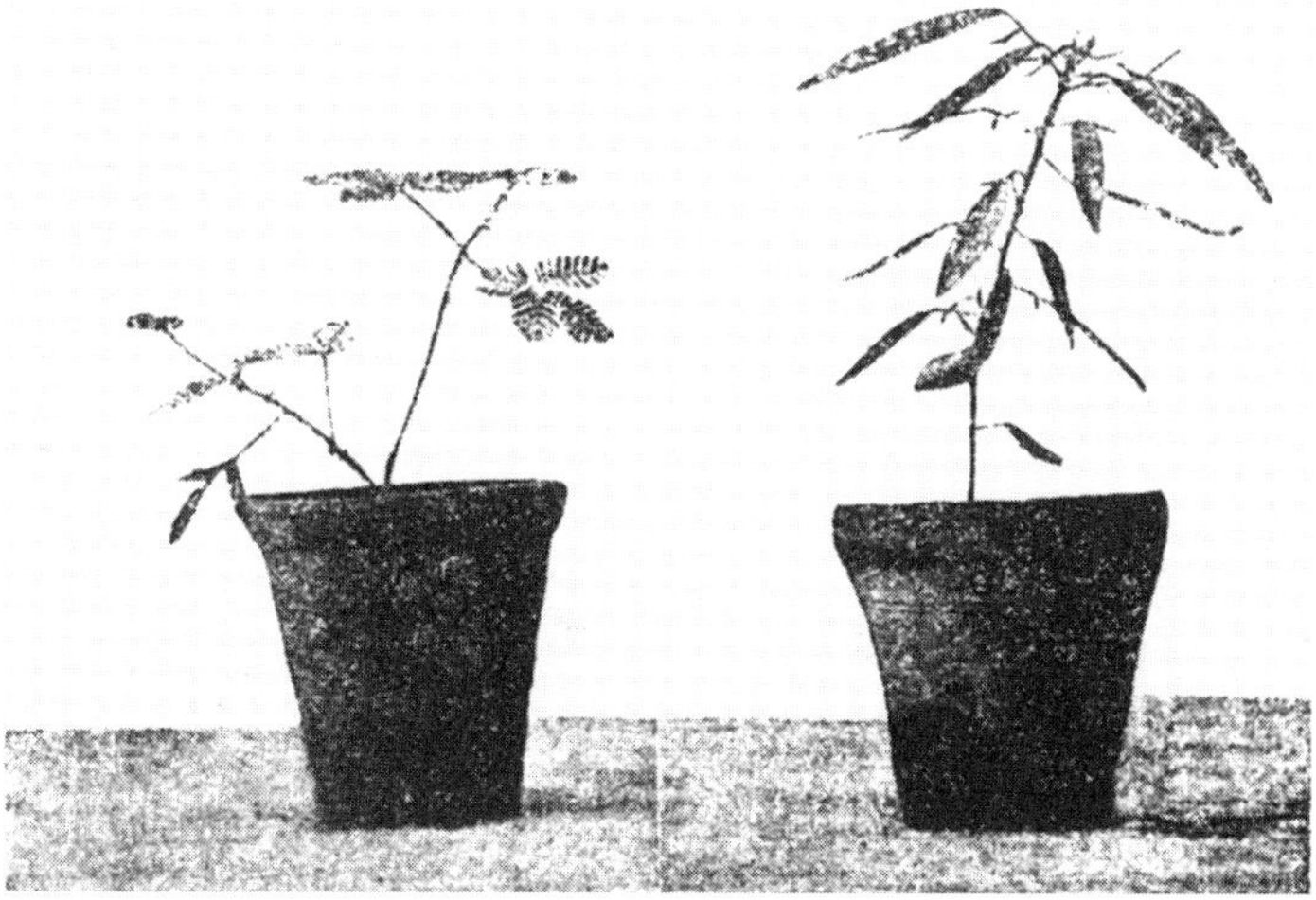

図13｜ボース教授に随って世界を漫遊した植物、オジギソウとマイハギ
マイハギ(右)の小葉は上下に鼓動する。

スは、彼一流の決意と創造性で、問題に立ち向かった。

旅行のために特別なガラスケースが準備され、すばらしく献身的で、熟練した実験助手によって可能なかぎり注意深い配慮が施された。航海旅行を切り抜けて生き残った植物は全体の半分のみだったが、ロンドンに到着するや、リージェントパークの熱帯温室に安全に収容された。

問題が片づいたので、ボースはメイダ・ヴェールに一時的な研究所を設立した。寒冷な気候に移送された熱帯植物の実験には、困難がともなうことが観察されたため、その克服手段を考案した。

ボースのもとには、さまざまな大学から講演依頼が舞い込んだ。最初のオックスフォード大学では、実演が高い評価を受けた。次はフランシス・ダーウィン卿が統括するケンブリッジ大学だった。ここでも聴衆は熱狂的だった。ロンドンでは王立科学学院で講演した。王立研究所での金曜夜の談話は一九一四年五月に行われて大成功を収めた。

ボースの共振レコーダーは興奮性インパルスの送信速度を示した。また、その振動レコーダーはマイハギの脈動を追跡して、動物の心臓の脈拍との顕著な類似性を証明した。最終的には、死亡レコーダーとして、植物の死の苦痛の跡を表現した。

メイダ・ヴェールの個人研究所にはさまざまな科学者や文学者が訪れた。その中には王立協会会長をつとめるウィリアム・クルックス卿などの指導的科学者もいた。きわめて著名なある動物生理学者は、植物によってなされた予想外の発表にいたく感動したので、率直にもこう口走った。

「王立協会によるあなたの植物反応の論文出版を妨げたのが、誰の決定票だったかごぞんじですか。それは私です。このようなことが可能だと信じられずに、あなたの東洋的想像力が正道を踏みはずさせたと思ったのです。今やあなたは最初からずっと正しかったのだと全面的に認めます」

人文系では発見の心理的な重要性をすぐに理解したバルフォア氏がやって来た。バーナード・ショー氏は、菜食主義者だったので、キャベツのかけらが湯通しされて殺されるさいに、猛烈なけいれんに陥ると知って悲しんだ。

主な雑誌の編集者もやって来た。以下の『ネーション』のいつもの重力圏からの出発は、植物の新情報に対する大衆的な印象を示すだろう。

メイダ・ヴェール近辺の部屋に、もぐりの解剖医のテーブルにひもでくくり付けられた不運なニンジンがいる。ニンジンの肉が詰められている二本の脚さながら、白い物質にみたされた二本のガラスチューブに電線が通されている。

鉗子ではさまれると、野菜はたじろぐ。革ひもで縛りつけられているので、痛みの電気的身震いはとても繊細なレバーの長いアームを引っ張って、ごく小さな鏡を始動させる。これが部屋の反対側の装飾壁に光線を投射し、ニンジンの振動を途方もなく拡大してみせるのである。

右のチューブ近くをつねると光線が右に七、八フィート先に送られ、反対側の電線近くを刺すと光線が左に同じぐらいの距離送られる。このようにして科学はニンジンのようなきわめて無感動な野菜でさえ、その感覚を明らかにすることができるのだ。

王立医学協会もボースの植物組織への薬物の影響に関する研究に強い関心を寄せて、協会で講演するよう依頼してきた。ローダー・ブラントン卿は手紙にこう書いている。


一八六三年に植物学の研究を開始して以来、そして一八六五年に植物の毒のふるまいについての若干の実験を行って以来、私は植物の運動に魅了されてきました。一八七五年にはダーウィン氏のために、食虫植物の消化に関する若干の実験を行いました。

私がこれまで見てきたすべての実験は、植物と動物の反応の間にすばらしい類似があることを示したあなたの実験に比べれば未熟なものでした。


王立医学協会の講演は医療関係の主導的メンバーによって高く評価された。協会の事務局長はインド政府に公式のあいさつ状を送り、「生物学においてまったく新しい」研究に対する高い評価を表明した。

次に講演を依頼されたのは、大陸の主導的な大学だった。

最初の訪問先はウィーンだった。当地の聴衆の中にはオーストリアとドイツの多くの主導的な生理学者が含まれていた。彼らはこれらの新しい研究方向で、カルカッタがはるかに先行していることに惜しみない讃辞を贈った。

パリでも類似の成功に遭遇した。ドイツのさまざまな大学からは、連続講義をするよう心からの招待を受けた。彼はこうした講義を一九一四年［第一次世界大戦開戦の年］八月三日から開講する予定で、実際にボンへ赴く途中だった。しかし運よく引き返すことができたため、抑留を免れたのだった。当時、二人の甥もドイツにいたが、彼らはそれほど幸運でなかった。

ボースは次にアメリカを訪問し、主要大学で講義をした。フィラデルフィアの米国科学振興協会とニューヨークとワシントンの科学アカデミーでも講演した。ワシントンでは国務省と農業局でも話をするよう求められた。そこでは彼の研究がもつ実際の農業における重要性が完全に理解された。

彼はハーバード大学の哲学部と心理学部で講演し、クラーク大学でも講演した。クラーク大学の学長は高名な心理学者のスタンレー・ホール博士で、彼はボースの最初期の出版物からその研究に興味を持っていた。ボースの研究はいたるところで熱烈な評価を受けた。

アルコールでも水でも酔っぱらう植物

さてボースの新しい器具の発明によって、首尾よく探究された感受性の現象に戻ってよいだろう。このような短いスペースで興味深い成果をすべて伝えることは不可能だが、ボースの人気が高い講演からの抜粋をご覧にいれよう。彼の探究のひとつ、植物に対する異なったガスの生理学的効果に関連するものである。

通俗科学によれば、動物にとっての死は、植物にとっては生であるはずである。なぜなら植物は、命取りの炭酸ガスの大気で繁茂するではないか。

しかしながら炭酸ガスの中では、植物は繁茂する代わりに、人間とまったく同じように窒息させられる。その症状は新鮮な空気（図14）を流入させることで、軽減されることにとくに注意してほしい。ただ日光の存在だけが、光合成によってその影響を修正するのである。

炭酸ガスの効果と対照的に、オゾンは植物をきわめて興奮しやすくする。

植物は空中に存在する不純物の影響を強烈に受けやすい。町の汚れた空気は強い抑圧作用を引き起こす。不純な水素はたとえ少量でも、植物にとっては致命的になる。クロロホルムは興奮をすみやかに取り去って、強い麻酔剤の役割を果たす。

アルコールの入った植物の反応は千鳥脚のように不安定になる。このことは禁酒の講義で効果的に利用できる可能性もあっただろうが、次の結末は拍子抜けするものだった。植物は愚かにも、たんなる水でも酔っぱらうのである。水をたらふく飲んだ植物はすべての移動力を失う。通常の状態に戻すためには、グリセリンで水分の過剰分を吸収してやればよい。

植物は闇の抑圧効果を感じるか。

図15は通過する雲の効果の記録である。植物は光のわずかな違いを観察者よりずっと早く検出した。光のいかなる急変も、顕著な抑圧効果を及ぼすことがわかった。暗闇に慣れると、植物はその感受性を一部取り戻す。暗闇から突然光の中に出されると、興奮性が拡張したあとに、はかない憂鬱があらわれる。

ふたたびけがの影響について

私は植物に対するけがの影響に関して、三つの研究に着手した。一番目は、成長に対する傷害の影響である。二番目は植物のリズミカルな組織の脈拍によって明らかになる変化である。三番目の研究はけがの麻痺効果の研究だった。

最初の研究では、正常な成長速度と、傷による速度の変化がクレスコグラフによる自動記録から見いだされた。ピンで刺された植物は、成長速度が正常の四分の一に低下し、その影響から回復するまでにおよそ二時間を要した。ナイフによる切り傷は成長をはばみ、その抑制は非常に長引くことがわかった。このように傷が起こす激しいショックは正常で健康な標本の成長を遅らせるのである。

きわめて興味深いのが例外的なケースであ

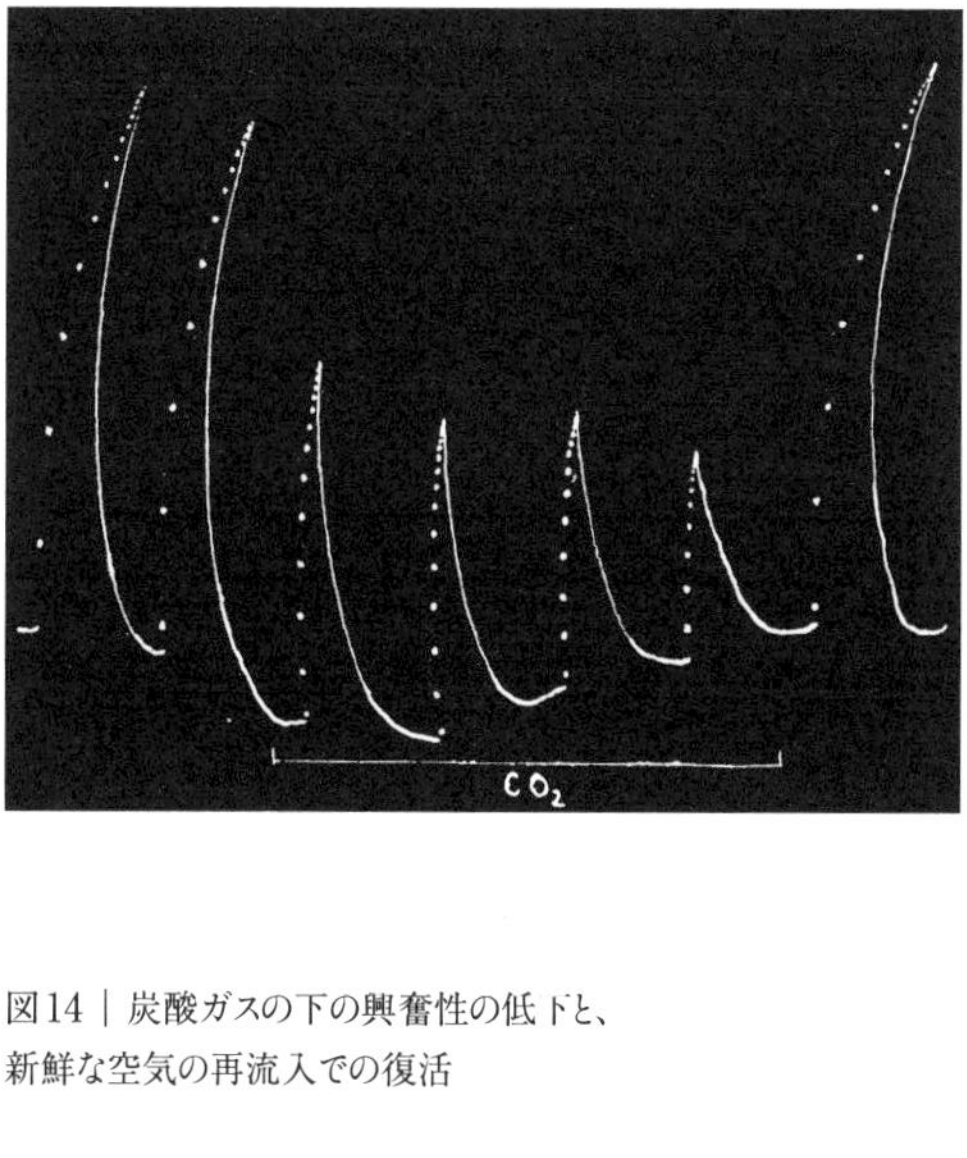

図14｜炭酸ガスの下の興奮性の低下と、
新鮮な空気の再流入での復活

る。目下のところ理由は明確ではないが、枝葉が不健康に見える植物のいくらかは発育不全のままである。不思議なことに、不快にさせる枝を切り落とすことは、植物にとってよい結果をもたらすことがわかった。阻止されていた成長は、激しいショックによって復活する。

別の一連の研究が、手旗信号のように上下に脈打つマイハギの小葉で実行された。親植物から切り取られた小葉の切断部が水中に置かれると、手術のショックによって脈動が抑制されることがわかった。しばらくして、脈動はゆっくりと回復し、ほぼ二四時間維持される。けれども死はけがの無防備な急所を見のがさなかった。その進行はゆっくりと、だが確実である。かくして死の変化は鼓動する組織にまで達し、その動きは生命の終焉とともに永久に止まるのである（図16）。

けれどもこの死の進行は滋養分が多い溶液を用いて、首尾よく減速させることができた。それにより傷ついた小葉の鼓動する生命は一日から七日まで延長された。

オジギソウの葉の切断では、感受性の麻痺は数時間続く。けがの麻痺効果は、自動記録装置に示される刺激に対する反応により測定された。親植物のほうはしだいに回復し、敏感さが戻る兆候を見せた。切り離された葉のほうも数時間で感受性を取り戻して、通常の反応を示すようになったが、この熱情が続いたのは一日間だけだった。その後は不思議な変化が忍び寄り、反応の活力は急速に減退しはじめた。それまでぴんと張っていた葉は垂れ下がり、死がついにその支配力を主張した。

植物と動物における感受性の一般的な現象を比較して、ボースはこう述べている。

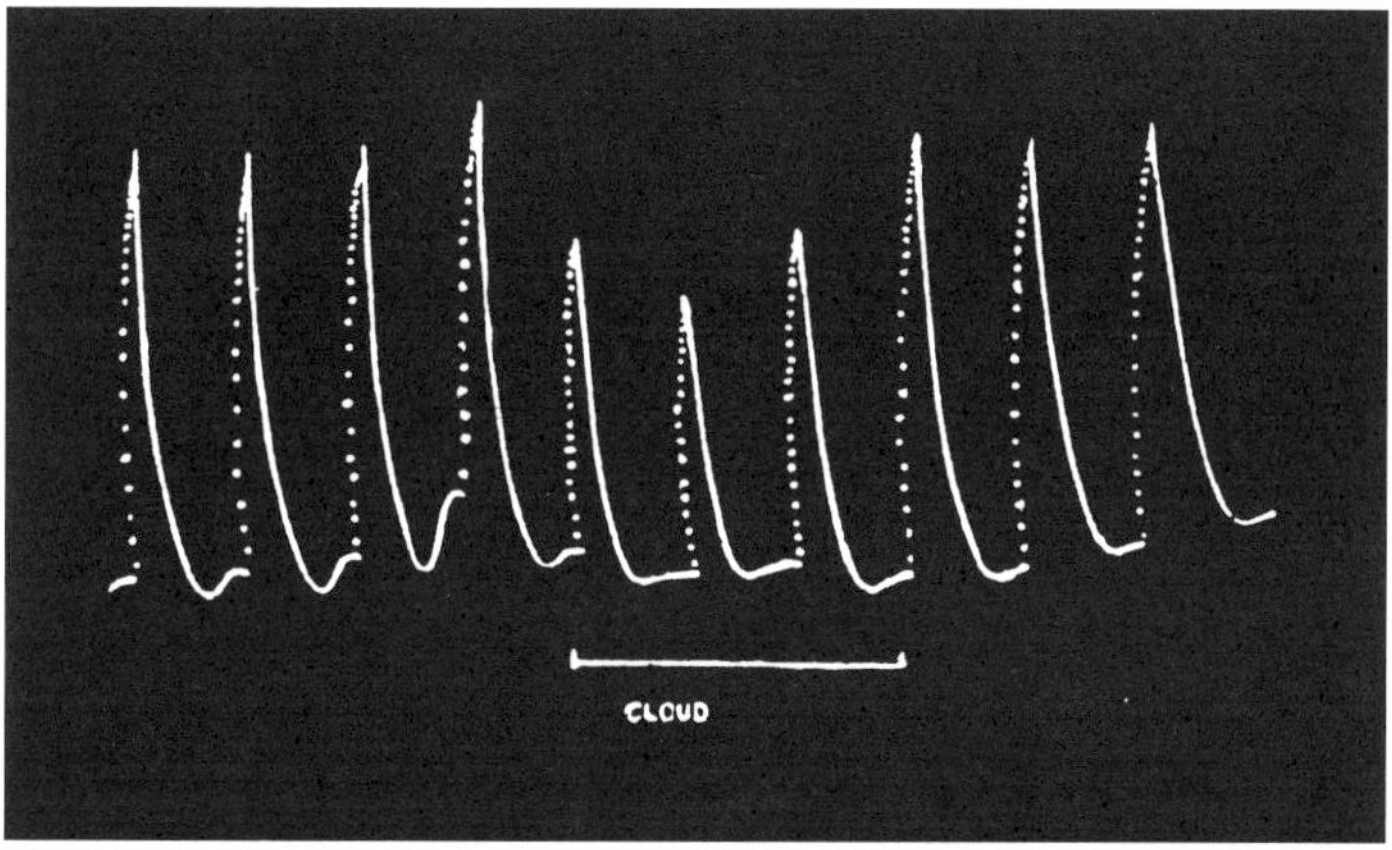

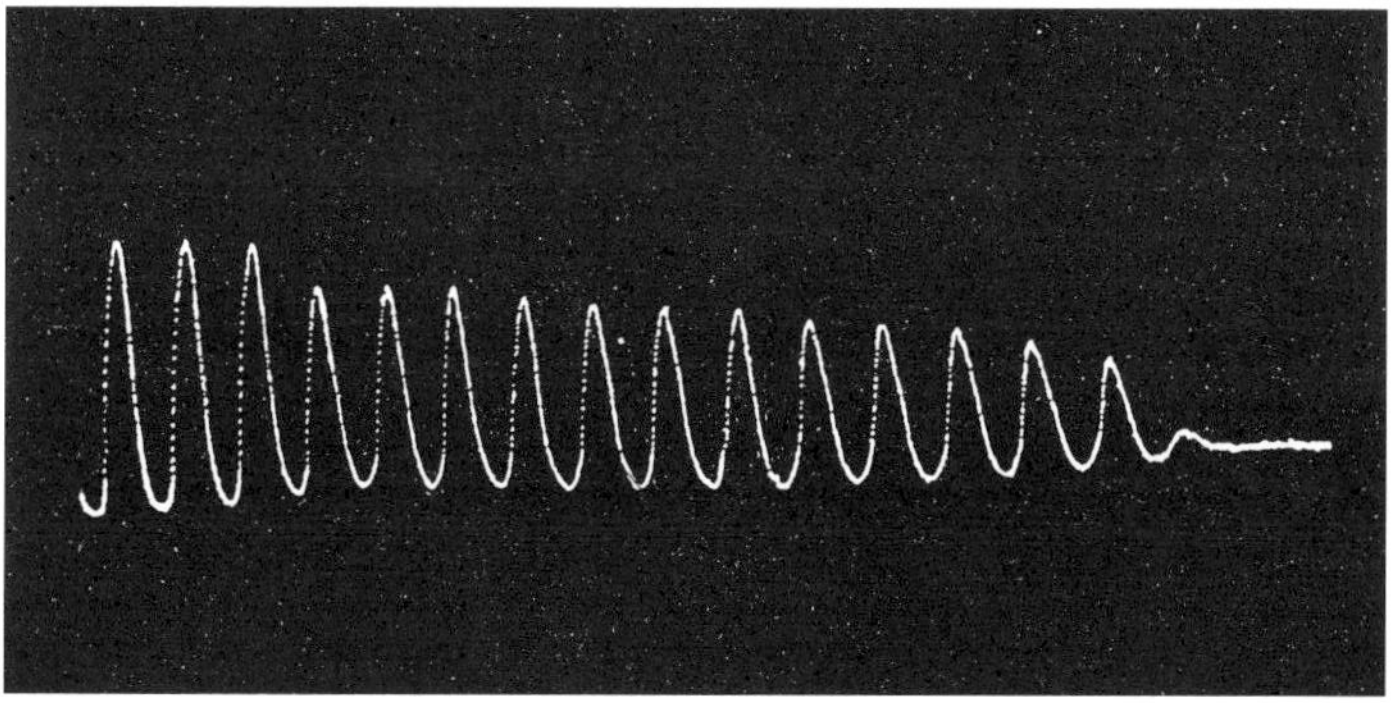

図15［上］｜オジギソウの反応に表れた通過する雲の抑圧効果
図16［下］｜植物の死における鼓動の停止

私たちは植物がたんなる植物的成長の集合体ではなく、すべての組織が感受性と本能を持つと考えています。それは外来刺激に対する応答であり、影響をおよぼす一撃の強さによって増大する反応的痙攣なのです。その脈打つ生命の鼓動を記録し、植物の生存条件に従ってその盛衰を見いだし、生体の死で記録を終了することができるのです。

私たちは植物においては、いろいろな器官が、案内系によって結びあわされているのだと考えています。それゆえ、一か所から始まった興奮の震動が全体を駆けめぐるのです。この神経インパルスは人間のように、なんらかの薬と毒の作用によって促進されたり阻止されたりします。

多くの点で、植物と人間の生命反応はよく似ています。かくして植物の経験を通して、人間の苦しみを軽減できるようになるかもしれません。

ボースは王立研究所の談話をこのようにしめくくった。

私たちの扉の傍らで静かに成長しているこうした無言の仲間たちが、今や同じくらい不明瞭な文字で、生命のおののきや死の痙攣の物語を語っているのです。その物語には、想像を越えた植物自身の悲哀があると言ってはいけないでしょうか。

この生命の統一的理解において、私たちの究極の神秘感覚は深められるのでしょうか、それとも減じられるのでしょうか。沈黙と無言の生命がもつ無限のひろがりの中に、いっそうすばらしい複雑さの兆候を理解するとき、私たちの驚異の感覚は減退させられるのでしょうか。科学がより深い畏敬の念を呼び起こすのは、むしろそのときなのではないでしょうか。精神の山頂から真実の約束の地を見たいと望む者はみな、岩の階段を登らねばなりません。その階段のステップは、科学が新しく進歩するごとに増えていくのではないでしょうか。

第11章 成長の自動記録

オジギソウの葉の動きは急激でめだつが、成長運動はほとんど感知できない。しかし光、温かさ、重力のような多様な力の作用を受けた茎、葉、根の大きな運動の原因は、究極的に成長率のごくわずかな変化にある。したがって、成長期の器官の運動に関する法則の発見は、通常の成長とその変化の正確な測定にかかっている。理論はさておき、世界の食料供給は植物の成長に密接に依存しているから、このテーマは実質的に大変な重要性をもっている。

カタツムリより遅い植物の成長運動

植物の成長の研究がきわめて困難な理由は、その異常な遅さにある。これについては次の例から、いくらか考えを組み立てられるかもしれない。

木の高さの年々の成長は大目に見積もって五フィートであるから、一マイル成長するのには千年を要するだろう。カタツムリの遅さは折り紙付きだが、それでも木の成長運動よりは二千倍速い。さらにもう一例。われわれはおよそ半秒で一歩、二フィートほど進む。同じ時間で植物は一〇万分の一インチの長さ、すなわち光の一波長の半分しか成長しない。

植物の成長と変化を観察するためには、明らかになにか非常に強力な拡大処理がなされなければならない。植物研究所でこれまで使用されていた「成長計」の倍率は、二〇倍程度だった。

このように拡大してさえ、成長が知覚可能になるまでには数時間を要する。しかもこの長時間、光や温度のような外部条件を不変にしておくことはほとんど不可能である。したがってその結果は無効ではないにしても、まぎらわしいものとならざるをえない。

植物に体罰は有用か?

外部条件を一定に保てるのは数分間だけなので、倍率としてはおよそ一万倍が必要になる。ここまで拡大するのは非常に困難で、ボースはその克服におよそ八年を要した。彼の「高倍率クレスコグラフ」(図17)は、真の発明の勝利と見なされてよいだろう。この装置は高倍率であるばかりか、わずか一分間の成長率と変化率を自動記録するのである。ボースがこのために採用したのは、二個のレバーからなる複合システムである。

最初は百倍に拡大し、二回目にはそれをさらに拡大して、全体で一万倍にする。けれどもレバーの二重システムは、重くなるのが難点である。これを克服したのは、非常に堅くて例外的に軽いアルミニウム合金の採用だった。

さらなる難点は、見えないほこりの沈殿による摩擦の増大だった。ルビー製の軸受けでさえ、この難題を取り除けなかった。ボースは最終的に新形式のサスペンションを工夫し、それによってすべての困難を完全に克服した。

この高倍率の記録が示しているのは、成長が着実で継続的なものとはかぎらず、リズミカルな脈動で進む場合も多いということである。通常のカルカッタの条件では、その脈動は平均で毎分約三回である。各脈動ごとに、急速に成長が高まったあとに、その歩みはゆっくりとなり、一部は後戻りしながら、結局は最初の成長量のおよそ四分の一ほどに後退する。そして結果的に生じるその前進から、また次の上昇を開始するのである。

こうして成長プロセスに対する私たちのイメージは、その図によって、着実な機械的進歩から上昇の小波の進歩へと変換された。にもかかわらず、成長がほとんど均一に見える図もある。しかしそのような均一性は、異なる組織層の異なるレベルでの成長の脈動が合成された結果かもしれない。

装置の格別の感度のもう一例は、たんなる接触にもとづく成長の遅れすら検出するという事実からわかる。他方、激烈な刺激は成長を完全に阻止する。ボースは、育ちのよい植物には荒っぽい取り扱いは有害だが、成長が遅い植物には有益な作用をおよぼすことに気づいた。したがって体罰は有用なのである。

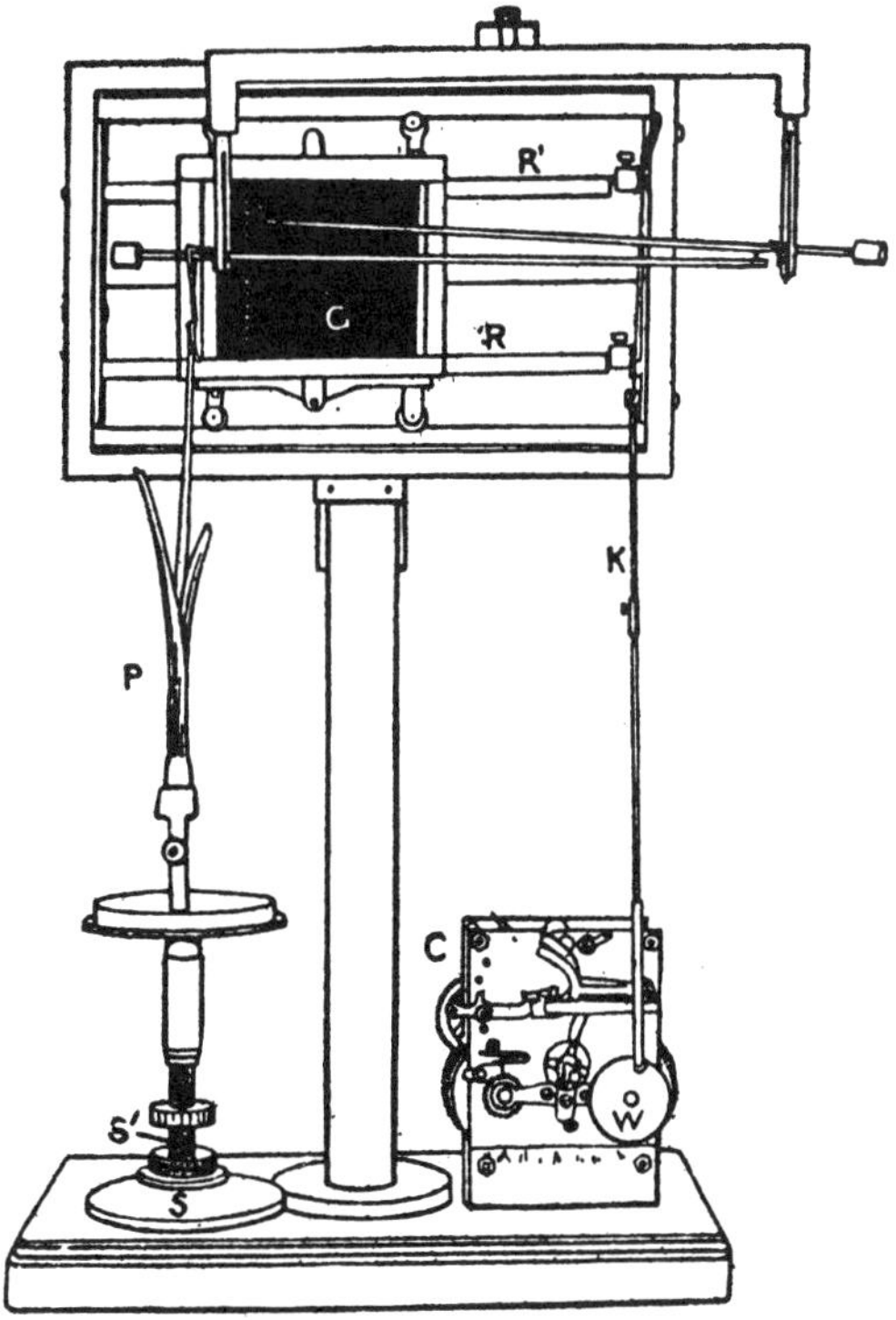

図17｜高倍率クレスコグラフ
Ⓟ:植物、Ⓒ:記録用煤ガラス板（Ⓖ）の周期的振動のためのゼンマイ仕掛け、ⓈⓈ':マイクロメーターのねじ、Ⓚ:クランク、Ⓡ:偏心器、Ⓦ:回転車輪。

とくに明白なのが、温度変化が成長率にもたらす結果である。冷水の使用はもちろん、すべての成長を阻止する最小の臨界点まで低下させる。逆に温水は驚くべき成長の加速をもたらし、最適条件まで、たとえ何倍でも加速させる可能性がある。その先は成長はしだいに遅らされ、摂氏六〇度で死亡痙攣が出現する。

さらなる実験の改善によって、温度が最小限から最大限まで緩やかに上昇するあいだ、植物の成長記録が自動的に提供されるようになった。この「熱の三日月曲線」の点検から、観察者はあらゆる温度での成長率を知ることができる。

従来の方法では、植物の束を異なる温度に置き、一日のあいだ成長させてから、各束の結果を平均した。けれども新しい方法は、すぐにはるかに単純で、迅速で、きわめて正確なものになった。同様に、肥料や化学薬品、薬や毒の効果は、数分のうちに前例がない正確さで決定された。ここでも、この高倍率装置の価値が実感される。それはあらゆる現象をはるかに明確、明瞭にするのみならず、いかなる特別な変化の結果でも、数分のうちに検出するからである。しかもその間、他の状態は不変のままか、あるいは人工的にその状態に保たれる。

科学的農業のめざましい進歩が、ひとえに成長の法則の発見にかかっていることは理解されるだろう。これまで使われてきたのは、少数の刺激的な作用物質だけだった。ところが、その行動が皆目見当がつかない作用物質は何千と存在するのである。さらにいえば、今まで少数の化学興奮剤と電気の応用に採用された経験則は、一様に成功してきたわけではない。異常事態の原因は、これまでは誰も考慮してこなかった薬を使用することで、見いだされたのである。

ボースは特別に強烈な電流は、成長を加速させる一方、臨界点を少しでも超えれば成長を遅らせることを発見した。同じことは化学興奮剤についてもいえた。植物を殺す特定の毒を標準的に用いれば、きわめて深刻な結果をもたらした。だが、適切な微量を与えられた場合には、処方された植物ははるかに強壮になり、ずっと早く開花した。つまり、桁外れに効率的な興奮剤の役割を果たすことがわかった。さらに首尾よく虫害にも強くなることもわかった。

このような事実は、抑制剤が興奮剤になるか、あるいはその反対になるかの臨界点の探究に向かわせた。ここにいたって、それが薬理学と医学にとっていかに新鮮な研究方向を開拓したかがわかる。それはまた、肥料となる物質の効果の迅速なテストや、農業における成長促進手段についても新しい道を拓いた。テストに必要な時間は一シーズンの代わりに数分となり、状態の変化も避けられるのである。

所定の植物の個別の方程式、すなわち恒常的な「組成」と変化する「緊張度」との関係も印象的だが、後者については実験的に変えられることが判明した。

かくして類似した任意の苗木の束が、三つのグループに分けられた。ひとつは参照のために標準状態に維持された。もうひとつはより好ましくない温度で水準以下の条件に抑圧された。第三のグループは最適条件が与えられた。

標準的な植物が苦闘の後にようやく生き残りうる少量の毒は、緊張度の低い標本では即死を引き起こすことが判明した。けれども同じ投薬が活発な刺激となって、緊張度の高い植物の成長を促進した。ここでもまた、医学と農業にとって示唆に富む事実が明白になっただろう。

植物の生命でもっとも困惑させられる現象は「屈性運動」であるが、これは次章で言及されるだろう。それらは一般に成長率のわずかな変化を誘発する環境の作用によって引き起こされる。こうした運動について満足な説明はなされてこなかった。使われた装置が非常に微細な成長率の違いを検出するには、あまりにも粗雑だったからである。

けれども高倍率のクレスコグラフにより、毎秒一〇万分の一インチほどのわずかな成長の跡を示す図をえることに成功したボースは、接触、温度変化、熱線や光線、重力、電流、種々の化学薬品など、さまざまな要因のもたらす成長の変化の記録が可能になった。これらの基本的な反応から、彼は後に見るように、植物の多様な動きを完全に説明できるようになった。

磁気クレスコグラフの発明

研究所で、一万倍の拡大率をもつこのクレスコグラフの並はずれた敏感さを見学した後、著者は、ついに最大の完成に到達したのはまちがいないと意見を述べた。これに対してボースは、「人間は決して満足しない」と彼らしい答え方をした。そして直ちに、さらに高倍率をめざして研究に突進した。

最初、彼はシステムのレバーを二個から三個に増やそうとした。けれどもまもなく、それは理論的には可能だが、重くなるのとレバーをつなぐ摩擦のために限界があることに気づいた。そしてほとんど重さがなく、物理的な接触もなしで結合できる方法を模索した。これを達成したのが、磁気クレスコグラフ（図18）

だった。この装置では、普通のクレスコグラフのレバーの運動は、非常に繊細なバランスがとれた磁気システムに改変されていた。

表示の仕組みは偏光磁石によって鏡から反射された光の点である。このようにしてボースは一倍から一億倍までの倍率を得たのである。

これほど途方もない拡大を実感することは難しいが、カタツムリのスピードが磁気クレスコグラフによって一千万倍に拡大されたとき、どんなスピードになるかを考えれば多少は具体的理解がえられるだろう。

こんなスピードには、現代の砲術も及ばない。クイーン・エリザベス号の一五インチ砲は秒速二三六〇フィート、すなわち時速およそ八〇〇万フィートの初速で砲弾を発射する。けれどもクレスコグラフのカタツムリの移動速度

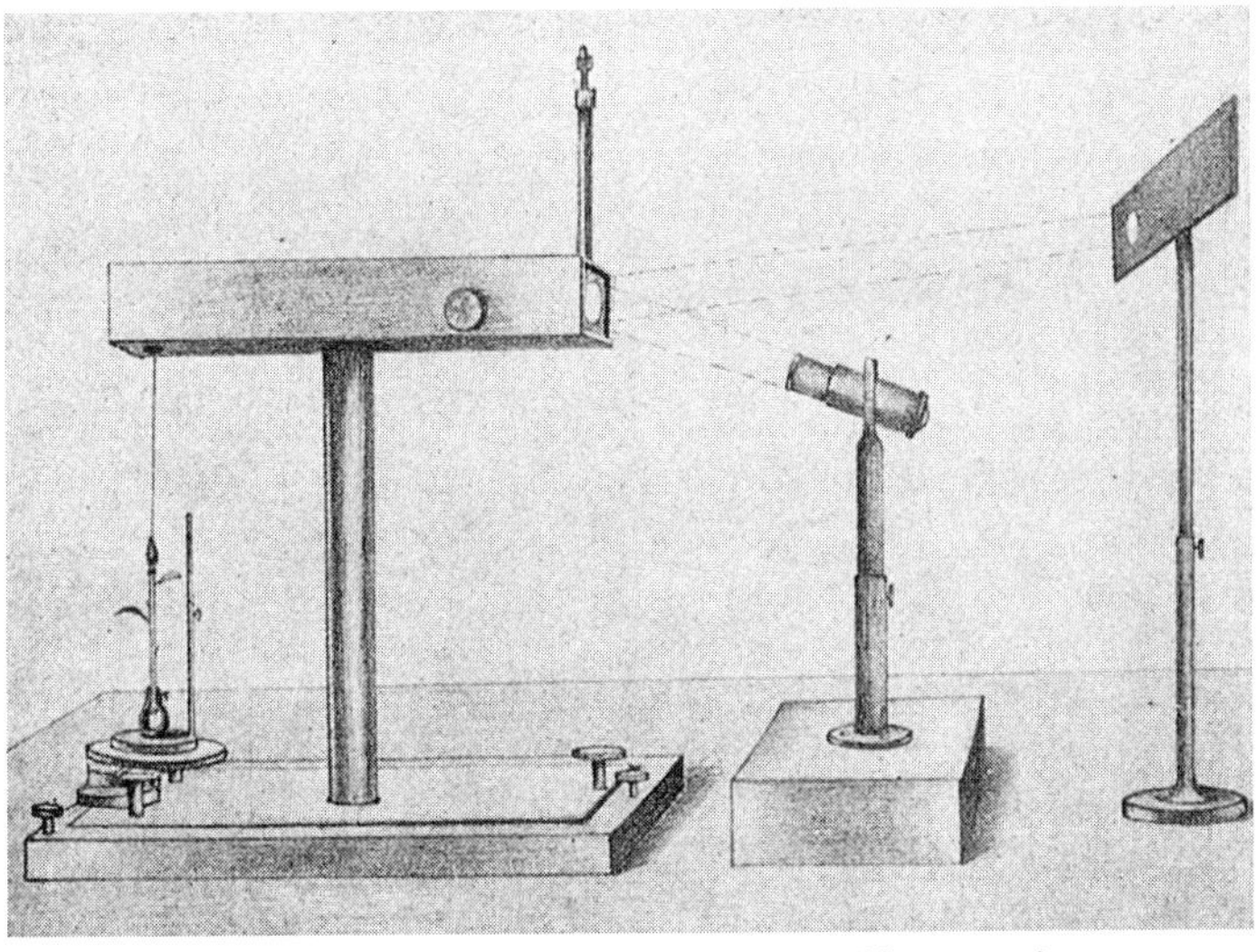

図18｜感知できない植物の成長を1000万倍に拡大するための磁気クレスコグラフ

は時速二億フィート、すなわちその砲弾の二四倍も速くなる。さらに類似点を求めて宇宙の動きに目を向けよう。赤道上の点は時速一〇三七マイルで旋回する。けれどもクレスコグラフのカタツムリは、動きの鈍い地球を見下すだろう。地球が一回転する間に、カタツムリはおよそ四〇回転するだろうから！

ボースは磁気クレスコグラフを大聴衆を相手にしたデモ用に使っていた。

まず成長の拡大を示す光点がスクリーンを横切ってすばやく動くさまを見せる。次に栓を開いて、植物を入れた容器の中に冷水を流入させると光点の動きは減退し、最終的には停止する。成長活動は今や阻止され、温度計がその正確な最低温度を表示する。さらに容器はゆっくり温められると、沈滞はなくなり、成長運動はしだいに加速しながら、よみがえるのである。

もうひとつの栓が開かれると、抑圧作用を作動させ、成長は麻痺する。けれども興奮剤の投与が直ちにその抑圧を取り除く。植物の生命活動を亢進させるも沈滞させるも実験者の意のまま。植物の活動を促進することも、制止することもできる。毒を用いて植物を死の近くまで連れて行き、生死の境を漂っているところに、解毒剤を頃よく与えて蘇らせることもできるだろう。

まるでマジック。いや科学の成果はマジックよりすばらしくはないだろうか。

「それは、人間の力を拡張することによって、感覚の限界を越え、自然のより深い謎を探究できるようにするのである」

ボースは最近、イギリスを訪問したが（1919-20）、この訪問中にわき起こった熱狂は、クレスコグラフによる驚くべき研究の進歩に負うところが少なくない。

成長を表示するのに、英国の冬の厳しさより困難な実験条件があったはずがない。この時期、植物は冬眠状態にある。にもかかわらず彼らは昏睡状態を脱し、およそ一二秒ほどの間に一〇フィートの比率ですばやく横切る光点によって成長率を表示した。実際にはその成長率は毎秒一〇万分の一インチ以下というのに。限外顕微鏡をはるかにしのぐ倍率の威力を前に、今やボースは、これを用いた物理学、ほとんど二〇年間中断されていた物理学研究に召還されようとしている。

彼は無生物への力の影響について探究する新しいマイクロ・ラジオメーター、同じく桁外れに敏感な検流計などのより鋭敏な探知器を作る可能性を予見している。知識を分断する分野の壁に反対するボースは、相変わらず昔の愛に忠実なのである。暗黙の壁があろうとボースはなお物理学者である。その帝国の領土で、生命界の探検によって習得した精妙な技能を使い、不活発に見えるだけで隠されているにすぎない物質の活動を解明しようとしているのである。

第12章 植物のさまざまな運動

最初にいくつかの植物運動に興味をもち、実務クラスで植物生理学の初歩を教えようとして以来、著者はほとんど四〇年にわたって春季・夏季の植物学教師を務めてきたが、このテーマの複雑さと難解さを身にしみて経験してきた。

ボースはわれらが若き日の偉大な植物生理学の教師であるザックスから、不当な評価を受けた。ダーウィンの『植物の運動』(1880)は有益で、また彼の「回旋運動」の発見は大いに魅力的だった。ダーウィンにとって特定の運動とは、新芽や葉の運動、根の運動ですら、一定の影響下での特殊進化と見なされそうだが、その理論は完全な説得力をもたなかった。なぜなら、そのような回旋運動の記録は、多くの変化する条件に対する植物の反応が複合したものにすぎないからである。ならば、どう分析すればいいのか。

もちろん実験と観察は蓄積され、それらを調整した解釈も試みられた。プフェッファーの偉大な『植物生理学』の堂々たる第三巻をご覧あれ。だが同書は非常に膨大な空間を占有しているにもかかわらず、テーマについて必要な単純さと一般化をもたらしていない。

今やわれわれは、こうした植物生理学の失敗の二重の理由を理解している。第一に植物生理学者は、称賛に値する多大な努力にもかかわらず、速度が遅く、低倍率の記録しかえられない不完全な装置では、さまざまな環境要因と反応の分析を完璧に行うことはできなかったのである。けれども前記のように、ボースの努力によって、器具類と記録からなる実験資源は、完全に新しいレベルに引き上げられた。

そして第二の理由は、動物とまったく同等な植物の有機的制御ついての認識が不適切だったことにある。実際、そうした制御は、動物においては本質的に神経の働きと連携していると認識されてきたことだった。

読者はここで公平にも尋ねるだろう。こうした進歩を通じて、今やいかなる植物の運動、オジギソウのような運動器官だけではなく、成長と連動したさまざまな運動が、明確に解釈されるようになったのか。

この質問への完璧な回答はボースの最新巻『植物の生命運動』に見いだされるだろう。ここでは当面の狭いスペース内で、その主要な成果を、できる限り専門用語を避けて概観しようと努めなければならない。

植物たちの生きる知恵

そこで既存の論文の順序とか、環境に左右された部分もあるボースの発見順を追う代わりに、もっとも単純で画一的に思われる植物の反応運動から着手し、さらに緻密で、進化した運動に進むことにしよう。

一般になにか植物生理学の問題、とくに植物の運動を具体的に理解するために、読者には自分がある日、植物学者に率いられた学生たちと庭にいるところを想像してもらおう。植物学者は、実験的な研究を進める前提として、学生たちに広く生きた自然に通じさせる数多くの植物の運動現象を指摘している。

そこには苗木が栽培され、わきでる雑草のように豊富にある。通常の光の中で垂直に成長しているものもある。日陰の一角にある苗木は、その茎を光に向かって折り曲げ、それに応じて子葉と若葉をさらしている。葉のつき方は一枚ごと、また全体のバランスでさまざまだが、多くの植物の葉が同じように完全に上面を光にさらすひとつの手段は、茎のらせん構造だろう。

だからタンポポのようなロゼット植物は、すべての葉をほとんど地上すれすれにつけているのかもしれない。しかしまた小さな幹がある場合は、低い葉は上の葉の陰にならないように、より長い茎を持っているだろう。

真昼の太陽の視点からそれらを眺めると、たいていのハーブと灌木で、葉同士が互いに陰になるのを避けるよう協同して、壁紙パターンや植物デザインの織物さながらの模様をなしていることに感心するだろう。

これを実現するためには葉の位置の修正、つまり、単純で規則正しく発育するままではなく、光に対して適した位置に変える運動が起こっているのは明らかである。さまざまな成長と運動によって葉の高さを調整するだけではなく、さらなる適応が葉をひねることによってなされるかもしれない。これがいかに実行されるか、記録すべきだろう。

葉の向きの変更は多少なりとも膨らんだ部分によってもたらされることが多い。なぜなら多くの植物で、腫れ上がった葉脚である「葉枕」がめだつし、とりわけオジギソウにおいてはきわめて敏感だからである。

光合成作用には、緑の世界全体が依存し、動物界の生態も直接・間接に依存しているわけだが、光を追い求めるための植物の適応は、ほかにも数多く見られる。たとえば、背が高いハーブや灌木、なによりすべての樹木の幹とおびただしい枝の大きな実用的価値は、とどのつまり、日光に当たる葉の表面積をふやし、中程度の樹木が大量の光を吸収できるようにすることにある。

植物世界の光の探求は、各器官がそれぞれ日の当たる場所を見いだすため、なおいっそう際だった方法で登場することもある。

茎を個別強化するほかにも、丈の低いバラとか、高く這い登る植物のような弱い茎が、がんじょうな茎植物のとげの助けを借りて這い登り、さらにその上に伸びていく可能性もある。

他の植物もまた、あまり効率的ではない方法ではあるが、たとえばエンドウ豆やツタといった多くのつる植物のように優しくよじ登る。細長い成長する若芽をゆらしながら伸びる三色朝顔やホップなどのようなつる植物もある。つる植物の多くは、クレマチスのように、堅いロープ状の茎を持つ低木になるか、リアナ［ブドウや籐など］のように、犠牲者の周りを大蛇のように巻いて、おうおうにしてほとんど木のような茎に成長して、どこまでも高くそびえ立つかする。

ツタのように付着根や、ノブドウのように巻きひげの先端を支柱にしっかり結びつけながら岩や壁の上をよじ登る植物もある。

さらに生命を維持させる光に関しても、植物は余分に保持している可能性がある。もうひとつの必需品である水が乏しい場合にはとくにそうなるだろう。それゆえ、われわれはエンドウ豆のように、その先端をある程度光に向ける植物、さらに傾光性の強いユーカリのような植物、そしてアメリカの有名なコンパス植物のような完全に光に向かう［屈光性の］植物に注目した。

ヤシやバナナはさんさんと降り注ぐ日光の下で、巨大な葉をつけるけれども、その葉にも若干の修正がほどこされていないわけではない。

通常の葉の大きさを縮小してきた植物は多い。時にはバラの葉のつけ根にある葉茎とか托葉にまで縮小されてきた。それで砂漠地帯の銀葉アカシアは、内陸オーストラリアの広大な地域でよく見られるように、その属の特性である美しい二回羽状の複葉を失うこともある。時には本当に苗木に一枚か二枚の葉をつけるだけで、あとは葉柄がいくぶん葉のように平らになるのみで、なおかつとらえる光を少なくするために、水平ではなく垂直に伸び、水の蒸散作用を減らすために固く頑丈な革のような特性をもつこともある。

サボテン科とユーフォルビア属の植物には、極端な事例が見いだされた。というのも、こうした植物は、できるだけその場所で限定された穏やかな生活を送るために、葉は早々と消失するか、緑のままの腫れた茎は除いて、たんなるとげや毛にさえなるからである。またそこからウチワサボテンのように平たくなるか、あるいはさらに減退した形でうね状の隆起をつけることもある。

ほかにも多くの形式がわれわれを引き付ける。世界中で進化する植物の一生は、変化のダンスにおいて、また同じ強烈で劇的な対照性において、プロテウスさながらである。

サボテンの形状が柱のような不動の立木状態になるか、それとも岩の上に石のように横たわるか（時には、精査によってようやく岩と見分けがつくほどの擬態ぶり）はさておいて、より湿潤な条件に目を転じてみよう。するとそこには、オジギソウを敏感さの頂点とする多様な植物が見いだされるだろう。こうした植物に関してはボースの長年の研究が役に立つ。この研究で彼は、人間が多少とも知的になって以来、すべての子供たちをとらえてきた驚きを表現し、深めることができた。

多様な植物の中には、顕著な敏感さはほとんどあらわさずに、進化論者にとってはありふれた受動的な形式にとどまる植物がある（今ではボースが見せかけの受動性にすぎないと証明したが）。

植物学用語の迷宮

一方、マイハギのようなさらなる驚異も見いだされる。ベンガルの子供たちは、その植物が手をたたくと移動すると思っている。実際、マイハギは子供のように活発に動く。

その動きはきわめてユニークで、その小葉を信号のように上下させ、健康なかぎり季節を通じて、昼夜をわかたず動くのである。そのとき、もっとも明白な受動性から、どんな動物よりも疲れ知らずで、内発的としか思えない活動が見いだされるのである。

そんなところで先へ進もう。けれども学生の間から質問が上がってきた。

彼らは自分たちは研究生であって、悪い妖術師（洋の東西を問わぬ似たような伝統）に変身させられた詰め込み本というかごの中のオウムではないと思いこんでいた。植物学者の授業は至る所で尋ねられる。どうしてこうなのか。どうしてそうなのか。苗木の新芽はどのように成長したのか、根はどのように降りていくのか。このひっくり返ったやつは、どうやって自らをただすのか。

詰め込まれたオウムの本の回答は、二世紀半前に医学・科学教育のありようを風刺したモリエールの言どおりのものである。

「アヘンはなぜ人を眠らせるか?」

「なぜならそれは催眠性の効力を持っているから」

志願者が答え、それで合格して「名誉賞」をもらう。同様に、地へ向かう根は地へ向かう性質である「屈地性」をもつ。では。新枝はなぜ正反対の方向に登るか? 「負の屈地性」によってである。

確かに科学ではまさにもっとも程度が低い用語が、地球上の生命のもっとも高尚な冒険のために使用されている。

葉の枝はなぜ横に突きだしているのか。「横地性」によって。さらに、葉はどのようにして光に向くのか。「光屈性」、あるいは「屈光性」によって。にもかかわらず時に光に背を向けるのはなぜか。「負の屈光性」によって。などなど……。こうした安易な言い回しは、根が水を求めるための「屈水性」や、水中の根が水流に対して曲がる場合の「水流屈性」も生じさせる。塩に対しては「化学屈性」、巻きひげの接触に対する動きは「接触屈性」である。さらにいっそう武骨な名前もある。

知的活動には、感情的な活動と同様、空疎な言葉、混同、見当ちがいなども含まれている。これらは蓄積されて、ほとんど病と化すおそれがある。

すべての科学には確定的で、正確で、必要十分な専門用語が欠かせないが、科学自身、その命名法の冗舌に苦しめられてきた。中でも顕著な例が、悪名高き植物学である。植物辞典には専門用語が、必要不可欠な種や目に対する組織的な命名はもちろん除外して、およそ一万五千か二万語あるが、その大多数が無効になっている。ところがそうした無効な用語が現代の教科書にさえ、いまだに数多く生き残り、学生たちを困惑させている。またじつに多くが、いまも教授の講義で使われ、しかもきわめて少数とはいえ、教授自身がその多くを使っている例もあるのである。

この命名法を、十分な数を損なうことなく専門的で論理的な最小限まで減らすことは、植物学の一般的な理解のために不可欠であるのみならず、科学の進歩にとって本当に有利になる。

植物の行動には非常に多くの事例や種類があるため、その用語は理解のスピードをはるかに越えて増殖しつづけてきた。すべての皮相的な命名法にもかかわらず、まさに当の命名者によって多くの実験的な努力がなされてきたのは真実である。彼らは現象の基礎となる真の原因を説明し、翻訳し、たとえば、光などのような種々の刺激の効果を観察し、計測しようとした。それでも使用された用語法は不要であるばかりか、まちがっていることも多かった。

プフェッファーはボースが登場するまで、しばしば彼自身の研究と解釈をまじえて文献を要約し、とりあえず明白な現象の分類に役立つので、そうした用語を修正して使ってきた。だが、採用した用語は、それらが暗示する現象の説明にはなっていないと、限界を見通していた。

「器官は向日性の感受性のせいで、照明源に向かって曲がるという場合、われわれはこのような屈曲がなぜ可能なのか、あるいはいかにして作り出されるかを説明しないで、都合よく省略した形で確認された事実を述べているにすぎない」(H・プフェッファー『植物生理学』クラレンドン・プレス 1903, ii, 74)。

こうした立場の不十分さは、プフェッファーの頭脳明晰な翻訳者であるアルフレッド・エワート教授によって認識されている。過剰な命名の反対者でもある教授は、しかるべき一般的批判を行った。

「まちがいのもとは、似ていない反応は必然的にまったく別の形の感受性を示し、それゆえ新しい用語を必要とすると考えることにある。あるいは古典的な用語を与えることによって、現象が単純化されて、理解が容易になると考えることにある」

こうして植物のさまざまな運動の説明にはおびただしい不確実性がひろがっており、ボースによる現象の徹底的な再研究が不可欠なのである。

今や植物の運動は、あらゆる形態の刺激とその反応に対する敏感さに関係づけられた。彼はこれを普通の植物の成長と生活で実証したのである。さらに、すべての植物の反応が、お互い同士だけでなく、一方では無生物の反応と、他方では動物の筋肉や神経の反応と比較して研究される必要がある。

高等動物や人間における神経現象の研究は、長い間、心理生理学者とか、生理学的心理学者の領分とされてきた。もしそれらの生理学的プロセスである有機的基質が、今、植物世界に提示されるなら、心の基本的な担い手の研究は、他生物との比較や進化に対する示唆ともなるだろう。

このようにしてボースは探究範囲を、当初の庭園計画をはるかに越えてひろげている。その展望は予想を越えて深まる一方である。

神経インパルスの二重性

多くの植物の運動例を調べるためにひろげられた庭園を散歩しながら、ボースに発見と解釈のあらましを生き生きと語ってもらおう（幸いにもこれはたやすい。ボースのテーマについて熟知し、説明をいとわない者は本人以外にいない）。

まずは彼が長らく愛してきたオジギソウとともに始めるのが最善である。手始めはその「形式と運動」を観察するところから。

すると腫れた葉脚、すなわち「葉枕」から上昇する長い葉茎、「葉柄」に気づく。まもなくそれが主要な感覚器官であり、とくに下の面に対して敏感なこと、また葉が垂れ下がるときの旋回軸であることもわかる。次に、葉茎の末端には四つの副葉枕があり、それぞれ小葉の羽状複葉をつけ、各小葉はその腫れた基部にある小葉枕で支えられている。自ら興奮するときも、主葉が垂れ下がるときも、小葉は上への動きを示す。小葉枕の感受性は、おおむね、主葉枕とは逆に、上の面に対して認められる。

逆方向に上下するこれら二つの運動のほかに、四枚の主葉を支える副葉枕が、さらに異なるふるまいをするのが見られる。わずかな垂れ下がりでも、その運動は四つの副葉枕を通常の位置から動かして、ほとんど密集させる。明らかにそのつど感受性が、左右どちらかに傾くのである。

三次元的な対照をもつ、すばらしい葉のメカニズム。とはいえ、これも結局われわれの構造のアナロジーなのだが。一枚の葉を垂れ下がらせて残り全部を休ませたり、一枚の小葉をかき回して葉全体を垂れ下がらせたり、さらにすべての葉を垂れ下がらせるなど、オジギソウの葉の敏感な働きはさまざまに見られた。こうして、どの方向にもインパルスを伝えられることが明らかにされた。今やさらにすばらしい観察と実験、そして解釈に取り組む準備が整った。

最初は、教科書にまだ生き残っている古い説明である。植物の刺激伝達について流体力学理論で説明したプフェッファーや、顕微鏡による植物組織の機能解析と応用の第一人者ハーベルラントは、オジギソウの葉の垂れ下がりについて、生理学者の間でかなり一般的に受け入れられている説明を行ってきた。しかし、その内容はあまりに単純なものだった。

プフェッファーはオジギソウの葉枕をインドゴムノキのチューブと比較した。チューブに水を満たして両端をしっかり縛ると、腫れによる一定の流体静力学的圧力をもつ。そして一端をひねると圧力が増大し、チューブに沿った波動として伝わってゆく。

この対照的な刺激伝達の解釈は注目に値する。

① 流体力学の問題としたこれまでのたいていの植物生理学者。

② 「興奮性」の問題としたボース。

本質的に生理学の見地を取ったのはわれらが生理学者であり、生理学者はそれを見失っていたのである。理由は生理学者たちに解剖学的な思考がなかったからにほかならない。彼らの剖検では、動物の神経組織のようなめだつ神経組織がなにも見つからなかったので、そこには神経はありえないとされたのである。

ところが、えらなしに呼吸し、胃なしに消化し、筋肉なしに運動をあらわす生きた原形質の生理学に関する彼ら自身の基本的な経験と概念に照らしさえすれば、高度に発達した神経系なしで興奮が伝達される可能性を理解しただろう。さらにいえば、植物細胞が相互に密接な関係をもつことは、顕微鏡使用者には長いあいだ知られていた。これは多くの細胞組織のみならず、維管束においてはとりわけ明らかだった。そこには興奮を伝える原形質の連続性があり、伝達力を想定することは不当でなかった。

ラボアジエは生物における呼吸プロセスの原理の普遍性を把握すると同時に、大胆にもそれをゆっくりとした錆から活発な燃焼までの無機物の酸化プロセスに関連づけた。

ボースも同様に、高度に進化した動物の筋肉と神経についての概念を、より単純ながらよく似た植物の収縮性細胞と伝達組織に拡張し、植物の感受性と興奮の伝わり方には、動物と似たところがあることを証明したのである。

植物の興奮の伝達に関するボースの研究は今や完全に受け入れられ、その結論は王立協会の『哲学紀要』に発表されている(「オジギソウの興奮の伝達速度の自動的調査方法について」1、『哲学紀要』Vol. 204)。この論文でボースは、想定どおり、伝達は流体力学的ではないことを証明できた。そのインパルスは、機械的擾乱がまったくなくても開始可能であることを明らかにしたからである。動物における神経インパルスの特徴はすべて、対応する植物のインパルスにあらわれることが証明された。どちらにおいても温度の上昇によって速度が速まり、下降によって遅滞または阻止が引き起こされる。麻酔剤と毒は同じようにインパルスを阻むのである。

新しい理論の決定的なテスト方法は、未知の現象の予測力にある。ボースが予測した動物の神経インパルスの意外な特徴が実証されたのは、最近のことである。彼が発見したのは、植物の神経インパルスが二重の性格をもつこと、つまり、正負の作用をともなうということだった。運動能力のある葉の拡張と直立性の運動を引き起こすのを正の作用とすれば、負の作用は葉の収縮と下方への運動を引き起こす。

ボースが目下取り組んでいる研究は、動物の神経インパルスも二重の性格を示す可能性を示唆しているように思われる。さらに重要度が高いのは、ボースが植物の研究から手がかりをえた神経インパルスの制御の可能性である。彼は神経に二つの反対の「分子の傾向」を思うままに授けることができた。神経インパルスを高める設定も、逆に遅滞させたり阻止したりする設定も可能だった。

次章では、こうした成果の重要性についてあれこれ思案するであろう。

第13章 あなどれない植物たち

植物と動物に設けられていた区別、すなわち植物には動物の神経に類似したいかなる伝導組織もないという区別は、ボースの研究によって根拠がないことが判明した。にもかかわらず、植物の感受性は非常に低級なものであると強調されがちだった。ボースは決してそれが事実と一致しないことの証明に取りかかった。

人間の舌先より敏感な植物

電流の認識に関してもっとも敏感な器官は人間の舌先である。ヨーロッパ人の舌は六マイクロアンペア（一〇〇万分の六アンペア）程度の微弱な電流を検出することができる。しかしながら、ボースの学生はわずか四・五マイクロアンペアの電流を検出できたから、より高い感受性の持ち主ということになる。

このとても敏感な舌は、カタバミの神経過敏な小葉の好敵手になった。舌と小葉に微弱な電流を通してみると、一・五マイクロアンペアに達したところで小葉が反応して震えた。これに対して、過大評価されていた舌は、電流をその三倍にしたところでようやく認知できた。かくしてこの試験によって、植物はヒンドゥ教徒より三倍敏感で、ヨーロッパ人より四倍敏感だとわかったのである。

ひとつの記録がすでに第10章(図15)で与えられている。それは植物が、人間の観察者にはほとんど気づかれない日光のわずかな減少によって、意気消沈することを示している。

ボースは植物の成長が、人間の認識限界を下まわる環境変化の影響をこうむることを突き止めた。この新たな研究対象に取り組むためには、前回以上に高感度の新型装置を開発する必要があった。彼はこの課題を、微細な成長速度まで計測できる高倍率の磁気クレスコグラフで解決した。外来刺激の影響を確認するため、最初は標準速度で計測した後、刺激に誘発された速度の変化を計測した。植物を鼓舞するにせよ、消沈させるにせよ、刺激の影響は、この二つの事例の差を計算すれば求められる。

平衡型クレスコグラフの発明

ボースはここで計算時間とその結果生じる損失を排除したいと望んだ。そこで成長に作用する加速または遅延効果を、表示器の上下動によって簡単に示せる新方式の考案に取り組んだ。

まず望まれるのは、何らかの調整装置によって成長の上昇運動を補正する方法だった。しかしこれが難題だった。成長する植物の先端が上昇する速度で、正確に下降させなければならないからである。

地球の自転運動の影響を無化する天体望遠鏡の補正運動のような、何らかの調整器が必要だったが、ボースが直面した困難ははるかに深刻だった。種々の植物の成長速度を、しかも同一植物ですら異なる条件下で調整する必要があったからである。

この難題をみごとに解決したのが、彼の平衡型クレスコグラフ(図19)だった。この装置では、時計歯車の列が錘りの落下によって回転しはじめ、植物の成長と正確に同じ速度で植物を低下させる。正確な調整をえるためには、ねじを徐々に左右に回して、低下速度を遅らせるか速めるかすればよい。こうして成長率は正確に補正されるようになり、レコーダーは今度は上昇曲線の代わりに、水平線上に打点するようになった。

平衡型クレスコグラフの調整ねじの回転は、回転目盛り(図には示されていない)に対する表示も段階的に調

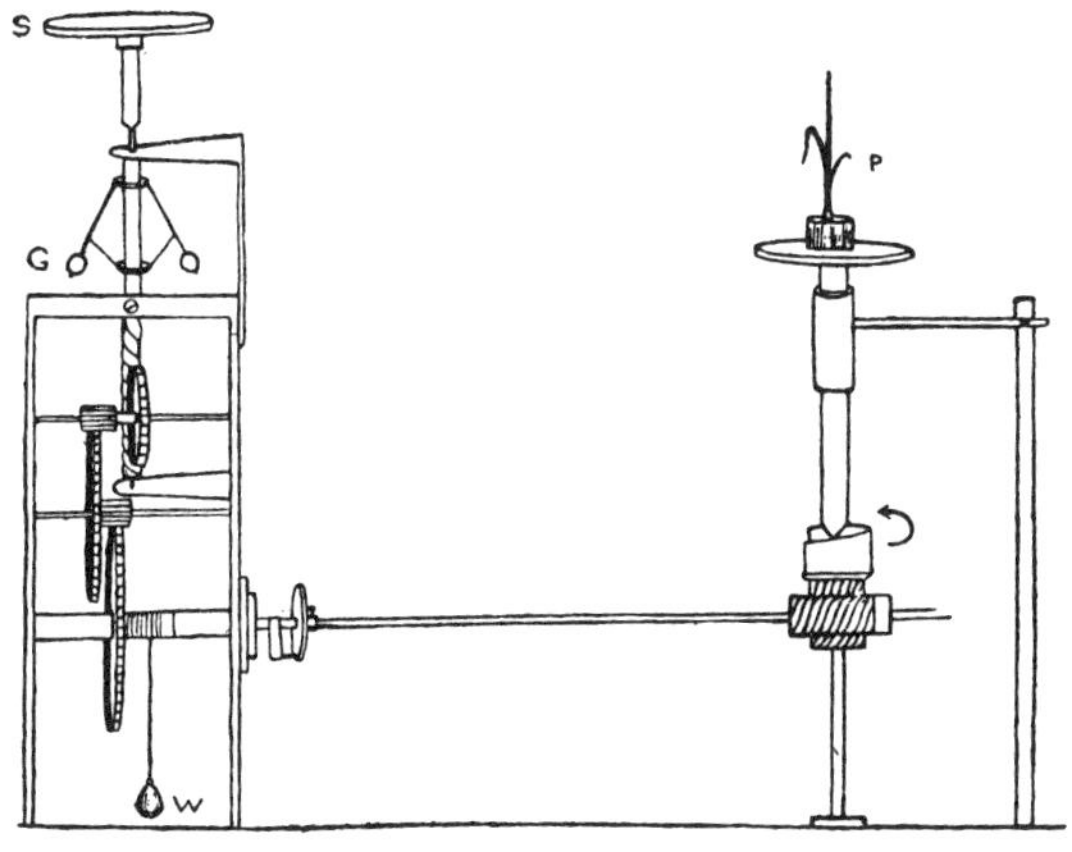

図19｜平衡型クレスコグラフ
植物(Ⓟ)を収納する容器の均等な沈下による成長運動の補正。調整器(Ⓖ)の速度を調整する調整ねじ(Ⓢ)。ゼンマイ仕掛けを始動させる錘り(Ⓦ)。

整できるので、植物のその時点での成長率を即座に読み取ることができる。平衡状態になると、記録装置はきわめて高感度になった。どんなにわずかな環境変化でも、ただちにバランスが崩れ、上昇曲線もしくは下降曲線として示された。この方法は超高感度で、毎秒一五億分の一インチ程度の極微な成長率の変化を検出することができた。

その精密さを例証するのが、成長における炭酸ガスの影響の記録（図20）である。炭酸ガスをビンに満たして、植物の上に空ける。すると見えないガスは自らの重量で気流状に落下して、植物を取り囲む。この記録は、ガスが植物の成長を二分半にわたって加速したことを示している。初期加速に続いて下降曲線で示されるような成長の阻止があらわれた。薄められた炭酸ガスでは、加速は一時間かそれ以上持続するだろう。このように平衡型クレスコグラフは、われわれに薬品の有益な効果を示すだけではなく、効果を長びかせる投与量も教えてくれるのである。

植物はきわめて動きが鈍く、しかもかなり長時間刺激されないと動きを認知できないとされ、屈地性の刺激の認識に関してもこう思われている。

「迅速に反応する器官ですら、水平に置かれた器官が目立った屈曲を示すまでに、つねにおよそ一時間から一時間半かかる。この潜在期間は他の事例では数時間に延長されるかもしれない（ヨースト）」

ボースは屈地性を認識するまでの潜在時間が、多くの場合わずか一秒にしかすぎないことを発見した。光の認識に関しては、効果的な露光には少なくとも七分間が必要と考えられてきた。ボースはその超高感度の装置で、ごく短時間の光刺激に反応する植物の能力について研究した。人間には、一回の稲妻の閃光ほどの短時間の現象はほとんど把握できない。

ボースは今度は平衡型クレスコグラフで、成長する植物に稲妻の人工的な閃光、すなわち、二つの金属球間の電気火花が放射した光を浴びせてみた。植物の自動記録のバランスの乱れから明らかなように、植物は信じられないほどの短時間でこの光を認知した。

無線に対する反応

植物が認知できる瞬間的刺激についてはこのくらいにして、次は、その認識範囲である。

ボースは無線の刺激による植物の反応について驚くべき発見を成しとげ、科学界にセンセーションを巻き起こした。この発見についての最良の説明は、『ボース研究所紀要』の第二巻と、『ネイチャー』誌への書簡からとられたボース自身の言葉である。

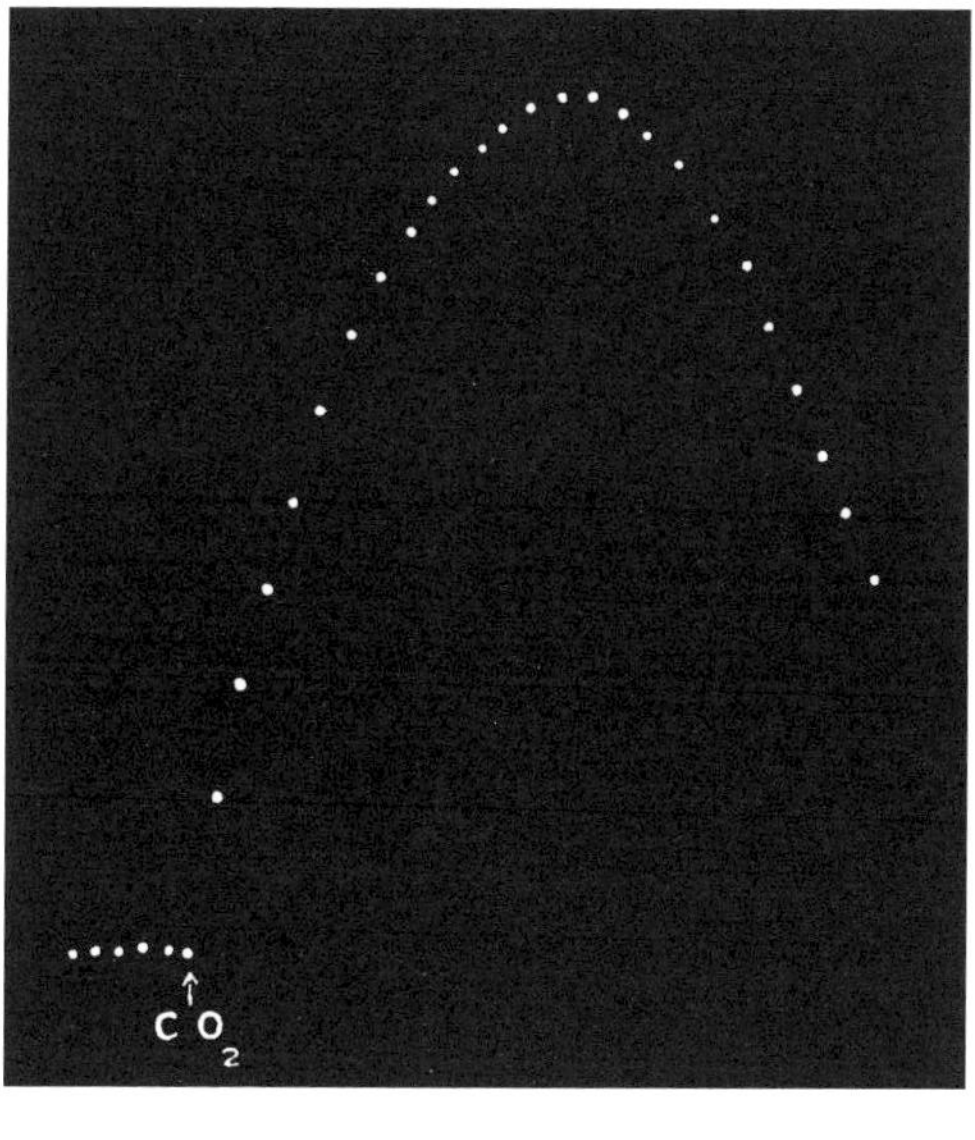

図20｜成長に対する炭酸ガスの効果
最初の水平線はバランスがとれた成長を示す。炭酸ガスにより成長カーブは上昇し、次に消沈して下降する。連続点の間隔は10秒である。

成長する植物は光の来る方向に折れ曲がる。この反応行動は主茎だけでなく、枝や葉や小葉においてもあてはまり、「屈光性」と名づけられている。成長じたいも光の動きによって修正される。すなわち、光の強さしだいで二つの異なった影響が生み出される。強い光の刺激は成長率の減少を引き起こし、きわめて微弱な場合は成長の加速を誘発する。

屈光性は光のスペクトルのうち、きわめて波長の短い紫外線領域で非常に強くなる。けれども波長が長く、屈折率の小さい黄や赤の光に接近するにつれて、効果は減少し、ほとんどゼロになる。さらに赤外線の領域に進むと、私が生み出せた最短の波（〇・六センチメートル）から一マイルまで、さまざまな電気放射の広大な周波数帯域に遭遇する。

こうして植物は長いエーテル波を認知し、反応するのかというきわめて興味深い問題が生ずる。この問題にはその反応が宇宙信号に使われうるのかという問いも含まれる。

屈光性にもっとも効果的な光線が、波長約 20×10^{-6} センチメートルの紫外線領域の光線であるというのは、意外に思われるだろう。無線信号に使われる電波の波長は、その五千万倍も長い。

われわれの網膜の知覚力は、波長 70×10^{-6} センチと 35×10^{-6} センチの間という非常に狭い一オクターブ内に限定される。植物が［紫外線から］可視光、不可視の電波まで、放射をそれほど広い範囲で認知できるとは想像しがたい。けれどもこのテーマは、植物への放射がおよぼす総体的影響を考えた場合には、また違った様相を見せる。

光は外来的と内在的とに大別される二つの異なる効果を誘発する。前者は運動として目に見える。

後者は外にはあらわれないが、「上昇」、すなわち位置エネルギーの増大に付随して起こる同化型の化学変化からなる。したがって、二つの効果のうち、一方は異化型の「下降」をともなう活動的な反応となり、もう一方は、反対の「上昇」の化学変化と協調する潜在的な反応となるのである。

実際には二つの反応は同時に起こっている。けれども特定の条件下でどちらか一方が優勢になるのである。変化の条件は光の性質による。これに対する参照1として、プフェッファーから次の言葉を引用する。

「これまで知られているように、種々の光スペクトルの作用は、成長による膨圧変化によって生み出された傾光性の運動と同様、向日性と走光性の運動、原形質流動と葉緑体の運動に関して類似の曲線を生じさせる。これに対して、光合成を活性化するのは、より屈折率の小さい光線である」

このように活動的な反応と潜在的な反応とは互いに補完し合うが、その光線に誘発される光合成は、あまり屈性に影響をおよぼさない。逆もまた同様である。電波の作用に戻れば、電波は光合成になにも影響をおよぼさないので、反対に屈性を誘発するかもしれない。一四年前、こう考えて私はこの研究テーマに導かれ、非常に短い電波が成長速度の遅れを誘発することを証明できた。

オジギソウが過敏な状態にある場合には、短波によってその葉に反応運動を引き起こすことができる。短波のエネルギーはごく微弱で、距離によって大きく減衰する。それゆえ過敏な状態にある植物を使う必要があるのである。私がこの主題に関する研究を再開したのは今年の始めだった。一般に植物が遠距離からの長いエーテル波を認知し、反応するかどうかを知りたかったからである。そのためには無線刺激の認知について、過敏な植物の反応運動によってのみならず、あらゆる種類の植物の多様な反応で試験しなければならなかった。

◉**無線システム**——無線信号を送る強力な手段が利用できなかったため、次の配列で間に合わせなければならなかった。中程度の大きさのルームコルフ・コイルの二次電極は、それぞれ長さ二〇センチの二つの真鍮製のシリンダーと接続されていた。火花はシリンダーとつながっている二つの小さな鋼鉄球の間に発生した。二つのシリンダーのひとつは接地され、もうひとつは高さ一〇メートルの［送信］アンテナに接続されていた。

受信アンテナも高さ一〇メートルあった。その低い方の電極は研究所内に引き込まれ、細い電線で成長する実験植物に接続され、その植物を入れたポットは接地《アース》されていた。

送信アンテナと受信アンテナの距離はおよそ二〇〇メートル。最大距離は研究所の敷地に制限された。ここで上記に言及した配置で、無線インパルスに対するまさに確定的な機械的反応と電気的反応を入手したといえるだろう。機械的反応のためにはオジギソウを採用した。電気的反応については、普通に敏感なすべての植物で検出された。

◉**成長における無線の刺激効果**——成長の変化を発見するためには、きわめて鋭敏な平衡型クレスコグラフを考案する必要があった。この装置では、植物の位置をその成長の伸びと正確に同じ速度で低下させることにより、補正でき、植物の先端を同じ位置にとどめることができる。

この完璧なバランスを達成したのは、可変的な調整器である。植物に取り付けられた複合的な拡大レバーが成長の運動を記録する。正確なバランスの下ではその記録は水平になる。成長の加速が誘発されると、バランスが崩れ、下降記録を生じさせる。他方、遅れが誘発されると、バランスは反対方向に崩れ、上昇曲線をもたらすのである。

上記（図21）で与えられた結果は、成長している植物がたんに電波の刺激を認知するだけでなく、反応することも示している。こうした効果はすべての成長している植物に見いだされた。上記の記録は小麦の苗木によってえられたものである。

◉**微弱な刺激作用**――最初は微弱な刺激の効果について研究した。この刺激は、ラジエーターの火花のエネルギーを減少させることによって確保された。その反応は、図21ⓐに見られるような成長率の加速だった。これは必要最小限未

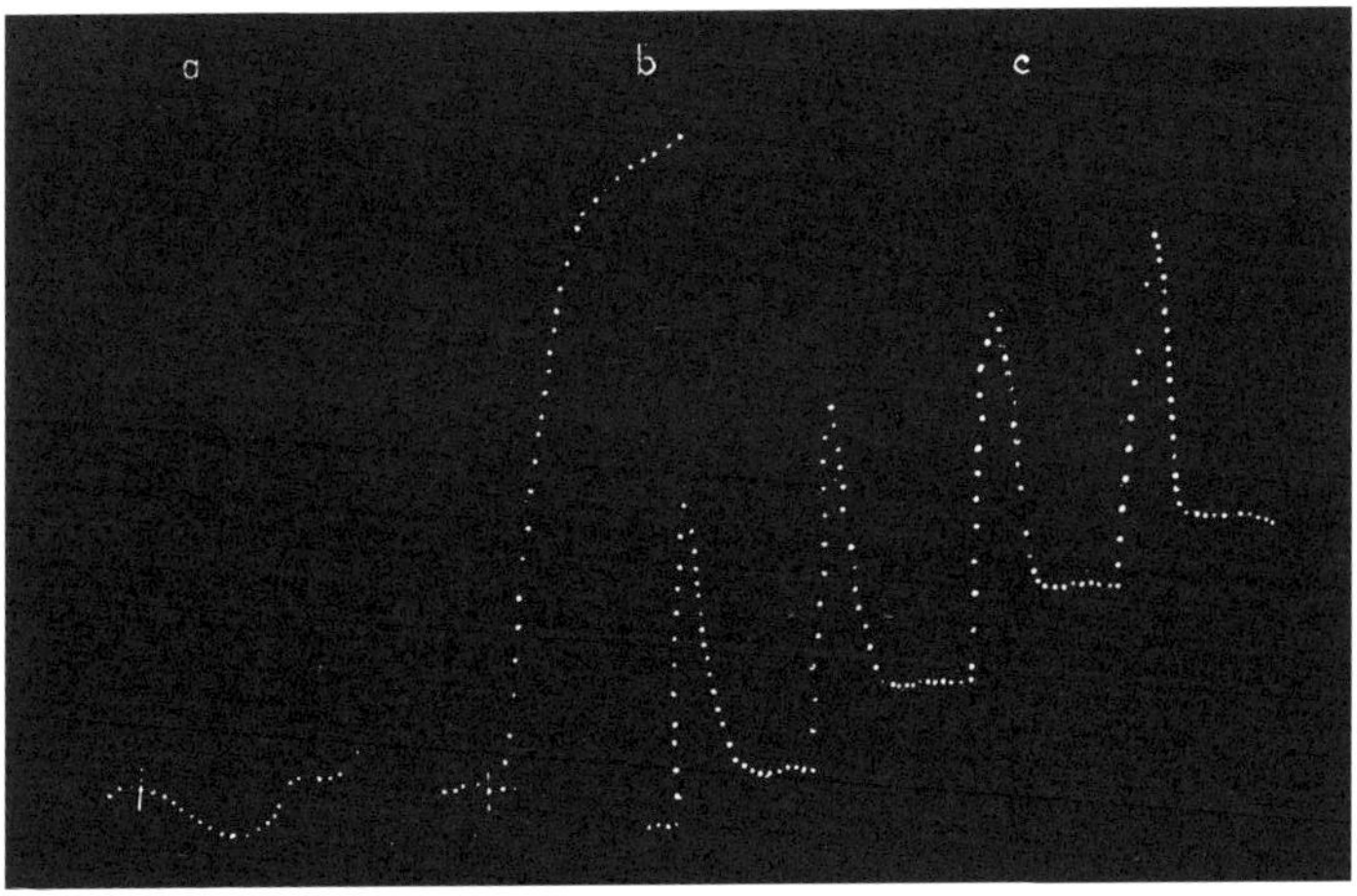

図21｜無線刺激に対する植物の反応記録
ⓐ：微弱な刺激による成長の加速。ⓑ：強い刺激による成長の阻止。ⓒ：中間の刺激による阻止に続く回復。下降曲線は成長（小麦の苗木）の加速、上昇曲線は阻止をあらわす。

満の強さの光刺激がもたらす加速効果に類似している。

◉強い刺激の効果——前述のように、私の送信機によって放射された最大のエネルギーは中程度にすぎなかったが、植物に対する効果は非常に顕著にあらわれた。バランスはすぐに乱れ、成長率（図21・ⓑ）の遅れを示した。潜在期間、すなわち入射した波と反応の間隔はほんの数秒にすぎなかった。

図にあらわれた記録は、二千倍という中程度の拡大にすぎない。けれども私の磁気クレスコグラフを使えば、倍率はたやすく一千万倍に引き上げられるので、宇宙信号に対する植物の反応を調べるにも有効であろう。

必要最小限よりわずかに強い刺激による反応では、図21ⓒに見られるように、成長の遅れとそれに続く速やかな回復が見られた。植物の知覚範囲はわれわれよりはるかに広い。植物はたんに膨大なエーテル・スペクトルの種々の光線を認知するだけでなく、反応さえするのである。

これは仰天すべき意外な事実であり、今まで人間と動物が当然と思っていた「植物仲間」に対する侮りと優越意識が、精密な試験に耐えないことを示すものである。

第14章 屈性

巻く、光に向かう、天をめざす

さて、環境のさまざま刺激に反応する植物の種々の屈性について言及しよう。刺激による運動の主なものには、以下のようなものがある。

① 巻きひげを支えの周りに巻きつかせる接触刺激による運動。
② 植物器官を近づけたり遠ざけたりする、光による運動。
③ 芽を上方へ、根を下方へと反対方向に向かわせる重力による運動。

昼夜の循環に関連づけられる複雑な運動はこの他にもいろいろある。それらは矛盾していて、一貫した説明が可能とは思われず、運動ごとに未知の特殊な感受性が想定された。正の敏感さをもつ器官は刺激に近づき、負の敏感さをもつ器官は遠ざかるというわけである。

しかしながら、このような間に合わせでは、現象を真に説明したことにはならない。さらに特殊な感受性という発想は、刺激しつづけると、器官は最初刺激に向かって移動し、その後遠ざかるという事例を見いだすと、まったく支持できなくなる。同一の器官が正と負の感受性を両有しえないのは明らかだからである。

ボースは何年ものあいだ、きわめて多様な現象の基礎にあるなんらかの基本的な反応を見いだそうとしてきた。刺激に応える特有の反応とはなにか、刺激を起こす外部作用とはなにか。

「刺激」という用語はあいまいで不明瞭な意味で使われることが多く、植物生理学に多くの混乱をもたらしてきた。たとえば光と温かさは、どちらも刺激とされてきた。ボースは、同じ刺激が互いに正反対の生理学的結果をもたらすことを証明したのである。

彼は長期にわたる一連の実験を遂行し、刺激を引き起こす要素を分類できるようになった。これによって、一般的に、動物の筋肉に収縮性の痙攣をもたらす外部作用が、植物組織にも同様の作用を引き起こすことを証明した。この結果、植物組織の興奮を引き起こす刺激方法として、次のような方法が発見された。

ⓐ 機械的（接触、摩擦、刺し傷、すなわち負傷）。

ⓑ 放射的（可視光、放射熱、電波を含めた全エーテル・スペクトル）。

ⓒ 電気的（電流を通すか遮断するか。誘導ショックとコンデンサー放電）。
特定の化学薬品も刺激の役割を果たす。

ボースが確立した最初のすばらしい一般化は、こうした「機械的、放射的、電気的刺激を組織に直接与えると、類似した生理学的な収縮反応が起こる」ということだった。

次に示したのは、刺激による興奮が局所にとどまるか、特定の組織の伝導力によって遠方に伝えられるかだった。この点に関しては、良導体から、半導体、不導体にいたる無数の階調がある。

ボースは高い伝導力と運動性をそなえた葉枕を有する植物の典型として、敏感なオジギソウのあらゆる刺激と反応を調べ、植物の敏感さを実証した。

表面に比べて八〇倍敏感な裏面の敏感さの計測法を提示し、同じく通常は毎秒三〇ミリメートルの葉柄からの興奮伝導速度の決定法を示した。この速度は高等動物の神経よりは劣っているが、ムール貝のような低級動物よりは上で、ここに、ボースと助手たちは研究用の葉柄・葉枕の解剖方法のヒントを見いだした。

この方法は、カエルの筋肉と神経の生理学者が長年なじんできたような明確さと完全さをそなえ、しかも彼の現在の装置を使えば、より実質的な探究が可能なのである（『ボース研究所紀要』第一巻 1918）。

彼はオジギソウでは、茎の横方向の伝導力が縦方向の四〇〇分の一にすぎないことを証明した。

次は伝導力がきわめて微弱な組織の例である。この場合、直接刺激によって引き起こされた収縮は局所的なものにとどまるが、離れたところに非常に注目すべき反応が生み出される。この反応は、直接刺激とは正反対の性格をもち、「間接的な」刺激効果として識別される。「直接刺激」の効果は、反応表面にただちに適用され、膨圧の減少、収縮、そして検流計に負の電気的変動をあらわす。一方、「間接刺激」の効果は、膨圧の増大、膨張と正の電気的兆候をあらわすのである。

今まで思いも寄らなかったこの間接刺激効果の発見は、ボースのもっとも遠大な成果のひとつである。植物の反応運動の見かけ上の矛盾の多くが、長いあいだ知られなかったこの非常に重要な要因に帰せられることが証明されたからである。

次は植物運動の理解に対するボースの特別な貢献に進んでよいだろう。彼は成長中、非成長中のすべての植物器官における反応の統一を確立した。これはきわめて重要な一般化である。とりわけ重要なのが、実験的に解決した、成長している器官の反応はオジギソウの葉枕の反応に似ているという観点である。

ボースは成長に対するあらゆる刺激の効果を記録して、直接刺激が成長を管理すること、すなわち「初期」収縮を引き起こすことを示した。刺激の強さが増すと、その効果は実際の収縮で停止する。これは正確に直接的に刺激された葉枕の収縮と平行している。

彼が次に実証したのは、（成長の応答部位から若干距離をおいて適用される）間接刺激の影響である。その刺激は成長率の増大と加速を引き起こす。直接刺激と間接刺激の正反対の効果は図22に示される（ⓐ・ⓑ）。こうして彼は直接、間接の刺激効果に関する次の法則を確立する。

直接刺激は収縮を誘発し、間接刺激は反対に膨張効果を引き起こす。

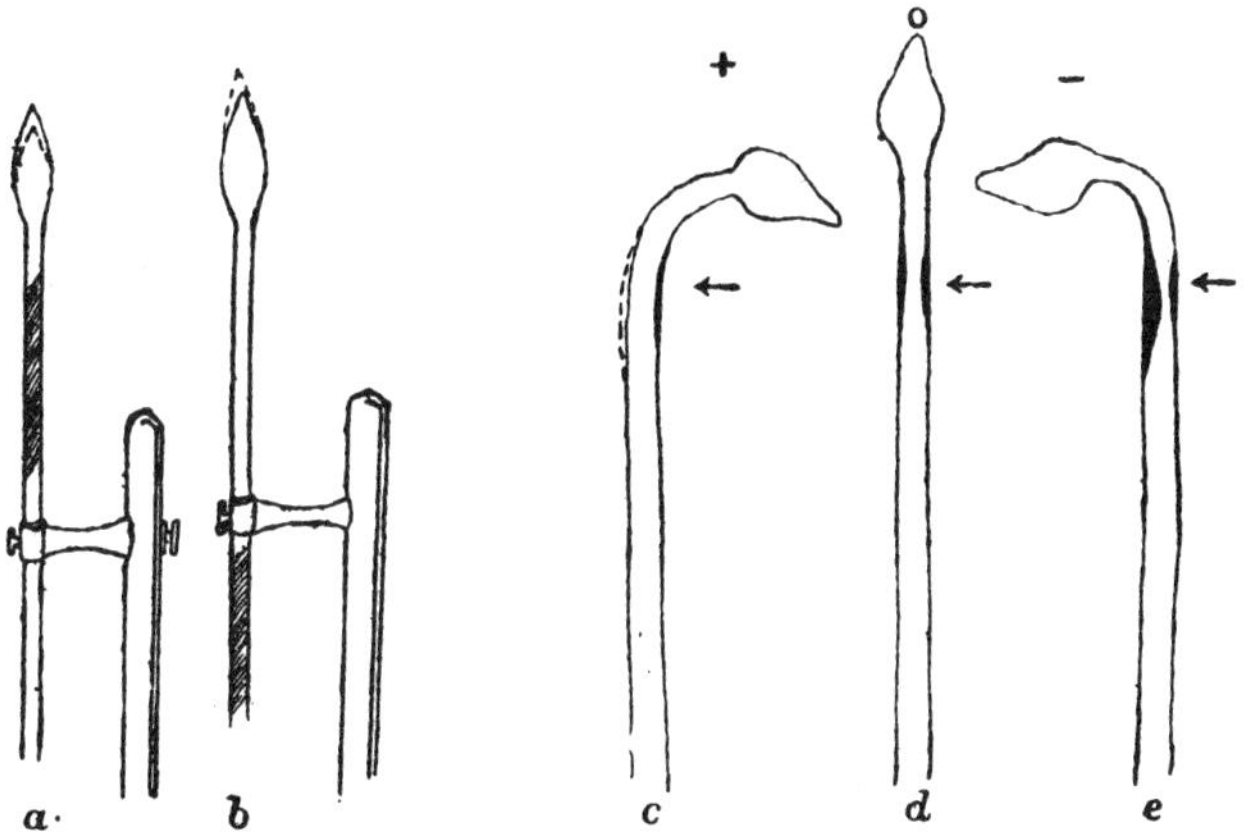

図22｜直接刺激と間接刺激の結果
ⓐ：成長部位への直接刺激は、成長の遅れまたは収縮（点線）を誘発する。以下刺激部位は影によってあらわされている。
ⓑ：間接的（成長部位から若干の距離における）刺激は、成長と膨張を加速する。
ⓒ：器官の右側への刺激は、その側面の収縮と反対側の膨張を引き起こして、刺激をめざす正の屈曲をもたらす。
ⓓ：反対側に伝導された興奮は中和を引き起こす。
ⓔ：強い刺激によって引き起こされた興奮が横断して伝わり、標準的な屈曲を負の屈曲に逆転させる。すなわち刺激から遠ざかる。

刺激が器官の一方の側に作用すると、同じ法則が他方にも適用される。どんな種類の刺激でも右側(図22・ⓒ)に作用すると、直接刺激された右側は収縮し、間接刺激された反対側、すなわち左側は、結果的に刺激に向かう屈性を示しながら膨張する。実験的に示されるこれらの基本反応から、ボースはさまざまな環境の力によって引き起こされる多様な運動を説明する。

かくして彼の巻きひげの運動の説明に導かれる。その運動は枝のようなものか。すなわち最初一様で、それから放射状になるのか。それとも、初めから葉、小葉あるいは托葉など〔表裏の区別のある〕両面葉のようなもので、それから巻きひげに発達したものなのか。

これらすべてで間接・直接刺激に対する同一の反応があらわれる。それゆえ、巻きひげをこすると、直接刺激の方向に縮む。したがってその有効な巻き方向は、二者択一の自然淘汰における特別な驚異ではなく、すべからく反応の性質によるのである(もちろん淘汰主義者は、その後に特別で有用な発達を強調するだろうが)。この単純なとっかかりを糸口にして、すべての巻きひげの行動が詳細に解ける可能性がある。

次に、窓辺で成長する植物を見れば、植物成長の向光性の運動についても、大体理解されるだろう。光は茎と葉茎に対して、巻きひげに対する支えの接触刺激とまったく同じように作用するからである。

この場合も、直接刺激された側は収縮し、反対側は膨張するので、芽は光の来る方向に曲がる。光が非常に強く持続する場合には、過度に興奮した植物器官は方向を変えはじめるだろう。この効果はどのようにもたらされるのか。ボースの実験は強い興奮が茎と葉柄に浸透し、横断して、反対側の収縮を引き起こすことによってそれ以前の屈曲を打ち消すことを示している(図22・ⓓ)。

さて器官は光に対して直角をなすように自身の位置を定める。この特定の反応は「垂直光屈性」と呼ばれた。ある事例では、器官を横断する伝導力はかなりのものである。この結果、刺激が強化されて、遠い側の収縮は増大する一方、近い側の収縮は過度の興奮による疲労のために減少するのである。これによって器官は光から遠ざかって折れ曲がる。すなわち負の光屈性を示す(図22・ⓔ)。

器官の片側が反対側より興奮しやすい場合には、こうした効果は強調される。けれどもボースの自動記録装置でえられた図によれば、どの場合でも、その運動は初め光に向かい、それから中和され、最終的に光から遠ざかるのである。

こうした連続的な反応によって、正の向日性と負の向日性というような特別な感受性が存在するという仮定は、正当ではないことが実証されるのである。光刺激の二重効果をこのように理解することによって、光を受け取る葉の調節も(上記の庭で注目した光の過剰から逃れるための調節もふくめ)解明されるだろう。なぜならわれわれは今や、葉の器官が光に垂直に置かれた場合のように、葉の調節をになう葉枕の敏感な表面の一定のねじれさえ、多かれ少なかれ、さまざまな影響を受ける可能性を理解したからである。

かくして、こうした共通の事象に対して、慣れ親しんだ便宜主義的な解釈の背後にある単純で統一的でダイナミックな説明がえられたことになる。

けれども植物学者の頭を悩ますさらに困難な事例がある。

芽と根はなぜ正反対をめざすのか

インドでよく見られるクレソンは冬には光に向き、夏には光に背く。ボースは植物「神経」の興奮の伝導が、動物のように気温の上昇によって高まり、下降によって低下することを実証する。興奮伝導は、夏には高温によって強化されるのである。この夏季の興奮は、茎の向こう側にすばやく伝えられ、冬季に見られる正の屈曲を逆転する。日変化、季節、気候などの要素が、反応をどのように修正する可能性があるかはこれで理解できるだろう。次は説明困難で、ほとんど克服不可能な「正と負の屈地性」に移ろう。

もっとも若い苗木から高木まで、芽は上方に向かい、根は下降する。横に寝かせられたり、裏返されたりした植物は、自らをただそうと、芽や根の向きを変えはじめる。

芽の復元が非常にはっきり見られるのは、雨中に「横たえられた」トウモロコシである。雨中でその節はすぐに成長活動を回復し、改めて芽を起立させる。本来、有機体は磁石と同じような両極性を確実に備えているのである。

この特有の行動にみられるとおり、重力は明らかに生体が自己調節しなければならない外来要因となる。それでも、この生体と環境との共同調節をいかに理解するかは、長い間、植物学者にとっては難題だった。最初は下降する根はその重量で沈下しているだけだろうと考えられた。けれども根の先に水銀入りのたらいを設置すると、根はこの強力な抵抗を押しのけて下降していった。もちろん受動的な運動なら、水銀に浮かんだことだろう。

さらに、なぜ芽は重力に抗して何十、いや何百フィートもそびえ立つことができるのか。そして同じ重力刺激がどのようにして正反対の効果を生み出すことができるのか。これらのもっとも難しい問題を解決するために、ボースは次のような研究テーマに着手した。

① 重力の刺激による反応運動のメカニズムは何か。
② 刺激を認知して、感覚器の役割を果たす特定の細胞層はどれか。
③ 芽と根で反応が反対になる理由は何か。

これらは、極度の精密さと信頼性をそなえた新しい研究方法の発明を必要とした。とくに言及したいのは、地球電気的な反応法と、電気プローブを使った地球認知層の特定である。以下にその方法と応用について言及しよう。

水平に置かれた茎が上方へ屈曲する仕組みに関しては、下面の膨張か上面の収縮に帰せられるだろう。どちらかを決定するための実験は考案されていなかったが、一般的には前者によるとされていた。つまり、ボースの実験は明らかに異例だった。それは直接刺激は収縮を、間接刺激は膨張を誘発することを示したのである。この問題を決定的に試験するため、ボースは横たえられた茎の上面が受動的なままか、それとも活発な興奮状態にあるかを調べるきわめて精巧な電気的方法を考案した。

彼は以前の『比較電気生理学』の研究で、植物組織中の興奮状態は二つの反応、すなわち収縮と負の電気的変化によって示されることを実証していた。組織のあらゆる個所の興奮状態は、検流計を使えば最大の確実さで検出できるのである。

ボースは茎の二つの側面を検流計に接続した。茎を垂直から水平に倒すと、上面が興奮状態になったことを示す明白な兆候があらわれた。この電気的反応は、茎が倒れるにつれて増大することが判明した。こうした上面の興奮は収縮をもたらして、茎に上方に向かう屈地性をもたらすのである。

植物はどこで重力を感知するのか

次の難題は植物に垂直方向を認知させ、それに応じた運動を可能にする感覚器官に関するものである。

われわれは重力の方向を知るのに、下げ振り糸を使うが、自身の宇宙における方向付けについては、これまでのところ内耳と協調する三半規管に依存していると解釈されている。人間の体位変化に応じて、そこに含まれる液体の重力効果と、その運動による流れや圧力の変化を通して機能すると。体の比重が生息環境の水とほぼ同じ水棲動物では、魚の大きな耳石や、ロブスターの耳にある触覚の毛と入り混じった砂粒のように、重い固形物が利用可能になる。

動物が固形粒子の下方への刺激によって方向づけられるのなら、植物にも同様なしくみが考えられないだろうか。デンプン、タンパクといった固い顆粒は多くの植物細胞でいくらでも見つかる。こうした顆粒が同様の作用を原形質におよぼすことで、耳石の役目を果たせないだろうか。

穀物デンプン層は植物の顕微鏡用切片で特定された。その分布の解剖学的考察から、ノル、ハーベルラント、ニェメッツらによる巧妙な耳石理論が提唱された。

しかしながら、地球認知層を特定するために必要なのは、垂直位置を乱されると正しく屈地性を示す植物の生理学的な反応を、直接調べることである。ボースは植物内部を探索し、そのさまざまな層の興奮状態を発見できるまったく独自の電気プローブ装置の開発を成しとげた。

茎の縦断面のGとG′が重力刺激を認識する細胞層であると仮定しよう（図23）。屈地性の刺激は茎が垂直な状態にある限りは存在しないが、傾斜するにつれて引き起こされるだろう。

ボースの電気プローブは、ガラス細管で囲まれ、最先端以外は電気的に絶縁されたきわめて細いプラチナ線でできている。検流計に適切に接続されたプローブが、ゆっくりと茎に刺し入れられ、茎を貫いていくと、検流計はその偏差によって器官の全細胞層の刺激状態を示すだろう。

茎を縦に保持しながら、ボースはその探査プローブを徐々に刺し込んでいったが、局部的な興奮の兆候は見つからなかった。プローブ自身の通過がわずかな刺激を引き起こすのは確かだが、これはプローブを鋭利にして、非常にゆっくりと通過させることによって最小限に抑えられる。

この事例は、茎が垂直から水平へと倒されると一変する。今度は屈地性の敏感層［地球認知層］が刺激を認知し、そこが敏感さの焦点となる。

以前に説明したように、敏感層の興奮状態は検流計によって負の電気反応として検出され、その変化は認知層でもっとも激しくなる。興奮は距離によって減衰しながら、隣接細胞を放射状に照射するので、反応の強さは内と外の両方向で低下することになる。

認知層を起点に放射状に広がるこの興奮性の変化の分布は、図23の右側に、陰影の深さによって表されている。もっとも暗い影の部分が認知層である。もし興奮が、光から影への変化を伴うなら、茎が垂直から水平へと位置を変えるさいに、細胞層から端に広がってゆく深い影のスペクタクルが目撃されるはずである。そして、その影は茎が垂直位置へ戻されると消滅する。異なる層の微妙な興奮の違いは、挿入されると同時に絶縁される電気プローブによって識別される。

実際の実験では、プローブがその認知層に接近するあいだ興奮性の電気的変化の増大が示され、接触した時点で興奮は絶頂に達した。それを越えると、電気的兆候は速かに減少し、消失した。

茎が垂直に戻り屈地性の刺激が取り除かれるやいなや、認知層の電気的兆候も消滅した。

こうしてボースは、植物の生理学的興奮の等高線について綿密な研究を実行できるようになったのである。電気的方法を利用して認知層を特定したのち、ボースは器官の切片をつくって、特定の細胞が重力の認識を引き起こす大きなデンプン粒を含んでいることを発見した。

かりに屈地性の興奮の原因が、細胞の下側の敏感層への重い粒子の落下にあるなら、粒子が基点から敏感層に達するまでに時間を要する。屈地性の反応があらわれるのはその後である。この時間は数秒を超えられないはずだが、これまで観察された屈地性の反応はもっと遅く、開始まで数分から一時間、もしくはそれ以上かかるように思われた。

しかしながら、ボースは拡大レコーダーを使ってその屈曲開始を一分以内で検出することができた。これによって潜在時間が数秒以内であることを証明したのである。

屈地性の反応で残された唯一の例外は、芽とは反対の根の反応に関するものだった。

ボースは芽の成長部位のすべての切断部分が、上方に屈曲することで、重力刺激に反応することを証明した。芽の成長部位が刺激に対して敏感で反応が早いのはこのためである。

芽の屈地性の刺激は直接的なものだが、根の場合は違っている。刺激を認知するのは根の先端である。根の先端を切断すると、方向づけの機能が失われることは、ダーウィンによって証明されている。実際、屈地性の屈曲は根の先端から少し離れた伸長帯で起こる。先端で受けた刺激は、離れた成長の反応部位に伝達されるのである。それゆえ屈地性の刺激は根では間接的に作用する。

ボースは成長に対する直接刺激と間接刺激が正反対

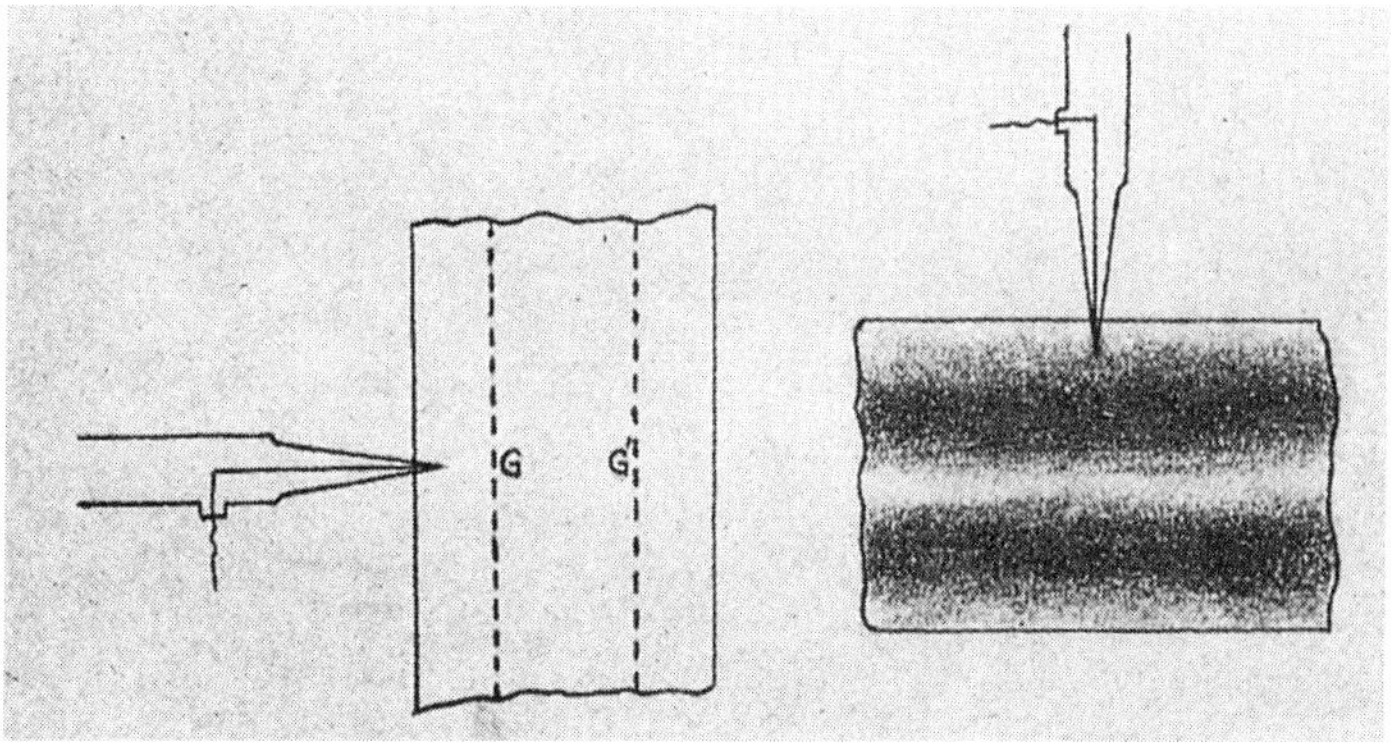

図23｜電気プローブによる地球認知層の特定
地球認知層を、興奮していない垂直位置と興奮した水平位置とで表している(影の部分が認知層)。

の効果をもたらすことを証明した。要するに芽と根では、直接刺激に対する反応と間接刺激に対する反応が正反対になるということである。

ボースは先に進んで、根の特有の反応について直接の実験を実行した。

彼は最初、反応する根の伸長帯にさまざまな刺激を直接与え、誘発された屈曲が刺激に向かうことを発見した。次に根の先端の片側に同じ刺激を与えてみた。するとその反応は刺激から遠ざかる運動としてあらわれた。直接刺激と間接刺激が反対の反応運動を誘発するという彼の一般論は、根に関しても実証されたのである。

ダーウィンの実験に対する反証も提起された。ダーウィンは、根を切断することによって、屈地性の反応が停止するとし、手術のショックによって、植物がすべての感受性を停止する可能性を強く主張していた。これに対抗するため、ボースは重力刺激を受けている無傷な根の異なる部位の反応について、電気実験を実行した。根の先端の片側に電気刺激を与えると、根の位置が垂直から水平へとただちに変わった。これによって生じた負の電気反応によって、先端が直接刺激されていることが証明された。興奮がすっかりおさまると、根が垂直に戻った。

彼は次に根の伸長帯に電気刺激を与えたが、垂直から水平への復元は、刺激の間接効果を示す正の電気反応を上昇させた。無傷の植物で実行されたこの決定的な実験によって、ボースは正反対のように思えた反応にすら、基礎となる統一性を確立することができたのだった。

第15章 植物の睡眠

植物のさまざまな器官は絶え間ない運動状態にあるが、その運動はすぐにはめだたない。けれども昼夜においては顕著な変化が観察される。これまでのところ、この特殊な夜間屈性現象の説明は、次のヨーストの『植物生理学』からの要約にうかがえるように、非常に当惑させるものだった。

多くの植物器官、とくに群葉と花葉は昼間占めているのとは異なる位置を取る。たとえば、花弁と花被の葉は、昼は花を開くように外へ曲がり、夜は花を閉じるように内へ曲がる。……多くの群葉も、芽のまわりで開いたり閉じたりするだけでなく、枝上に並んだ一対の葉が互いに接近したり離れたりする運動を示す。

一般的に、閉じた状態、開いた状態は、それぞれ夜間位置と日中位置という用語で記述される。夜間位置は睡眠位置とも記述される。……

夜間屈性運動についての完全に納得できる理論はまだ見えてきていない。そのような理論は、徹底的な実験的研究の後に確立されるだけである。

ボースは最近このテーマに関する完全な研究を行い、その結果を『ボース研究所紀要』の第二巻で公表した。細部を略せば、ここでの新たな前進は、とりわけ、① 温度変化に対する反応、② 光の変化に対する反応、そして、③ 温度の日変化による屈地性の変化に対する反応を明らかにしたことにあるだろう。

この最後の現象は、これまで見過ごされてきた大多数の昼夜運動における決定因となっている。結果的に生じる効果は多くの場合、さまざまな要因の多様な組み合わせに帰せられる。光と熱の強弱、さらに、放射熱にはたんなる温度の上昇効果とは正反対の効果がある。光は後効果を与えるかもしれないし、植物の反応も単純なものから、ほぼ多重的で自動的なものに変化するかもしれない。

このように数多くの独立変数がある。可能な効果の多様性が莫大なものであることは計算から示される。そして観察によって自然がこれらのかなりのものを理解していることがますます証明されている。典型的な反応に関するボースの証明によって、研究者は多様な要因の組み合わせ効果を予測できるようになるだろう。これらの研究におけるボースの成功は、昼夜を通じて植物運動を完璧に自動記録する新発明の装置に帰せられる。環境条件の周期変化もサーモグラフと光度記録計によって同時記録された。

これにより光を一定にして温度の日変化を受けさせる場合と、温度を一定にして光と闇の日変化を受けさせる場合の植物を観察する確証的な実験が可能になった。この時間をかけた研究の結果として、彼はさまざまな植物が示す複雑な日運動を解明できたのである。

研究所で行われたボースの人気が高い講義からの次の抜粋は、スイレンの「睡眠」と「覚醒」運動を明かした点で興味深いものである。

スイレンの夜警

詩人は科学者に先んじた。スイレンはなぜ一晩じゅう目覚めていて、日中に花弁を閉じるのか。スイレンは月の恋人であり、最愛の人に触れるとふくらむ人の心のように、月の光線に触れると心を開いて、一晩じゅうそれを見つめるのである。

彼女は太陽の不作法な感触を恐れて縮こまり、日中は花弁を閉じている。外の花葉は緑で、昼間閉じられた花は水上に浮く広い緑の葉とほとんど見分けがつかない。その光景は夜には魔法のように一転し、きらきら輝く無数の白い花が黒い水を覆う。

毎日の周期的な現象は詩人によって観察されただけではなく、別の説明がなされた。スイレンの開花を引き起こすのは月光であり、閉じさせるのは日光である。詩人が暗い夜にランタンを取り出したなら、彼はスイレンが「月のない」夜に花びらを開いたことに気づいただろう。

けれども詩人はランタンを運んで、暗闇で外を見つめることは期待されていない。過度の好奇心は科学者だけの特性である。スイレンは太陽の再登場によっては花を閉じず、しばしば午前一一時まで目覚めたままである。

動物学者キュヴィエはフランスの辞典制作者が、カニの定義について「後ろ向きに歩く小さな赤い魚」としているのを知った。「称賛に値する！」とキュヴィエ。「カニは必ずしも小さくないし、ゆでられるまでは赤くもない。魚でもないし、後ろ向きにも歩けない。しかしこれらを除けば、あなたの定義は完璧である」

月光に対して開かなければ、太陽に対しても閉じないスイレンの運動についての詩人の記述に関しても同じことがいえる。

同様にこれまで提供された科学的説明は満足なものではないことがわかった。

高名な植物生理学者プフェッファーは「睡眠と覚醒の運動」を、光と闇、日の出と日の入りの周期現象に帰せられるとした。しかしながら、スイレンの開花と閉花は、太陽の出入りとはほとんど関係ないか、まったく関係ない。その開花は日没に帰せられない。花は午前一一時ごろまで日光の中で開いたままだからである。また、花は夜すでに開いているから、日の出にも帰せられない。

光がほとんどあるかなしかの効果しかおよぼさないことに気づいたボースは、気温の日変化の作用に目を向けた。

次に探究されるのは、スイレンの開花と閉花の交互運動に、毎日の気温変化がなにか影響しているかどうかだろう。もし花の運動曲線が気温変化の曲線に似ているなら、花の運動をそれに帰することに躊躇すべきではない。それゆえ、花の運動に対する気温の影響の確定においては、花弁の昼間の運動記録と二四時間の気温変化の記録入手が不可欠である。

したがって、この自動レコーダーは二つの異なる必要条件を満たすべきである。

第一に、花弁の膨張運動を記録し、このような運動がいつ起きたかを表示しなければならない。また、昼夜を通じて気温の上下変動を追跡しなければならない。

運動を拡大するために、細いアルミニウム線の軽いレバーに花弁の一枚が細い糸で取り付けられる。レバーは摩擦を最小限に減らす宝石軸受の上に支持されている。長いレバーの先端は、筆先の役目をするように折れ曲がっている。これがゼンマイ仕掛けで四六時中動かされる煤ガラスの上に、花弁の運動記録を拡大トレースする。

ライターの先端は煤をこすりとり、暗い背景の上に白いラインを残す。ここで遭遇する困難は、ガラス板とライターの接触点でのかなり大きな摩擦にある。摩擦により花の自由な動きは大いに妨げられ、記録はゆがめられる。

この困難は大部分の時間、ガラス板と筆先の接触を遮断することによって克服される。ゼンマイ仕掛けの特別なしくみによって、ガラス板は断続的に、たとえば一五分ごとに一度筆先に接近させられる。これにより昼夜を通し、一五分ごとに連続した葉の運動が記録されることになる。

さて残されたのは、昼間の気温変化の記録方法である。このために私は、膨張率の小さいスチールに膨張率の大きい真鍮をはんだ付けした細片からなる単純な装置を使用する。温度が上昇すると、真鍮はスチールよりも膨張する。それゆえ細片は湾曲し、真鍮の表面が凸になる。細片の自由端は第二の拡大レバーに取り付けられて、気温の変化を記録する。

気温の日変化の曲線と、花弁の運動とは、互いに驚くべき類似を示す。そのため花の開花と閉花の原因が、昼間の温度変化にあることは疑いえない。

花は日中は「睡眠」状態にある。午後六時から温度の急速な降下が起こり、花弁は最初はゆっくりとそれから急速に開きはじめる。花は夜の午後一〇時までには完全に開いて、最大になる。気温は降下しつづけるが、それ以上開く可能性はない。

午前六時ごろに気温は上昇しはじめ、逆の運動が始まる。花は閉花、すなわち「睡眠」まで急速に閉じつづけ、その運動は午前一一時前に完了する。開花は気温の下降によるので、閉花が気温の上昇によって引き起こされることはそれでわかる。

温度上昇中には花弁の両側は膨張状態にあるが、外側のほうが温度変化にいっそう敏感なので、外側の膨張が比較的速くなる。冷却中には比較的遅くなる。この二つの反対の反応は、二つの異なる屈曲、すなわち、気温上昇中の閉花と、降下中の開花を生じさせる。

たとえばチューリップのように、内側が比較的敏感な花も知られている。プフェッファーはこの花で、温度上昇によって花弁の内側の膨張が加速されることを示した。それゆえ気温の上昇中に開き、降下中に閉じるのである。

こうしてさまざまな花が、その寒暖に対する敏感さを通して「睡眠」と「覚醒」の運動をする。夜間は寝て、昼間起きているという一般の人間の健康な習慣をもつ植物もある。他の植物は夜を昼に変え、日中に眠って寝つかれなかった長い夜を補償するのである。

こうしてスイレンの日運動は、成長に対する温度変化の支配的効果に帰せられることが証明される。

ボースは次に、光に敏感な器官に対する光と闇の変化の効果を記述する。

このタイプはハナセンナの小葉によって実証される。この植物では、光が急速に減少する午後五時に小葉が閉じる急速な運動が始まる。この閉鎖運動は午後九時までには完了し、その後は閉じたまま、翌朝午前五時になって開きはじめる。開花は午前九時までに完了し、午後五時まで開いたままになる。

植物は光に対しきわめて敏感なので、どんなわずかな変動でもただちに反応運動が続く。雲の一時的な通過が、短い閉鎖運動によって記録されるのはこのためである。

祈るヤシの謎

日々の膨大な数の運動の大半は、解明されていない特有の生理反応に起因しているようだった。ボースは未知の原因を何年も忍耐強く追跡し、成功の栄冠をかちとった。この発見は幸運な出来事のおかげだった。

ボースがファリドプルの善良な人々に招かれて年一回のメーラー（彼の父親によって半世紀前に設立された）の祝典に出席したさい、近くで成長している驚くべき「祈るヤシ」の話を耳にした。この博物学的現象が一般的に観察され、解釈されるのは、以下が最初である。

この特殊なナツメヤシのふるまいほど驚異的で神秘にみちた現象はおそらくないだろう。夜間、人々を祈りに招く寺院の鐘が鳴っている間中、この木はひれ伏すかのように深々とお辞儀をする。朝にはふたたび頭部をもたげる。この段取りは一年を通して、毎日繰り返される。

この超常的な現象は奇跡と見なされ、多くの巡礼者を引き付けた。

木への捧げ物がすばらしい治療法をもたらしていると主張する者もあった。これについては、必ずしも意見表明の必要はない。西洋で目下流行中の他の信仰療法と同じぐらいには真実だと考えればよいだろう。

この特異なナツメヤシは成長しきった堅い木で、幹は高さ五メートル、直径は二五センチメートルである。幹は嵐で垂直から傾いたにちがいない。今は垂直線から約六〇度傾いている。

幹は全体に朝は立ち上がり、午後は頭を下げる。日中の運動の結果として、幹の頂点は上下に一メートル動く。

幹の上の「首」の部分は朝は空に対して凹形になる。午後にはその湾曲は消えるか、あるいは多少逆にさえなる。したがって、朝、空に向かって高々と指し示される大きな葉は午後には垂直距離にし

図24｜「祈るヤシ」
上の写真は朝の位置。下の写真は午後の位置。

て数メートルをぐるりと回る。
大衆的な想像力にとって、木は人間の倍もある巨人のようである。夜にはその傑出した長身をかがめて、見るからに献身の態度で、葉の王冠が地面に押しつけられるまで首を折り曲げるのである。高さ一メートルの二本の垂直なくいによって、木の大きさと幹（図24）のさまざま部分の運動のスケールがわかるだろう。

最初の難関は、所有者からレコーダーを木に取り付ける認可を得ることだった。所有者の心配は、外国風の手段で不敬をおかし、木の奇跡的な力が消滅することにあった。その疑いは器械がインドのボース研究所で作られ、バラモンの子息である助手によって取り付けられるという保証によって取り除かれた。
上記の現象は神秘的な東洋の驚異ではない。類似の現象はリバプールの平凡な環境の中でも起きていたのである。イギリスの友人が一八一一年一二月一三日付の『リバプール・マーキュリー』から次の抜粋をボースに送った。

◉注目に値する現象――シプトン近くに、ワズニー牧師が所有するユブシルと呼ばれる農場がある。この農場を流れる小川の堤防の上に一本のヤナギの木が成長している。現在のところは周囲約三ヤードでかなりの高さがある。
この木はときどきに体ごと地上にひれ伏し、それから元の垂直な位置に立ち上がる。信じ難いような話かもしれないが、これは事実であり、目撃した何百人もの人を仰天させたものである。

「祈るヤシ」に関するボースの研究は以下のように明確に述べられている。

> 現象の説明のために必要だったのは、
> ① 昼夜の木の運動の正確な速度を得て、その最大の起立時間と倒れる時間を決定すること。
> ② この特殊な運動が他に例のないものか、それとも普遍的な現象かどうかを見いだすこと。
> ③ 木の周期運動の原因を見いだすこと。
> ④ 運動に対する光と温度の相対的な影響を決定すること。
> ⑤ 木の運動の生理学的特性を実証すること。
> ⑥ その変化が運動方向を決定する生理学要因を見いだすこと。

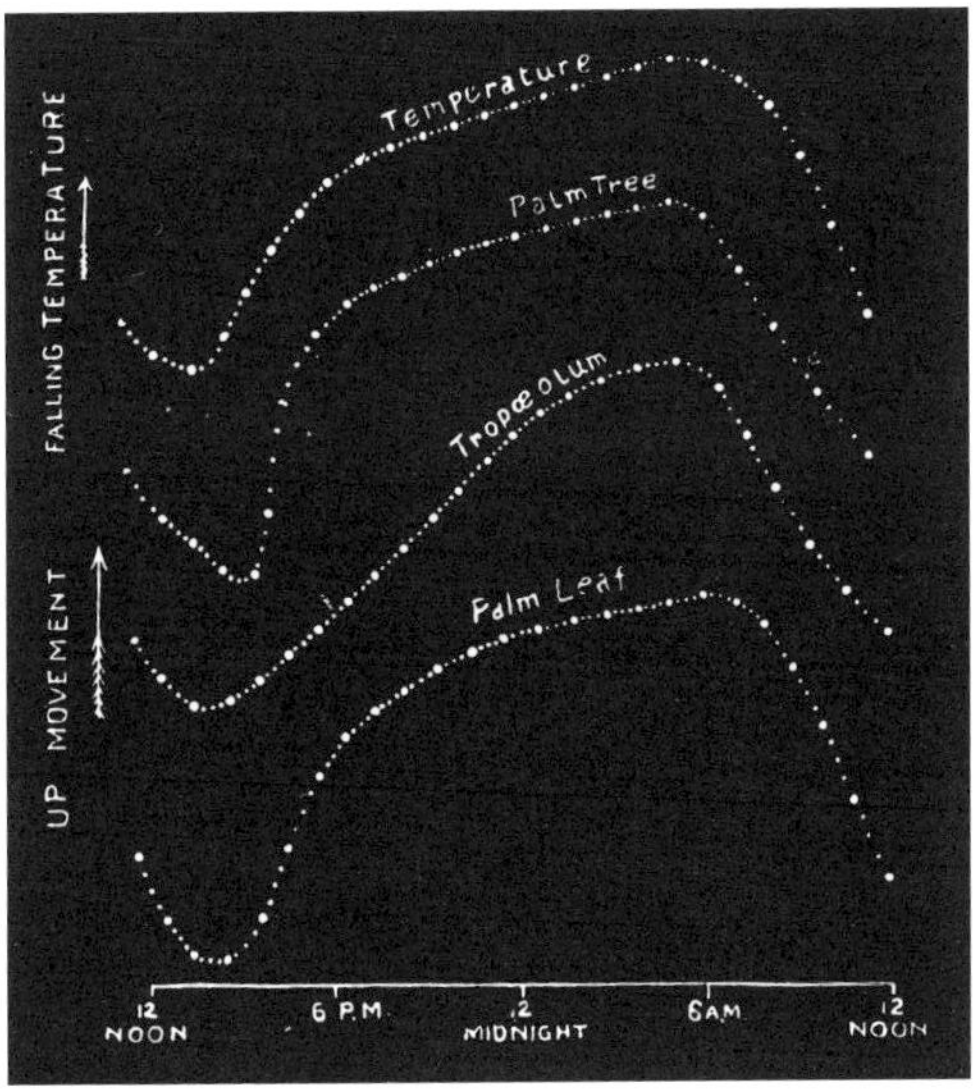

図25｜ヤシの木、キンレンカ、ヤシの葉の日運動の記録（2段目以下）
最上段の記録は温度の日変化を提供する。

この研究の詳細については、原論文を参照すべきであるが、ここでは主な結果の要約で十分である。夕方ごとに生じる「平伏」を記録した曲線は、当然、少し遅れながらも、気温の昼間の上昇と夜間の下降に非常にしっかりと対応する（図25）。

ボースはファリドプルから二〇〇マイル離れたカルカッタ下流の彼の庭で成長しているもっと若く、曲がり方も少ない同種のヤシを調査した。これにより木の運動と温度変化とのなおいっそう正確な一致を証明した。この小さな木は、その上にテントを建てる余地があったので、観察期間中、風による記録の乱れを排除し、日光と暗闇の交替の効果も和らげることができた。そのため証明の明確さがいっそう増した。

次に起こる反論は、この昼間のリズムが気温の物理的効果にすぎず、生理学的なものではないという可能性だった。しかしながら、この問題は最終的に研究開始から一年後に起こった木の不運な死によって解決された。

ボースは、「ヤシの木は枯れ、その運動は終わった」との公式の知らせを受けたのである。

さらなる実験によって、ボースはすべての木とその枝や葉で、ヤシの木に類似した運動が起こることを証明した（『ボース研究所紀要』第二巻 1918）。さらに、運動の原因が屈地性と気温の相乗効果にあることを突き止めた。

ボースは新しい現象を「熱＝屈地性」と名づけている。重力刺激の作用下で、茎、枝、葉は、重力に抗して直立する傾向があり、それで湾曲がつくられる。気温が上昇すると屈地性効果が減少し、湾曲が減じて平伏する一方、気温の下降は逆の効果をもたらす。それゆえ温度の日変化によって、木のすべての枝と葉は周期的な上下動を示す。この運動は、図25で与えられたヤシの木の昼間の運動、キンレンカの伏地性の運動、そしてヤシの葉の運動の記録にはっきりと見られる。

熱帯地方では熱の正午、すなわち最高温の時間は午後三時ごろになる。これに対して、熱の夜明け、すなわち最低温に達するのは午前六時ごろである。種々の植物器官は熱の正午から熱の夜明けまで、上方に向かって運動しつづける。逆の運動が起きるのは午前六時以降である。最大の下方運動は午後三時の熱の正午に達成される。

さまざまな植物で得られた何百という記録によって、これまで説明されてきた日運動が熱＝屈地性の運動を引き起こすことが証明された。

植物の睡眠と覚醒

動物は、睡眠と覚醒という日変化のサイクルを経験する。

夜ごと小葉を閉じる植物のふるまいに、「睡眠」という想像力に富む呼称が与えられてきた。ボースはその開閉運動のしくみを示し、それが本来の睡眠とはまったく関係がないことを証明した。

植物が眠るかどうかについての問題の研究方法は、明確に定義することができる。すなわち、昼夜を通じて植物は等しく興奮しやすいのか。感受性を失う時間はあるのか。さらにそれが目覚める時間、いわば、最大の興奮性の状態を示す時はあるのか。

この問題はボースが発明した特別な装置によって解決された。この装置は昼夜を問わず、たえずオジギソウにショックを与え、自動的にその反応を記録する。応答する痙攣の大きさによって、二四時間、植物の「覚醒状態」が計測される。

このようにして植物は朝寝坊で、少しずつ、ゆっくりと目を覚ますことがわかった(図26)。正午までには完全に活動的で機敏になり、その状態が夕方まで続く。完全に目覚めているのは真夜中までで、それからいくぶん生気を失いはじめる。しかしその感受性は、興奮性が消滅し、どんな反応もなくなる早朝まで失われない。

植物運動の変則性と複雑さは、ボースの研究心をかきたてるばかりだった。その解明の可能性に関して、彼は自信をもって語っている。

われわれの研究範囲の程度は、究極的には植物の運動を検出し、その運動速度を計測する能力、すなわち、運動の長さと時間を計測する能力によって制限される。

私はほかの機会に、共振レコーダーによって千分の一秒以内の時間を計測できるようになること、また、クレスコグラフによって百万倍に拡大された運動の記録が得られることを示した。

われわれの実験方法のこうした可能性とさらなる改良は、生体器官の生理的反応のより深い理解に向かう重要な進歩をもたらすであろう。

彼の自信はまさしく正当だった。

　植物の生命運動のさまざまな現象は、見かけはとても気まぐれなので、これまでどんな合理的な一般化も不可能とされてきた。しかしながらボースは、すべての多様な運動が、二つの基本的な反応、すなわち収縮を誘発する直接刺激の運動と、膨張をもたらす間接刺激の運動の結果であることを証明するのに成功した。たとえば成長の複雑な変化、巻きひげの巻き、光に向かう、あるいは背く屈曲、そして同一の重力刺激下の根と芽のまさに正反対な運動さえもが、そうした運動の結果なのである。

　この偉大な一般化以上に広範な応用と意義をもつ植物生理学への貢献はない。それは生命現象において物質世界の普遍的な重力理論と同じぐらい高位に位置づけられるだろう。

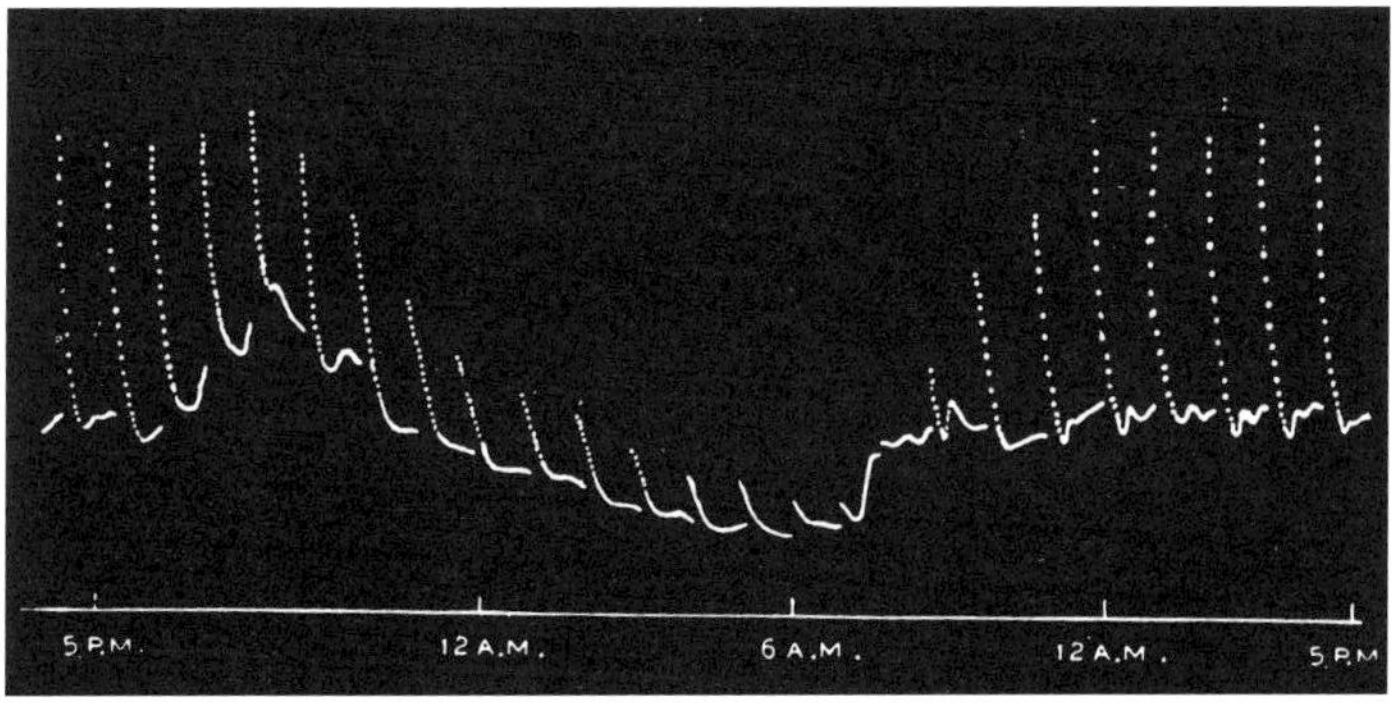

図26｜午後5時から翌日の午後5時までのオジギソウの感受性の変化

第16章

精神物理学

すでに見てきたように、ボースは生理学者をめざし、物理学と生理学の境界上に研究を再構築したいという希望を抱いて、一九〇〇年に渡英した。

彼は多くの展望を開きながら、インドに戻って物理学研究を継続することを期待していた。けれども生理学者の反対者は彼の新しい研究方針に異議を申し立てた。ボースの物理的思考の転回点はつねに抽象的な推測に基づいて拒絶された。

物理、生理から心へ

彼は実験心理学に関しては、興味はあったにしてもさほどではなかった。けれども研究がもたらした意外な結果が、精神物理学の分野にも重要な類似があることを悟らせた。

ボースの注意を最初に引きつけたのは、彼が組み立てたさまざまな形の「人工網膜」がもつ固有の反応だった。彼は光の刺激が即時的な効果だけではなく、後効果も持つこと、そしてその持続時間は、強い刺激のほうが微弱な刺激よりも長いことに気づいた。ボースが言及しているのは、目を閉じると本当にさらによく見えるたいへん面白い視覚の類似物である。

彼は金属の高速溶解に関するウィリアム・ロバーツ゠オースティン卿の実験を観察したことがあった。その場ではまばゆい光と高密度の蒸気のせいで、るつぼの中で何が起きているのか見ることはできなかった。けれども目を閉じたとたん、後効果がほとんどない煙の視覚が消滅し、溶解し沸騰した金属の残像がより明瞭に網膜上に残った。

光の作用を連続的に受けた人工網膜の反応は、周期的な変化を示した。人間の視覚の反応現象を測定しようとする中で、ボースは次のような不思議な事実を発見した。

普通の目では、見た瞬間には両眼は同等には見えない。しかし、それぞれの目の視覚効果が刻一刻変動して、片方の目がもう片方の目の感覚を補完しつつ、二つの感覚の合計で、おおよそ一定に保たれる。このように両眼が視る作業に従事してから、その後は相対的に、交替で休むのである。

両眼視にはこの分業が有利にちがいない。この論証のために彼が使用したのは立体鏡である。

立体写真が置かれる位置には、代わりに切り込みがはいった板が置かれている。切り込みは［互いに交差して］斜めに二本あり、一方を片方の目で見て、残りの目で別の切り込みを見る。これを立体鏡を通して見ると、右目は右の傾斜した切り込みRを見ることになる。左目はもうひとつの切り込みLを見ることになる。二つのイメージは重ね合わせられて、目の前には傾いた十字架があらわれるだろう。

このようにしてさまざまな両眼の交替視を示しただけでなく、その後効果も示したのだった。

立体鏡を空に向け、十字がしばらくの間確実に見られるようにすると、交替視のせいで、十字の一本が薄くぼやけはじめる一方、もう一本は明るくなる。逆もまた同様である。目が閉じられると、交互の変動ははるかに目立つようになる。振動する純粋な後効果がもっとも鮮明に得られるのはその時である。

一〇秒かそれ以上の間、立体鏡を覗いた後で、目を閉じる。

観察された最初の効果は反動による暗闇である。それから十字のうち光る一本が、暗いフィールドに斜めに投射され、それから（もうひとつの目で認識された）二本目が突然、一本目と筋違いの方向に射出される。

この交替は長く続き、二本の発光性の刃が交差し、ふたたび互いに逆交差しながら興味深い効果を生み出す。こうした入れ替わる残像は非常に長い期間持続するのである。

再発性の残像は始めはきわめて明瞭で、反復されるごとにぼんやりしていく。この残像が出現したときに、それが、刺激による緊張がもたらす実在の残像なのか、それともたんなる記憶の残像なのかを識別するのはむずかしい。実際、二つの間に境界線はなく、互いに簡単に融合する。

この視覚的な印象とその再現は、しばしば非常に長い時間持続する。

疲労のせいで再発性のイメージが消失することはよくある。けれども消失後ずっとたってから、まったく予期しない瞬間にそれが自発的に再現される場合もあるだろう。一例では、そのイメージ再現は、印象が与えられてから約三週間後に夢の中で観察された。

このようにわれわれが意識して網膜に印象づけたイメージのほかに、知らずに印象づけられるイメージがたくさんあるように思われる。注意が他に向けられているために、見落としてしまうのである。その後、心が受動状態にある間に、こうした印象が突然復活する可能性がある。この観察は視覚による幻や幻覚と関係した現象について、なにがしかの説明を与えるだろう。

イメージの再現

彼はそれから「記憶」と関係した他の特定の現象を研究する。

過去の経験がよみがえる記憶と呼ばれる現象については、二つの異なるタイプがあるのを認めるだろう。ひとつは逃れられない強い印象が自発的に再現されるもの。二つめは、最初の印象はしだいに消えるため、努力してその潜在的イメージを再現しなければならない場合である。

この印象の自発的または想起による復活に関しては、次のような事実を示したことがある。

生体組織では非常に強烈な刺激は、単一の反応ではなく、多重的か、または反復的な反応を生み出す。強い刺激は意志の働きがなくとも、いや、意志があっても自発的に再発する傾向がある。したがっていかに単純な印象でも、強烈な場合には支配的になり、自動的な反復を維持しつづけるようである。ただ残念ながら、この例はあまりにもありふれている。

もっと興味深い記憶形式は、後作用がしだいに薄れていく印象の復活である。ここでは印象の効果が明白に残っていない場合にも、努力とか意志の力で思い出せる可能性があることが発見された。

このような印象を復活させられるのは、明らかに元の興奮条件をつくれる場合だけである。換言すれば、刺激が皆無の状態でオリジナルの刺激効果を反復することによってのみ、それは可能なのである。具体例として暗い背景に浮かぶ明るい十字の視覚的印象を取り上げてみよう。

最初の刺激によって感覚野には、明らかに二つの異なる興奮領域が形成される。ひとつは十字の形をした興奮領域。もうひとつはその外側の非興奮領域である。それゆえ十字のイメージは、感覚野の特定領域の興奮に帰されるべきである。

したがって映像を復活させるためには、主要な刺激がないあいだに、元の刺激が誘発されたのと同じ興奮状態を再現する必要があることは明白である。

ボースは次に刺激の衝撃によって、作用表面が分子ひずみを受け、その状態からゆっくりと回復することを示す。しかしこの回復は完全ではなく、刺激による影響は残存する。目には見えなくても、潜在的に残っている。ただ、普通の検出手段では検出できないだけである。しかしながら、ある特定の条件下では、この見えない文字がはっきりと再現されるようになる。

ボースは顕微鏡でも痕跡がまったく見えない金属表面に刻印を形成することができた。けれどもこれらの潜在的イメージは、金属板が衝撃を受けると復活した。同様に、局所的な刺激作用によって感覚表面につくられるすべての印象は、潜在的な記憶イメージとして休眠状態にあるといってよい。

最初の局所的な刺激効果は、影響を受けた組織の部位をいっそう興奮しやすくする。すなわち興奮の良導体にするはずである。こうした領域は、いかなる刺激作用によっても、興奮しにくい背景より強烈に刺激される。それで元の映像が再生されるのである。通常このような記憶再生は、意志的努力による散漫な刺激によって起こる。ここには、金属から植物、最後に人間自身にまで到達する広範囲な探究テーマがある。

ボースは「この連続性の実証によって、物理学、生理学、心理学の間で最前線の研究の境界が消失したことが発見された」と結論している。これはもちろん、先端研究において古い伝統的な境界が消失したという意味であって、合理性が明確な個々の観点を否定するものではない。

物理学者たちはこうした研究に対して最初から同情的だった。生理学者たちはなかなか確信しなかったが、後継者たちは、彼の著作を通して基本的に受け入れている。心理学者たちは今のところまだ、その結論に十分共鳴していないと思われる。それでも注目すべき例外はある。たとえば、クラーク大学のスタンレー・ホール学長は強い興味をもって、ボースの本を心理学研究者のための概要に紹介したほどだった。

ベルグソンらの「記憶」の解釈は、この多様な記憶に気づく必要がある。同様にベルグソンやボースも、ゼーモンのような解釈について論じなければならない。心理学者、生理学者、物理学者は、このもっとも重要な研究分野でとくに共同しなければならないのである。しかも再三指摘されたように、遺伝の謎も有機体の種の記憶として、同様に関連づけられる。

心理的反応は、基礎となる生理的変化に関係しているはずなので、ボースは次に最小から最大までの刺激の増大効果を研究した。そこからえた結果から、長らく心理・生理学的探究の基礎とされてきた有名な「ウェーバー＝フェヒナーの法則」の新たな観点からの見直しが可能になる。

この法則によれば、心理生理的な反応の強さを算術的に増大させるには、刺激の強さは幾何級数的に増大させなければならない。刺激と反応の関係は量的なもので、反応の質とか兆候も変化する傾向があることを考慮に入れない。

けれどもボースの実験は次の点で重要な結果をもたらした。生体組織の多くの記録は、反応の兆候が刺激の強さに応じて修正されるという事実をはっきりと示した。それゆえ、刺激と反応の関係は、決してウェーバーやフェヒナーや、彼らの後継者たちが仮定したほど単純なものではない。ボースの精巧な記録装置でえられた図が、以前は必要最小限に満たないと考えられた刺激が、本当に感知可能な影響を生み出す可能性があることを証明しているからである。

さらに、微弱な刺激は明瞭な正の反応の兆候、すなわち通常の刺激下での収縮反応とはまさに反対の膨張反応を示す。その膨張反応、すなわち微弱な刺激を修正した反応の持続でさえ、明白な反応がまったく消失するまでの結果を示す。

しかしそれでもこの消失は本当にゼロになるわけではなく、反対の反応とのバランスによるものである。刺激が増大しつづけると、反対の、ウェーバーが観察するような通常の反応が始まり、最大限まで増大するからである。

この新しい観察は、これまで見落とされていた質的変換の要素を導入するものである。非常に精密な機械的、電気的な反応方法を採用することによって、ボースは微弱な刺激か、激しい刺激かによって、伝導神経に反対の兆候を示す二つの明瞭なインパルスが生じることを発見した。（収縮性の筋肉のようにふるまう）オジギソウの反応性の葉枕から少し離れて与えられた微弱な刺激は、（それによって）葉を起立させる正の、すなわち膨張的な反応を起こすインパルスになる。これに対して、強い刺激は正反対の反応、すなわち葉の収縮や垂下を誘発するインパルスを生じさせる。

したがって微弱な刺激と強い刺激の影響は、たんに量的な差異ではなく、正負の異なる兆候を示す質的な差異となる。彼は電気的方法の研究から、微弱な刺激が正の電気変化をもたらし、強い刺激が負の電気変化をもたらすという同一の結果を得た。

微弱すぎる刺激はエネルギーの増大をもたらす。これに対して、過剰な刺激はエネルギーの減退を引き起こす。そして、この両極の間に、優位性が一方から他方に変わる領域がある。

強壮作用を高めるものは何であれ、生体の健康のためになり、積極性と結びつけられる。そしてもちろん逆もまた真なりである。二つの感覚傾向のうち、正は楽しいとか、苦痛ではないと感じられるものと結びつけられ、負は不快や苦痛などと結びつけられる。この結論は種々の実験から、少なくとも典型的な事例として、そして「動きの反応は精神の反応に次ぐとしながら、感覚とは反射的に誘発された運動の付属物にすぎないと考える人々にとっては、和解の根拠」として支持された。

実際、それは通常の見解とラング＝ジェームズ理論の和解の根拠となる。さまざまな感覚の階調が、反対の特徴をもつ物理的付随物をともなうことは、「快感は精神の付属物であり、屈曲運動の拡張と、不愉快さの反射運動の結果である」と考えるミュンステルベルクによって支持される。

優しく撫でられて、のどをゴロゴロ鳴らしている子猫の丸くふくらんだ輪郭。つねったりたたかれたりして収縮し屈曲し、その態度や顔つきを突然変えながら、飛び上がって喜ぶ姿は見慣れている。

ボースは次に感覚の基礎である神経インパルスの特徴を決定するきわめて精巧な実験方法を採用した。彼はオジギソウのようなもっとも単純なタイプの植物神経組織から始める。

神経インパルスの速度と変化の測定には千分の一秒まで正確に自動記録できる共振レコーダーが使われる。これによって動物神経の生理学的特徴で、植物神経にも見いだされないものはないことが証明される。

動物の神経インパルスを抑制する種々の生理学的「ブロック」は、植物のインパルスを阻止することが証明されている。動物の神経インパルスを加速する要素は、植物ではインパルスを強めることが証明されている。したがって標準的な範囲内では、摂氏約九度の温度上昇が動物神経の速度を二倍にする。これは植物でもあてはまることが判明している。

彼は次にオジギソウの収縮性組織の潜在時間、すなわち知覚時間を測定する。オジギソウの潜在時間は、以前に明記されたように、精力的なカエルの値の八分の一にあたる〇・〇七六秒である。植物と動物の差は種類のちがいではなく、程度のちがいであるため、もちろん植物のより遅い反応に対する用意を整えている。人間の認識時間は疲労によって遅くなる。これは植物にもぴったりあてはまる。

過保護は生命をスポイルする

ボースのさらなる研究は、伝導経路を形作る刺激力に関して、ふたたび非常に重要な結果をもたらす。たとえば、ガラスの下で自然力の強烈な刺激から慎重に守られた植物は、つやつやと繁茂しているかに見えても、実際には軟弱である。その伝導力は一時的な休止状態にあることが判明している。ところが連続した強打がこの衰え、むくんだ試料に雨のように降り注ぐと、その刺激自体が神経回路を形成し、その悪化した性質を新たに喚起するのである。

「本当の人間らしさを発展させるのは、逆境のショックなのか、真綿の保護(過保護)なのか？　このようにしてわれわれは、生体が環境によってどのように修正され、器官が刺激の累積的な効果によってどのように作られるかを理解する」

こうした発見によって、植物が動物の神経インパルスと同じ特徴をもっていることが証明された。それらはより単純な生命の探究が、より複雑な生命の理解にいかに役立つかをも実証している。

感覚の階調は伝達された刺激の強さに左右されるから、ボースは次に、神経インパルスの強さを自由に制御できないかと自問自答する。

彼は今やおそらくもっとも大胆な新しい研究分野に足を踏み入れた。感覚に関しては二つの極端な事例が考えられるだろう。第一に、外部刺激の結果として生じたインパルスが微弱すぎて認識できない場合。ここでは、潜在意識が知覚可能になるように、メッセージを運ぶ神経の伝導力を高めることが望まれるだろう。それに対して、強烈な外来刺激が引き金となる強烈な神経インパルスは、耐えられないほどの痛みの感覚をもたらす。このようなメッセージを、インパルスの通過中に阻止することによって、完全に防ぐことができるだろうか。

この問題について、ボースは次のように述べている。

金属導体による電気インパルスの伝導と、神経導体による興奮性の神経インパルスの伝導のあいだには、明白な類似が見られる。金属では伝導力は不変である。しかも電気インパルスは使用される電気力の強さによって決定されるだろう。

仮に神経の伝導力が不変であるとしたら、神経インパルスの強さと、その結果生じる感覚は、必然的にインパルスを発生させる刺激の強さに左右されることになる。

この場合、感覚の修正はありえないだろう。しかしながら神経の伝導力は不変ではなく、変更能力がある可能性もある。この推測が正しい場合には、外来刺激が何であれ、感覚自身が修正可能であるという重大な結論に到達する。

神経インパルスを修正するために残された選択肢はただひとつである。すなわち、特定の必要条件に従って、それを運ぶ媒体を、非常な良導体か、不導体にする力があるかどうか。

必要最小限未満の刺激によるインパルスが、感覚神経の突起にもたらされるためには、神経回路が超良導体になる必要がある。逆に外来刺激が強すぎると、神経を不導体とすれば、痛みを起こす刺激を阻止できる。

神経を麻痺させる麻酔剤によって、われわれは痛みから救われる。けれどもこのような英雄的な手段に訴えられるのは、外科医のナイフの下にいる時のような極端な場合のみのはずである。

実人生では、予告なしで不快さに直面させられる。電話加入者はこの点で明白な利点を持っている。なぜなら、メッセージが不快になったら、接続スイッチを切ることができるからである。けれども、誰もが、訪問者にうんざりして公然と耳栓をしたハーバート・スペンサー氏の勇気をもっているわけではない。

ボースはそれから神経インパルスの特徴を検討する。

刺激は興奮しやすい生体組織に分子的な乱れを引き起こし、その攪乱が逐次伝達されることで神経インパルスが伝導される。この分子の乱れと攪乱の伝達は、立てられた本の列により簡単に描写できるだろう。たとえばいちばん右の本に与えられた一撃は、隣りの本に伝わり、つぎつぎに左側の本を押し倒していくだろう。もし本があらかじめ左側に傾いていれば、もっと弱い打撃でも乱れが生じ、攪乱の伝達速度を速めただろう。逆に、反対方向への傾きは、伝達速度を遅らせるか、あるいは抑制する性質をもたらすだろう。こうした方向づけにより、システムの傾向を誘発して神経インパルスを強めたり、妨害したりできる。

同様に、ボースは反対の特性をもつ分子が神経を誘発し、神経インパルスの伝導を強めるか妨害することによって、極性が逆の反応を発見できる可能性があると考えた。

このように神経インパルスを自由に制御しうる可能性は実験によって検証されなくてはならない。その伝導力を適切に強化または抑制する結果として、神経には反対の分子配置が誘発されるだろうか。

ボースは正反対の性質をもつ電気力を応用して、この理論的予想をはっきりと理解することができた。植物神経に有利な分子配置を授けると、以前には認識の閾値を下まわっていた微弱な刺激が、今度は異常に大きな反応を生じるようになった。逆に、反対の分子配置を誘発すると、激しい刺激が伝達中に抑制された。

実験が最高潮に達したのは、ボースが類似の方法によって動物の同じ神経に、超良導体か、不導体の性質を思うまま授けられるようになった時だった。

神経の特定の分子配置によって、実験用のカエルは、それまでは認識の閾値を下回っていた刺激に反応した。反対の性質によって強直性のけいれんはすぐに鎮められた。方向づけをやめると神経はすぐに通常の性質を取り戻した。

こうしてボースは、神経インパルスの強調、抑制に応じて、神経に二つの対照的な分子配置を授けられる可能性を実証した。今では、われわれの経験するさまざまな現象、たとえば認識力を増大させる注意の効果について、正しい洞察をえられるようになっている。さらに暗示の影響もよく理解されるようになっている。人間にとってもっとも重要なのは、自己暗示力、すなわち意志の力である。実行と集中によって強化されるこの意志力を明確化しうる者は誰か。

最近の講演の結論部分で述べられた、状況を克服して立ち上がる男についての次の一節が思い浮かぶ。

それから感覚の確定においては、意志による内的刺激が外的な刺激と同じぐらい重要な役割を果たすでしょう。たとえば、神経の分子配置を内在的に制御して、感覚の特徴を大幅に修正できるようになるかもしれません。そのときには、外部世界の圧倒的優位は消え、人間はもはや運命に翻弄される受動的な存在ではなくなるでしょう。

彼には不利な環境の恐怖を超えて元気づけてくれる潜在力があるのです。外部世界が到達経路を、指令によって広げるか、閉ざすかは彼しだいなのです。このようにして、今まで気づかないまま通り過ぎていった不明瞭なメッセージを捕えることが可能になるでしょう。それとも彼は、世界の耳障りな音や騒音がおよばない内なる王国へと引きこもるのでしょうか。

第17章 人柄と交友

つつましいけれど活動的な家族

両親の親族や故郷の環境は、東洋と西洋のあらゆる人生にとって重要でないはずはない。しかし比較心理学の所見によれば、こうした影響は西洋の個人主義的な家族よりも、東洋の共同体的な家族においていっそう深く、永続的である。それゆえ、幼少期の育ち方の重要性を認める創造的な人々のなかでも、東洋人はとくにひんぱんに、いつまでも幼少期を思い出す傾向がある。

進取の気性に富んだボースの父親の多様な活動と独創力は、生涯を通じて大きな刺激と霊感を息子に与えつづけた。

これに次ぐ影響力といえば、母親の深い愛情だけである。親族会議の決定にもかかわらず、息子をイギリスで勉強させるという彼女の決定は、その優しさと決断力が際立った出来事だったように思われる。

両親とも引退後はボースと暮らし、父親はボースが三二歳の時に六二歳で亡くなり、母親はその二年後にほぼ同じ年齢で亡くなった。

いちばん上の姉である後のA・M・ボース夫人は、幼年時代にはボースの変わらぬ友人であり、仲間だった。そしてこの姉の影響もまちがいなく大きかったことは、後年の彼女自身の文学的な才能のみならず、その自然に対する鋭い観察力によっても証拠づけられる。カルカッタ市外ダムダムのフェアリーホールにある田舎の別荘で、彼女はカタバミの小葉の奇妙な動きに弟の注意を引きつけた。それが彼をマイハギの自動反応による多重反応と連続性の発見に導いたのだった。

彼女の夫のアナンダ・ムーン・ボースも、ボースの人生に深い影響を与えた。

A・M・ボースは一八七〇年、インドからケンブリッジに留学した最初期の学生のひとりで、インド人で最初の上級学位取得者だった。彼の演説力は最高位にランクされるものだった。フォーセット教授は彼に自分の選挙区民に演説をするよう頼み、自分にはこの若いインドの友人のような影響力をもてるはずがないと主張した。

彼は帰国後、その能力と聖人のような人柄によって同国人の指導者のひとりになった。インド協会の創設者のひとりにもなり、一九〇二年にはマドラス［現チェンナイ］の国民会議の議長を務めた。また教育委員会の委員として、カルカッタにもっとも重要な大学のひとつシティー・カレッジを設立した。インド女性のための高等教育機関の創設者のひとりでもあった。

ボースの妹たちも、それぞれ独自の方法で知的活動に従事した。そのひとりは息子を叔父のあとを追うよう訓練し、この息子はすでに活動的な放射能研究者になっている。しかしながら、これら青年期からのすべての影響のなかでもっとも重要なのは、今や三三年ほどにおよぶ人生の伴侶からの影響であるのはいうまでもない。

ボース夫人は四年間医学生だったので、科学教育を受けていた。彼女にとっても幸いなことに、家族の負債を清算するために長く続けられた節約生活で、つつましい家計に熟達していた。彼女には単純な主婦の人生ではなく、アクティブな文化的興味に満ちた人生もあった。夫人は夫の多くの科学的な問題と職務、学生や友人たちに対する親切なもてなしを正当に評価しただけでなく、すべての心配と困難を共有し、少なからずそれを明るくしてきた。

ボースは情熱的な気質で、若いころには疑いもなく燃えるようだったし、その情熱は今もまだ衰えをみせない。この躍動する蒸気機関のようなエネルギーを、夫人の穏やかな強さと根気強く快活な勇気がはずみ車のように調整し、つねにかけがえのない支えとなったのである。

夫妻はインド巡礼とヨーロッパやアメリカ訪問旅行ではいつも行動をともにした。そして、唯一の子供を幼児期に失った大きな悲しみの共有が、いっそう完全に彼らをひとつにした。

夫人は、夫以上に重荷となった長い貧困と無私の歳月を快活に受け入れたうえに、再三、危険から回復した夫の健康維持のために、そして知的生産の持続のために、試練や困難や憂鬱な時の慰めのために、つねに明るくふるまった。このような協力者に恵まれたことはボースにとってまことにえがたい幸運だった。彼の生涯の生産性や成功に占める妻の大きさを認められない友人や伝記作者はいないはずである。

知的生活における独身主義の利点は、東西で長いあいだ等しく推奨されてきたが、その主張に、今なお結婚生活の利点を最高の状態で保持しているボース夫妻の証言が加えられるのは結構なことである。

しかもこのように献身的な妻でも家庭外での有益な文化的影響と十分両立できる可能性があることは、ボース夫人の人生が実証している。彼女の指導力は、カルカッタの家の向かいにある女子高の能率的な管理によって証明された。その活動は、近くにある研究所での夫の活動と好一対をなしている。

ボースの他の永続的な友情に進む前に、彼の人生の展望と当面の任務を理解しなければならない。すでに見たように彼は幼少時代、古代インドの英雄時代の伝統に深く感銘を受けていた。そして「その過去は生活の努力を通して、高貴な未来に再生するだろう」という揺るぎない信念を抱いた。

彼は安易な国際主義も、自制の徳も容認しなかった。前者については、自国が国家としての承認を勝ち取るまでは語る権利をもたないし、後者については、「対立を拒絶した弱者は何も獲得せず、放棄するべき何ももたない。ただ努力し、勝利した者だけが、勝利の経験の成果を譲ることによって、世界を豊かにすることができる」と考えていたからである。

強者たるものは負担に耐え、安易な道を捨て、あえて困難な道を選択しなければならないとボースは感じていた。彼にとってはこれが国家の真の機能だった。この信念はやはり必須なもうひとつの信念と入り混じっている。

彼の研究は奇妙な循環法則の働き、不活発性がいかにして活動の絶頂に変化したか、そして危険にもその正反対の衰退にいかに近かったかを明らかにしていた。

われわれは頂点に上りつめたとき、なんらかの見落としによって絶壁から転げ落ちる。人間は真実の証明のために命を捧げてきた。クライマックスはその後に、知識の管理者自身がそれ以上の進歩を禁じた後にやってくる。自由のために戦った者たちは、他者や自己に奴隷の枷を強い、愛国心は最悪の専制へと堕落するのである。ボースはインドに対する愛が、より広い人類愛を決して阻んではならないと決意した。

二人の女性

人生のこの段階でえた二つのすばらしい友情が彼の不安を静め、人間的な努力の結束を完全に理解させた。

一八九九年、ボースの数多《あまた》の発見について知ったオーレ・ブル夫人とマーガレット・ノーブル嬢(シスター・ニヴェディータ)が、カルカッタの研究所を訪れ、できるかぎりのものを学んだ。その日、目覚めた共通の関心は死によってのみ中断された深い友情に熟していった。

アメリカ人のオーレ・ブル夫人は、イプセン、ビョルンソン、グリークらの世代の作家や音楽家を鼓舞し、本国と同様ヨーロッパ各国で名声を勝ちえた偉大なノルウェーのバイオリニストの未亡人だった。交際は一八九九年、夫人がカルカッタに短期滞在している間に急速に熟し、夫人はボースにアメリカを訪ねるようしきりに勧めた。

一九〇〇年、ボースはパリ国際物理学会への出席と、それに続く心配事で健康を害し、危険に直面した。それを聞いたブル夫人は大陸から駆けつけ、専門の外科医を見つけ出し、彼が健康を取り戻すまで看護を手伝った。この時から深い友情が育ち、ボースは彼女に自分の母親の偉大な特質を新たに見いだした。

ボースが一九〇七年に渡米したさいには、夫人の家がさまざま大学を訪問するための本部となった。この折り、夫人の兄弟で、ボストンの大物であるJ・G・ソープ氏とその妻、詩人のロングフェローの娘とも知り合いになった。ブル夫人死後の一九一四年の二度目の訪問では、ソープ家がボストンとハーバードの指導者との新たな接触のセンターとなった。

こうした友情の中でもっとも新しく、ある意味で最重要なのは、マーガレット・ノーブルとのものだった。彼女はラマクリシュナ教団への献身の後は、シスター・ニヴェディータとして知られている。この教団は偉大なスワミ・ヴィヴェーカーナンダの人格と教えが、教育的、社会的にさまざまに役立つ仕事に着手したものである。

ニヴェディータの興味はあまりに広大で多様で熱心なので、なにかひとつの研究範囲とか、教義体系に縛られるものではなかった。彼女はただちにボースの研究の科学全般にとって、とりわけインドにおける科学活動の十分な喚起にとっての重要性を鋭く見抜いた。重病の回復期に、ボースはウィンブルドンでニヴェディータの母親と一緒に暮らした。その後、病気中のボース夫人が同じ親切を受けた。それで二つの家族は、子供たちの代になっても親密で永続的な交際を続けた。

ニヴェディータの知性と理想主義は、当時は周囲に理解されなかったボースの発見によってかき立てられた。彼女は長いこと夢見られた研究所、インドにとっての科学の可能性であり、その将来を約束する研究所に対して熱烈な信頼を寄せた。彼女の思いは建設実現に向かう少なからぬ刺激や励ましとなった。「寺院に光を運ぶ女性」の記念噴水が研究所の入口に飾られているのは、このためである。

しかしニヴェディータが研究所設立を見届けることはなかった。教団での過度の奮闘努力のために、一九一一年に早過ぎる死を迎えたからである。

S・K・ラトクリフ氏は準備した記念出版物でニヴェディータについてこう記した。

「彼女がその友情を高める贈り物を与えた人たちは、この世界における最高の祝福として彼女の記憶をとどめている」

友人の喪失を深く感じたボース夫人は書いている。

「私が女性として知っているのは、質素に生き、正義への憧れをもち、純粋な炎のように周囲を輝かせた彼女の日々の暮らしです。ほかの人々は、大きな国家的必要性の時代に到来した道徳的で知的で偉大な力として、彼女を知るでしょう」

タゴールとの友情

男性の友人のうち最大で決定的なのは、(現在の処遇においても筆頭にふさわしいのは)詩人ラビンドラナート・タゴールとのものだった。

ボースがヨーロッパで成功して帰還した一八九六年、タゴールは祝福のために彼の家を訪問したが、友人の姿は見あたらなかった。そこで彼は仕事台の上に大きなモクレンの花を置いていった。それは祝福にふさわしく、かつタゴールらしい独特な伝言だった。以来、二人の連帯はますます深まった。彼らは互いに補い、自然と生活についての相手の個性的な展望を深め、広め合い、それに応じて表現に刺激を与え合った。

かつて、ボースはパドマ川上流のシライダの自宅に滞在するよう詩人から招待を受けたことがあった。彼は即座に応じ、友人が与えうる最高の歓待を求めた。それは新しい物語を毎日書き、それを毎晩彼のために読んでほしいという要請だった。これにより、タゴールのもっとも美しい短編小説のシリーズの一本が書かれたのだった。

当時、タゴールはインドにおいては最重要の文学的地位を占めていたが、ヨーロッパでは無名だった。西洋では友人の偉大さを理解する機会がなかったのだと痛感したボースは、一九〇〇年の二度目の訪英中に彼の「カブリワラ」の一編が英訳されるよう手配した。

科学のみならず文学の批評家でもあるクロポトキン公は、英国のもっとも偉大な作家を思い出しながら、今までに読んだ中でももっとも痛ましい物語だと断言した。ボースがこれを『ハーパース・マガジン』に投稿したところ、謝絶されてしまった。西洋は東洋の人生に興味をもっておらず、時はまだ熟していなかったのである。しかしながら一九一五年、ボースの最後のアメリカ訪問中には、タゴールの名声は絶頂に達しており、ハーパー社から一編の論文を出版するさい、ボースは先の対応への当てこすりを忘れなかった。

ベンガル文学は今のところタゴールで頂点に達しているとはいえ、彼のまわりには先輩作家がおり、同時代の作家や若い世代の有望な作家もいる。これらの活発な文学者集団と、ボースは心からの関係を結んでいる。ボースは数年間議長を務めたベンガル文学協会の会議に関する活動もしていた。彼が会長を務めるもうひとつの重要な機関にラム・モハン図書館がある。この機関の役割は、知識の民衆への普及のために、定期的な講義を組織することにある。

ガガネンドラ・ナッツ・タゴール、アバニンドラ・ナッツ・タゴールとその生徒たちは、今やもっとも成功し、評価されている画家集団である。彼らは現代のベンガル・ルネッサンスにおいて地域を主導し、その活動によって、カルカッタを西洋の偉大な文化都市に相応する場に変えている。このことにボースは長いあいだ、心からの共感を寄せてきた。

カルカッタの自宅の応接間には、ナンダラル・ボースによる「マハーバーラータ」に想をえた印象的な小壁がある。そして研究所に隣接した講堂には、同じ手による象徴的な大作、「探究」が飾られている。

科学的な友人たちの間で特別に言及されてよいのは、化学者のP・C・レイ卿だろう。レイ卿はエジンバラでの研究からの帰り、ボース宅で歓迎され、くつろいだ。

教育における責任ある地位を確保しようとするインド人の進路は、例によって部門ごとの労働組合主義の精神によって阻まれている。しかし原則を守ることにおいては闘争的なボースも、友人たちのためには如才なくふるまえた。そこでプレジデンシー・カレッジの「科学」教授職にもうひとりのインド人を任命することについて、不本意な教育局をうまく武装解除するのに成功した。

彼らのあいだには長い仲間付き合いで、とても親密な友情が発展した。レイの将来性と能力についてのボースの積極的擁護は、この同僚化学者に対する長年の高評価と、彼の教え子たちの成功によって十分に正当化されてきた。

ボースは教育や社交、政治運動の指導者とも親密な友情関係を結んできた。この中ではとくに言及してよいのは、故G・K・ゴーカレーとM・K・ガンディー氏だろう。

ここで、彼の医療アドバイザーで友人のニルラタン・サーカー卿にとくに言及しなければならない。彼はカルカッタの指導的医師で、ボースをカルカッタ大学副学長に選出させるよう尽力していた。彼とボースはカルカッタではかなり近所で、ダージリンでは隣同士だった。ボースはすでに一度ならず、ニルラタン卿の機敏さと技能のおかげで生命を救われており、彼がかなり長く健康を維持できているのもこの旧友の用心のおかげだった。

以下に、ボースが大勢の学生たちにしたある講演を参照してみよう。

たぶん長年の努力への報酬として、私の教え子はインド中いたる所で、さまざまな職業につき、最高度の信頼と責任をもつ地位を占めています。名声と成功を勝ち取った者だけを数えるわけではありません。ほかにも、人間らしく人生の重みに取り組み、その純粋で利他主義的な人生が、難儀な人生にきらめきを与えている多くの人たちがいます。

ヨーロッパとアメリカの友人について、もっと語られてよいかもしれない。その数は多く、過去の論争から

さえ何人かのもっとも信頼できる友人をえたことは、満足すべきことであるにちがいない。

科学運動に捧げられた比類ない功績を評価して、帝国政府はボースに立て続けに名誉を授けた。国家が世界の科学の進歩に対するインド人の貢献の重要性を認識したのはこれが最初であり、同国人にとっては大いに満足すべきものと受けとられた。十分に発達したインド的性格にもかかわらず、ボースの中には世界最高の文化と高い人道主義的見解が完全に組み込まれていた。それゆえ交歓し合い、理解が増大しつつある東西の絆として、これ以上の適材は望めない。

ボースは一九一三年、五五歳で引退するはずだったが、ベンガル政府はプレジデンシー・カレッジへの貢献と学生たちへの多大な影響力を認め、奉職期間を二年間延長した。したがって引退は一九一五年一二月となった。

さらなる返礼として、政府はボースが年金の代わりに給料全額給付の名誉教授に任命されたと告示した。これは、今のところインドの教育部門では唯一の栄誉である。こうして主として彼がその名声を大いに増進させたプレジデンシー・カレッジとの永続的な関係が確保された。これ以外にナイト爵位とインド星勲章が授与された。

たいていの人は、このような名誉と報酬を与えられれば、正当な評価として受け入れ、安心して引退することになるだろう。しかしそんなものはボースの態度ではなかった。彼はまだ目標に到達していなかったからである。

思い出してみればよい。生涯をかけた研究所設立の努力が、実現寸前で妨害されたと思われた例がいかに多かったかを。ようやく整備された物理学研究所が大学にできたときには、彼は引退直前だったので、研究を継続するには遅すぎたというなんとも皮肉な結果になった。

すべての失望は、ボースに計画実行をさらに強く決意させただけだった。そこで引退からの二年間、彼は自らの研究所建設という、最終計画にたゆまぬ行動力で取り組んだ。

とはいっても、彼自身の研究が遮られることはなかった。彼は、ガンジス流域のダージリンとシジベリアの夏期別荘で静かに研究を続けていたからである。そこはカルカッタから約二〇マイル下流の大河と支流の合流点に位置し、快適な小さなバンガローと樹木を境界とする静かな絵のような土地だった。そのような個人的活動の中心が、長いあいだ夢見た研究所の創建への思いをなおさら強めさせた。彼はこの研究所を二三年前の研究の誓いを記念して、一九一七年一一月三〇日の五九回目の誕生日についに開設した。

イギリスと西洋諸国へのひんぱんな旅行によって、異例なほどの世界市民になっていたにもかかわらず、ボースの基本的な生活態度と知識は、人間愛に奉じた理想主義とともになお第一にインドのものであった。

彼の目的と展望は、次章に再録した開所式の式辞からもよく理解されるであろう。

第18章

ボース研究所の開所式

今日、私は、この研究所をたんなる研究所ではなく、寺院として捧げます。

物理的方法の力は、私たちの感覚を通して直接的に、あるいは人工器官による知覚範囲の途方もない拡大を通して、真理の確立に適用されます。可聴音が不可聴域に達してもなお、振動するメッセージを集めるのです。

人間の視力が役に立たなくなると、不可視の領域の探検を続けます。人間が見ることができるものは、見えないものの広大さに比べれば取るに足りません。まさしく感覚のそうした欠陥から、人間は未知の大海原の大胆な冒険に乗り出す思考のいかだを建造したのです。けれども既存の超高感度の科学的方法すら越えて残る真理は存在します。

こうした真理を明かすには、数年内にではなく、生涯をかけて検証を重ねる信念が必要になります。そしてひとつの寺院が、格好の記念物として築かれたのです。この研究所の設立を記念する個人的ながらも一般的な真理と信念はこうです。十全に専念すべきで、かつ専念可能な目的が見えたとき、閉じられた扉は開かれ、不可能に見えたことが完全に達成可能になるでしょう。

私が科学の教授を職業として選んだのは、三二年前のことです。当時は、インド人の気質は自然の研究に向かず、つねに超自然的な思弁へと向かうだろうと考えられていたものです。たとえ確かな探究と観察の能力があったとしても、雇用の機会はありませんでした。設備のよい研究所もなければ、熟練した機械技師もいません。このことはまったく本当でした。

不満をいうより、勇敢に受け入れ、直面し、打ち勝つべきです。私たちインド人は、単純な手段で偉大なことを成し遂げてきた人種に属します。

失敗と成功

二三年前のこの日、私はひとりの人間の信念と全霊をかけた献身という点で、不足することがあってはならないと覚悟を決めました。すると六か月以内に研究所で、電波に関係したもっとも困難な課題のいくつかが解決され、ケルヴィン卿、レーリー卿といった指導的な物理学者から高い評価を受けました。王立協会はこの発見を公表し、知識の進歩のための特別議会交付金から割当金を自発的に提供してくれました。閉じられていた門がその日、突然開かれたのです。

私はその時、火が灯ったたいまつがますます明るく燃えつづけることを望みました。けれども人間の信念と希望は繰り返し試されます。この後五年間、進歩が中断されることはありませんでした。にもかかわらず、私の研究に関するもっとも豊富で広範な評価が、ほとんど頂点に達したときに、突然の、そして予想外の変化が訪れたのです。

生物と無生物

研究を進めるうちに、私は無意識に物理学と生理学の境界領域に導かれていきました。そして境界線が消失し、生物と無生物の接点が浮かび上がったのに気づいて驚きました。

無生物は不活性どころではないことが発見されました。それは影響する多数の力の作用下で興奮も示したのです。共通の反応が金属、植物、動物を一般法則の下にまとめるように思われました。それらはすべて、回復と意気軒昂の可能性をあらわし、にもかかわらず死につながる永久の無反応と併せて、本質的に同じ疲労と減退の現象を示したのです。私はこのみごとな一般化に対する驚きでいっぱいになりました。そして王立協会で、実験結果を発表したいという大きな希望を抱きました。けれども居合わせた生理学者は講演後に、彼らの保護区を侵略するよりむしろ、確実な成功をおさめた物理的な研究に限定するよう忠告しました。

かくして私は、それと知らずにエチケットを破り、新たなカースト制度を犯してしまったのです。信念と無知を取りちがえるという無意識の神学的バイアスもありました。忘れられているのは、このつねに進化する創造の謎で人間を取り巻いたのは神だということです。神が原子の複雑さの中に宇宙の神秘を囲い込み、微粒子のミクロ宇宙に充満する言語に絶する驚異をもって、私たちに探究し、理解したいという願望を植えつけたのです。

神学的バイアスに加え、神秘主義と放恣な想像力に向かうインド人固有の資質に疑いがかけられました。けれどもインドでは、見かけは矛盾した大量の事実から新しい秩序を創出するこの白熱した想像力は、瞑想の習慣で保たれもするのです。じっくりと待ち、再考し、実験的なテストで繰り返し確かめ、無限の辛抱強さで真実を追求する心を保つ力を授けるのは、この抑制です。

科学においても、すべての新考案に対する偏見があるのは当たり前のことにすぎません。そこで私は、最初の不信感がそれ以上の証拠の累積によって克服されるまで待つ用意を整えました。不幸にもゆっくり思案する間もない事件がありました。そしてこの隔離された距離からでは取り除けなかったゆがめられた説明もありました。

次の一二年間、私が直面したものほど心底絶望的な状態もありませんでした。

生涯のこの期間についてはいくらか言及する必要があるでしょう。真実の探究に献身しようとする者には、安易な人生ではなく、果てしない苦闘が待ち受けていることを悟らなくてはならないからです。それは人が、利益と損失、成功と失敗をひとつと見なしながら、自らの人生を捧げるべきものなのです。

それでも私の場合、この長い間の憂鬱は突然取り除かれました。一九一四年、私が科学代表団として、これまでの発見を世界の主要な学会で実演する機会をインド統治府から与えられたのです。

このことが、私の成果を受容させ、世界の科学の進歩に対するインド人の貢献の重要性を認識させました。こうした経験は、インドで一研究者に立ちはだかる困難が、いかに厳しく、時には破壊的であるのかを教えてくれています。

こうした困難により、私の決意はさらに強固なものになりました。後続の人たちの負担を少しでも取り除き、長い苦闘の末にわがインドが勝ち取ってきたものを、決して放棄すべきではないと心に決めさせたのです。

二つの理想

インドが勝利し、それを持続させうるものとは何か。ささやかな制限されたものが、インドの心を満足させることができるでしょうか。インドの歴史と過去の教えは、この国の一時的で、きわめて従属的な利益に対する準備だったのでしょうか。

この国の前には今現在、相補的で、互いに対立しない二つの理想があります。インドは国際競争の竜巻の中に巻き込まれています。教育の普及、市民の義務と責任の履行、産業と商業の活動、この国はあらゆる点で能率的にならなければいけません。このように必要不可欠な国家的義務を無視することが、まさにその存在を危うくするでしょう。

このための十分な刺激となるのは、成功と個人的な野心の充足でしょう。

しかしながら、国家の生命を保証するのはそれだけではありません。このような物質的活動は、西洋に力と富をもたらしました。科学の領域でさえ、知識を応用し、破壊に見合うほど貯蓄をせず、熱狂的に突進していったのです。なんらかの抑制力が働かない場合には、文明は荒廃の淵に立ってたえず震えることになります。大惨事に終わるはずの狂気の突進から人間を救うのは、なんらかの補完的な理想であるにちがいありません。

飽くなき野心と興奮を追い求める人間は、一瞬、立ち止まって、成功とは、究極の目的のための一時的な動機にすぎないのだと考えようとはしません。彼は生活の成り立ちにおいて、競合よりも効果的なのは相互扶助や協同であることを忘れてしまったのです。

この国には千年間を通して、そうした人生最高の理想を実現しようとした者がつねにいました。彼らは目先の賞金に惑わされず、あえてそれを放棄し、進んで困難に立ち向かった者たちです。対立を拒絶した弱者は何も獲得せず、放棄すべき何ものも持ちません。努力し、克服した者だけが、その勝利の成果を寛大にほどこすことによって、世界を豊かにできるのです。

インドにおいて、そのような苦闘をへた絶え間ない理想が実現した例は、生き生きと持続する伝統の形成でした。この潜在的な若返りの力によって、インドは無限の変換を介して自己を再調整することができたのです。バビロンとナイル谷の魂はあの世に去っても、私たちの魂はまだ活力に満ち、歳月が持ち来たったものを吸収し、一体化する余地を残しているのです。

豊かさを寛大に分け与えること、すなわち自己放棄という概念は、もっとも高い人間性に呼応するもうひとつの補完的な理想です。その原動力は個人的な野心ではなく、利益はすべて他者の損失でえられると見なす無知と狭量さを、根こそぎにすることにあるはずです。

真理の洞察は、心の乱れの原因がなくなり、精神が休息地点に達したときに、初めて訪れるのです。公的生活と種々の職業は、多くの野心的な若者にとって適切な活動領域でしょう。

門弟を別にすれば、私がこうした呼びかけをするのはごく少数の者、すなわち、内面的な呼びかけを理解し、知識のため、真実と直面するため、確固たる決意と自負をもって無限の奮闘に全人生を捧げる者たちです。

進歩と知識の普及

すでに研究所では、物質の反応と、高等動物の生態の予兆となる植物の新事実について研究が実行されてきました。ここから物理学、生理学、医学、農業、そして心理学の研究領域にさえ拡張される新領域が開発されました。これまで解決不能と見なされてきた問題が、今や実験的研究の範囲内にもたらされているのです。

こうした研究では、従来、物理学と生理学に大別されていた興味と才能が要求されるため、対象も両者の習慣的な研究範囲よりも広がることは明らかです。

自然研究においては二重の観点が必要になります。その観点の交替が今のところ物理学的研究による生物学的思考と、生物学的研究による物理学的思考の相互作用をリズミカルに統一してきました。一新された物理学を理解し、無機世界のいっそう十分な概念をもつ未来の研究者は、本当に「生命の見込みと潜在力」に胸躍らせているので、研究と思索のエネルギーは倍加するでしょう。

彼はより細かなふるいで、古い知識をふりわけ、新たな熱狂とともに鋭敏な装置で研究する立場になるでしょう。思考と労力と時間とを使って、古い問題の中に新鮮な見解をもたらしたいと考えるこうした研究者は、いっそう力強く、活動的で、包括的で、統一的な存在になるでしょう。

生物と無生物を含む発生科学について、つねに最重要な数多くの課題をもっと十分に研究することは、本日開設した研究所の主な目的の一部です。こうした分野に、過去一〇年間にわたって訓練してきた献身的な門弟の一団がいることは幸運です。その数はごく限られていますが、増やす手だては、間もなく到来するでしょう。それによって若い能力が活躍できる領域が育ち、そこから時間をかけ、独創的な研究、生産的な発明、そしていつかは創造的な才能さえも輩出することでしょう。

高度な成功は、実験の正確さを伴わなければ得られません。このことは現在はこれまで以上に必要で、将来はさらに必要になります。きわめて高感度の装置と長時間バッテリーがここで設計され、玄関のケースに陳列されているのはそのためです。それらは、人を欺く外見に隠れていたものを現実化し、人間の限界を克服するための長い苦闘とゆるぎない忍耐力を語るでしょう。

科学の進歩をめざしてつねに性能を向上させている装置によって、研究者の間で技能と発明が増進するのはそう遠くないと思います。もしその技能が確かなものになるなら、続いて人間の多くの活動分野で実用化が進まないわけはないでしょう。

科学の進歩はこの研究所の主要目的であり、知識の普及も同様です。私たちはこの知識の議会にある多くの会議室の中でも最大の講義室にいます。この特徴に加えて、今のところ研究所としてはまれな規模で、私は知識の進歩をできるかぎり広範な市民一般に永久に結びつける方法を追求してきました。いかなる学問的な制限もなしに、これからはあらゆる人種と言語に、男女の両方に、来るべきすべての時代のために。

ここで行われる講義は、かびの生えた知識のたんなる反復ではないでしょう。講演者は、およそ一五〇〇人の聴衆を前に、研究所での発見を初めて明らかにするでしょう。

このように知識の進歩と普及をさかんにすることによって、私たちは学問の最高学府の最高の志を絶え間なく維持すべきなのです。インドのこうした貢献は研究所の紀要の定期出版を通して、全世界に届くでしょう。なされた発見はそれで公有資産になります。

正規スタッフのほかに、選考された特別研究生が参加することになるでしょう。彼らは特別な研究能力を証明し、生涯を研究に捧げようとする者たちです。彼らには個人的訓練が必要でしょうし、その数は必然的に限定されるにちがいありません。けれども本質的に重要なのは量ではなく質です。融通がきく限り、研究所の機能が世界中の研究者に利用されるようになるのが私の願いです。

私はここで、二五世紀前にさかのぼり、ナーランダーとタキシラの古代学府の構内で、世界中から集うすべての学者を歓迎したわが国の慣例を実行しようと試みているところです。

生命の昂揚

こうした遠大な展望で、私たちは過去の最高の伝統を維持するばかりか、よりすばらしい方法でそれを世界に供するでしょう。

私たちは人生の平凡な波や、真・善・美に対する平凡な愛を感じて、それと一体化しているべきです。この研究所は、生命研究の場であり、生命の庭園でありますが、芸術の主張が忘れられたことはありません。芸術家と私たちの協同作業は、建物の土台から小尖塔、そして床からまさしくこのホールの天井にまでおよんでいるのです。ホールのアーチを越えた建物は、いつのまにか庭に融合し、生命研究のための真の研究所となります。そこには、日光と風、そして星界宇宙のアーチの下の真夜中の冷気といった自然環境と戯れるツタや植物や樹木があります。

他の環境もあります。そこでは植物たちは、さまざまな光による彩色作用、不可視光、ガルバニ電流、すなわち充電された大気にさらされています。植物たちは至る所で自身の文字でその経験の歴史を筆記します。木々によって保護されたこの高い観察位置から、学生たちは生命のパノラマを見ることでしょう。

心を乱すすべてのものから隔離され、彼は自然との調和を学ぶことになります。覆い隠していたベールは取り除かれ、しだいに生命の大海に遍在する群落が、見かけの差違よりいかに重要かを理解することでしょう。不一致から偉大な調和を理解するのです。

展望

これらは何年か前、眠れない夜を過ごしていたころに編み上げた夢です。展望は果てしなく続きます。なぜならゴールは無限だからです。その実現は、ひとりの人間やひとりの富を通してではなく、多くの人間と多くの富の協力がなければありえません。さらに満足のゆく拡大の可能性は、多額な寄付に依存すると思います。

とはいえ、ひとつの始まりは必要でしたし、また、それが研究所設立の起源になったのです。私は何も携えて来なかったし、来たときのように戻るだけでしょう。その間になにごとか達成されたなら、実に恩典といえると思います。

私が持てるものはすべて提供します。長年の苦闘を私と共有してくれた女性は、遺言で、同じ目的のために全財産を譲ることを望みました。私はまったく孤独だったわけではないのです。世の中が疑っている中で、信頼がまるで揺るがなかった人が沈黙の街に少しはいたのです。

数週間前までは、必要な範囲の拡大と、研究所の永続性確保は、未来に求めるしかないと思われていました。けれども必要に応じて、反応がゆっくりと呼び起こされました。統治府は研究所を恒久的な基礎の上に据えるべく、見込まれる公益に比例する補助金を認可する意向を伝えてきました。奇特な方たちからのまさに最初の寄付が、遠方の州から二件届きました。二人とも私の見知らぬ人でした。

インドの特別な能力と科学への貢献

西洋の近代科学における過度の専門化は、知識についての基本的な事実を見失う危険を導きました。知識には、その全部門を含む唯一の科学、唯一の真実しかありえません。

なんと自然は混沌として偶然のように見えることでしょう。それは人間の精神がいつか、その秩序と法則を連続的で一貫した進行として、理解しうる宇宙なのでしょうか。

インド人の精神は、奇妙なほど統一という考えを理解し、現象世界に秩序ある宇宙を見るのに適しています。私はこの思考傾向によって無意識に分断された諸科学の最先端に導かれ、理論と実際の絶え間ない交替の中に自身の研究進路を形づくってきました。無機世界から、有機生命とその多様な成長活動、運動、そして感覚すらも対象に。

これまで二三年間の多様な研究方向を見渡すと、今ではその中に自然な連続性があったことに気づきます。電波の研究は、最短の電波の産出方法の考案に導きました。それが可視光と不可視光のあいだの湾に橋を架けたのです。これに続いたのが、不可視な波の光学的性質についての正確な研究でした。光に対して不透明な種々の物質の屈折力の決定、全反射する空気フィルムの効果、歪んだ岩と電気トルマリンの偏光特性の発見などです。

方鉛鉱を素材とする新型の自己回復型受信機の発明は、無線信号の周波数レンジを拡張するクリスタル探知器の応用の先駆けとなりました。

物理化学においては、電気刺激下の物質の分子的変化の発見が、写真作用の新理論を導きました。立体化学の実り多い理論は二種類の人工分子の生産によって補強されました。この分子は二種類の糖を好み、分極化された電波を左右に回転させました。さらに受信機の「疲労」が、その電気反応が示すような物質固有の普遍的敏感さの発見に導きました。

次に可能性を切り拓いたのは、環境変化の修正反応の研究でした。中でももっとも驚くべき兆候をあらわしたのは、刺激による興奮と、毒によるその沈静です。

この実り豊かな発見は多くの応用例を生みました。そのひとつが、人工網膜の特性が人の「視覚の両眼交替」という意外な発見の手がかりとなったことです。したがって私たちの目は、これまで信じられてきたように、両眼がつねに一対で連続的に働くわけではなく、代わる代わる相手を補って機能するのです。

植物の生活と動物の生活

「無機」物質の反応の研究から、自然なつながりで、動物の機能との比較による植物活動の研究に従いました。

大部分の植物は受動的で動かないものと思われています。しかも実際、その運動範囲は本当に限定されたものです。それゆえ、興奮の震動を増大して、植物の認識時間を千分の一秒単位で計測する高感度な装置が発明される必要がありました。この装置により超顕微鏡的な運動が計測され、記録されました。計測されたその長さは、光の一波長よりもしばしば短いものでした。かくして植物の神秘生活が初めて植物自身の肉筆によって明らかにされたのです。

植物自身の文字に基づくこの証拠は、植物世界を敏感なものと鈍感なものに分けてきた長期的な誤りを取り除きました。

最近の一例がファリドプルの「祈る」ヤシです。毎晩、ひれ伏すかのように、おじぎをするそのふるまいに驚かされるのは、植物は無感覚であり、堅い木ではなおさらそうだという想像に由来します。それはまちがった理論と不完全な観察にゆがめられた想像にすぎません。

私の研究はすべての植物、樹木さえもが、環境の変化に対して完全に敏感であることを示しています。雲の通過によるわずかな光の変動にさえ、はっきりと反応します。この一連の研究によって、植物・動物ともに、人間の睡眠に対応するような周期的な無感覚性が存在することがわかりました。そして、生体反応の基本的な統一が完全に確立されました。死亡痙攣のようなことは植物でも起こるのです。

有機体におけるこの統一は、動物では心臓の鼓動にあたる植物の自然発生的な脈動でも示されます。興奮剤、麻酔薬、毒に対する効果は、植物と動物の組織で同一なのです。薬理効果のこの生理学的同一性は、主導的な医師によって、医学の科学的進歩に重要な意義をもつものと見なされています。なぜなら今や私たちは、動物実験より人道的であるのみならず、患者の状態を通してあらわれる反応より単純で敏感な薬理作用の試験方法を入手したからです。

さまざまに処理された植物の成長と変化は、ただちにクレスコグラフによって記録されます。農業の権威たちは、この研究方法が実用的な農業を推進するだろうと期待しています。これによって初めて成長速度の修正条件を分析し、別々に研究することが可能になったからです。数か月を要し、未知の変化によって結果の価値が損なわれてきた実験が、今や数分以内に実行できるようになったのです。

純粋科学に戻って、「屈性」運動ほど多様性に富む、すなわち一般化がいっそう困難な現象はありません。たとえば巻きひげの巻き、光に向かうか離れるかする向日性の運動、あるいは重力方向かその逆方向かに分かれる根と芽の屈地性の運動など。私は最近の研究で、こうしたきわめて多様な効果の基礎となるひとつの基本的反応を樹立しました。

終わりにあたって、植物の「神経」インパルスの実演から始まる新しく意外な一章について一言ふれましょう。

私は神経インパルスの植物内の通過速度を計測し、神経の興奮のさまと多様性も同様に計測しました。それによって、植物と人間の神経インパルスは、同一条件下では抑制されるか、興奮させられるか、どちらかだとわかりました。このような類似は極端な事例に思われるかもしれませんが、やはり注目してよいでしょう。

ガラスの中で外来刺激から慎重に保護された植物は、つやつやと繁茂しますが、そこでは高度な神経機能は衰退してしまっています。ところが、この衰え、むくんだ試料に連続的な衝撃が雨のように浴びせられると、ショックが神経回路を形成し、悪化していた性質を新たに呼び起こすのです。

長い間、生理学者と心理学者を等しく困惑させている問題は、記憶の基礎となる謎に関わっています。けれども現在では、この研究所での実験を通して、そのような潜在的印象は次にまた復活する能力があることがわかっています。無生物でさえ、遡って「記憶印象」を追跡することが可能になっています。

そのうえ私たちの感覚の調子を決定するのは、中心となる受容器官に到達する神経の興奮の強さです。そこで通過中の神経インパルスの修正手段が発見されれば、感覚の調子や質を変えることは理論的に可能でしょう。

植物の神経インパルスに関する研究は、その制御方法の発見を導きました。これは動物の神経インパルスに対しても同じく有効であることが明らかになり、物理学、生理学、心理学は一点に出会うことになりました。ここでは多様性の中に統一性を求める人びとが、探究し整理するでしょう。インドの天才の真の開花が見いだされるべきなのです。

物質の振動、生命の鼓動、成長の脈動、神経とその結果生じる感覚を通して流れるインパルス、これらはいかに多様で、なおかつ統一されていることか。

神経物質の興奮の震えはたんに伝達されるだけでなく、変形され、鏡のイメージのように、感覚、愛情、思考、感情といった生命のさまざまな面に反映されます。なんと不思議なことでしょう。物体とそこから独立したイメージの、どちらが本物なのか。どちらが衰えないのか。どちらが死の限界を越えるのか。

請求さえすれば、自分のものになる富の選択を求められたヴェーダ時代の女性は、不死をえられるかどうかと尋ねたといいます。もし彼女に死が訪れなかったなら、それで何をしたのでしょうか。

これは昔から永遠に続くインド人の魂の叫びでした。物質的束縛を付加するためではありません。苦闘を通して自ら選択した運命を解決し、不滅を勝ち取るためなのです。

過去に一国が勃興し、世界帝国に勝利した例は数多くあります。世俗的な力を行使したその偉大な王朝の記念物として残されたものは、わずかに埋蔵された破片だけです。しかしながら、物質の化身を見いだし、なおその変化と破壊を超越するもうひとつの原理があります。それは一瞬の世代が伝えた思考に由来する激しい情熱です。物質ではなく思考であり、所有物でも才能でもなく理想であり、それこそが不滅の種であると判明するはずものです。

人類の本当の帝国は、物質的な獲得ではなく、思考と理想の寛大な普及によって建設されるものなのです。こうして海を境界とする巨大な帝国はアショーカ王に属したのです。彼がぎりぎりまで贈与して世界を取り戻そうとした後、アムラーの実の半分以外に与えるべきものがなくなりました。その苦悶の叫びは、半分の果実を最後の贈り物とせざるをえなかったからでした。

アショーカのアムラーの紋章は研究所の蛇腹に見られるでしょう。そしてなにより高くそびえるのは落雷のシンボルです。純粋で潔白な聖仙ダディヤンチュは、悪を打ち、正義を称揚するため、自らの骨で神の武器、落雷が作られるようその命を捧げました。

私たちが今提供できるのはアムラー実の半分にすぎません。しかしながら過去は、いっそう気高い未来に再生すべきものです。私たちは今日ここに立ち、明日は人生の努力と未来へのゆるぎなき信頼によって、来るべき偉大なインド建設のために全力を尽くせるようふたたび研究にもどります（ボース研究所の開所式におけるJ・C・ボース卿の式辞、一九一七年一一月三〇日）。

第19章 研究所の発展

前章に再録した研究所設立の理想を述べたボースの式辞は、インド国内だけではなく西洋にも深遠な印象をもたらした。

マスメディアの反響

『タイムズ』紙の主要記事から、次の一節を引用しよう。

――ジャガディス卿が科学の教授を天職として選択したときには、まさにインド人の気質によってつねに自然の研究から抽象的な推測にそれて行くだろうと一般に思われていた。当時は、たとえ正確な観察と探究の能力があったとしても、雇用の機会はまったくみつからなかった。よく整備された研究所も熟練した機械工のいずれも存在しなかった。インドの高等教育がめざしていたのはもっぱら文学的ステレオタイプだったが、それを壊す努力もないにひとしかった。

科学ルネッサンスの発展に、ジャガディス卿は影響力をもって貢献した。インド人は公正に特定の活動分野で世界的名声を博した少数者がいることを誇りに思い、この誇りが世論を醸成した。

研究所ではインドの大学院生たちのグループが生活を研究に捧げている。公刊された研究所の紀要はこの高名なベンガル人の指導の下で、インドの研究が科学的な知識に相当に貢献できることを証明している。

この分野には、ジャガディス卿が研究に着手した当時は当然と思われていた西洋と東洋の精神的差異は基本的に存在しない。ある作家がいったように、研究の傾向と理論の持ち味はインド固有の精神的特質から取り込まれているものもあるかもしれない。しかし確認可能な真実への信頼と事実への訴えは、インドでもヨーロッパでも等しく研究と理論の基礎となりうるのである。

ほかでもないこの知識の分野で、インドにはなすべき特別な貢献がある。J・C・ボース卿の研究は、その瞑想的な習慣によって、インドの精神が統一の理念を実現し、現象世界に秩序ある宇宙を見るのに格別適しており、しかもこの習性が、無限の辛抱強さで真実を追い求め続ける精神力を授けることを証明した。

『アシーニアム』誌は書いている。

純粋な科学研究所の設立はインド史の重要事件である。紀要出版と最初の研究成果は、それが科学史の重要事件でもあることを証明している。

インドの最先端科学の推進センター

創設者の壮大な研究構想を継いで、物理科学のすべての成果を借りて生命プロセスの研究を続けるこの研究所について述べよう。

この建物は知的活動にとって、そしてカルカッタの大衆にとって好都合なように中心部に位置している。建物は灰色がかった紫の細かい砂岩から作られ、全体に象徴的な装飾が細かく施された前ムハンマド期インド様式の印象的で威厳あるデザインである。正面には適切にも敏感な植物の小庭園があり、その中には噴水とプールと日時計、そして比較のための電気制御式の時計目盛りが設備されている。

研究所とその研究の特色を示すサインは、観察者の目前に二本の平行曲線で自動描写される巨大な二重のトレースである。曲線の一本は気温、光などの基本的な変動を記録する。もう一本は、二四時間、毎分ごとの条件変化に対する大木の反応を要約する。この木の自動記録はすべての植物が、堅い木も含めて、周囲の変化に完全に敏感であることを生き生きと示している。通り過ぎる雲の群れさえ、木自身の特別な文字で描写され、特別に考案された計器によって認知、記録される。

ここでも、研究所の意義について説明するが、それはたんに物理学的、または生理学的研究の特有な方向性をあれこれ研究する研究所ではない。最初から物理学の主要な資源と方法の集中をめざし、すべての生物学の中心的な課題である生命特有のプロセスの研究に耐えるものである。

広い玄関には、電波の物理学的研究から生命の生理学的研究まで、過去の何年もの研究に不可欠な装置を一挙に陳列した長いガラスケースが並んでいる。これらは観察と記録の完成度の昇順に配列されている。人は一歩一歩、直接的で単純で、時に荒っぽい間に合わせの手段を通過し、現在の用意周到な繊細さと正確さをそなえたほとんど魔法のような精巧さにいたるのである。

ここには一八九五年に戻って、ボースがつくった最初の宇宙信号装置がある。最新の装置は、千分の一秒単位の認識時間を記録し、極微の運動を測定して、今まで感知できなかった植物成長の脈動を記録する。

研究所の意義はこのようにして、もっとも高感度の装置の新発明の中心として、例外的な製造技術の中心として、科学はもちろん、最終的には産業に対する重要性とともに明白になる。ワットからケルヴィンまで、あるいはガリレオとレオナルド・ダヴィンチに戻り、そこからベルとエジソンに進み、現在はボース自身のように、もっとも偉大な物理的な発見者と発明者は、器械製作者でもあった。手と脳はわれわれが、それぞれ「発見」と「発明」と呼ぶ相補的な進歩に向かって交互に刺激し合うのである。

大講堂のかたわらを通って、今度は研究が進行中の実際の研究所をのぞいてみよう。これらは一部は本館内にあるが、大部分は別館に収容されている。そしてもちろん主として庭園の周辺に配置されているので、

ボース研究所

そこから始めるのが適当かもしれない。

庭園の主役は、巻き付く植物やよじ登る植物のような敏感植物や、他の運動する植物たちである。それはその「哲学者の道」とともに大学回廊の役目をする長い日陰のパーゴラを覆っている。もっと近くの地面には、快適な芝生、水生植物のための噴水とタンク、一群の樹木、庭園の若干年がいった同居人などが、麻酔薬を投与されて、まるごと移植されてきた植物と一緒に配置されている。

これらの木の下には多様な装置が設置され、その上には観察と思索を交互に行うための開放プラットホームが置かれている。鋭い展望と瞑想的な解釈のこの交替が、まさしく科学のプロセスであり、知的な生活リズムであるというわけである。

こうした設備と、生物物理学庭園の他の入口からわれわれは研究所に入る。小さな大理石の玄関口の向こうには、また、自由に観察と瞑想が可能な白、赤、青の温室がある。通常の条件との対比のため、スペクトルの対極から光を与えられて、植物の成長と行動を研究するためである。その向こうには電気学、化学、機械学、顕微鏡学、生理学の、より大きな研究所がある。

このように新しい研究所を概括的に眺め、理解し、あるいはそれが首尾よく機能することを予見しながら、今度は座席数約一五〇〇の大講堂に入ろう。研究所の開所式が催されたホールである。ここで研究所の主要な研究成果を知らせる部長などによる講座が定期的に行われている。

研究所の研究施設と敷地が従来とは異なる新しいデザインであるように、このホールもおそらく今のところ科学博覧会のための最良の環境を提供している。ここには、物理学者の協力なしに設計された講堂によくある視覚上、音響上の欠陥がない。多数の聴衆がただちに見聞することができるシンプルで効率的で美しい計画である。ホールの目的は、一大科学ショーや、人気が高いものに限定されているわけでもない。基本的な考えは、新しい知識の科学的な展示会をもっとも訴えるかたちで知的な大衆に提供することである。

ホールの装飾もまた、学生、科学者、芸術家の興味をそそる。

天井の大きく放射状に伸びたハスのデザインは、アジャンタ石窟の大聖堂の天井から自由に改変されたもので、研究所の研究ととくに関係が深い敏感な植物で境を接せられている。注意をそこに集中させるように、ホールの主要部は地味で簡素なままである。

投射スクリーン上には、寓意的な帯状装飾が描かれている。この作者は、カルカッタ芸術家の小グループ「探究」の著名なメンバーであるナンダラル・ボースである。彼はインド絵画の伝統を近代的な興趣と個性的表現のもとに復活させた。夜明けの神聖な川から出立する長身で知的な人影。道中に待ち受ける剣先を感じながら、鋭く身構え、魔法の笛で彼を鼓舞する花嫁の想像を冒険旅行の道連れにして。

ホールの最終的な焦点となる装飾は、二輪戦車で、闇と光による日々の宇宙的闘争に立ち上がる太陽神の金、銀、銅のみごとなレリーフである。

この新しい研究所は世界の科学に対してと同様、インド人の思考と生活にいかに作用し、反応するだろうか。産業、農業、医学を推進し、とりわけすべての必要とされる解放と高等教育の更新をいかに進められるだろうか。

それを予測するには早すぎる。当分はこの創造的な生命の花が完全に開花すればそれで十分である。その成果は時間をかけて成熟し、新しい活動の種子はインド全体に広がり、世界中に普及するだろう。以上の要旨は研究所の開設直後に書かれたものである。それ以来二年が経過した。当初の希望はすでに十分に満足のいく形で身を結んでいる。

これまでに、大部の二巻の『紀要』が研究所から出版されている。ここにはボースの独創力の多くを具体化し、彼の頻繁な指示と研究者や助手の助けを借りて好結果を収めた四〇以上の論文が収録されている。彼らはこのようにして、指導者ともっとも親密な接触をもち、その精神と熱狂の把握にいたるのである。しかしながら、もし企業が明瞭に着想された巨大な研究分野に保険をかける用意があるなら、提供を必要とするものはまだたくさん残っている。空間と装置をあげつらう以前に、学者が将来の心配に縛られずに研究を続けられるような資金がまだ不足している。

この奉仕では、彼らはどのような現世的な利益も求められないし、どのような名誉を大学から授けられる可能性もない。なぜなら、インドの大学試験で適用されたテストは西洋で完全に受け入れられ、確立された知識だからである。そしてボースの発見が、標準的な教科書を通してアカデミックな中心に到達するまでには、何年もかかるからである。

研究所の活動の継続と漸進的な拡大は緊急課題だった。ボースは、自分の財産をすべて管財人に譲り渡していた。だが国際的な科学研究所が、必要な基本財産をきわめて不適切に構築したということはない。このことは、ビジネスと財政上の心配に悩まされているボースのような人間が、悲惨な状態に陥らなかったことから明白だろう。

彼の底知れない願望のひとつは、完全な主導権を確保するため研究に全力を集中することである。他の研究者が手をつけても判然としないテーマで完成可能なものなら何でも、新しい研究方法を工夫し、新たな発見を求めてやまないのである。とはいえ研究に専念するために必要な安息や余暇は、明らかにまだ数年間、彼のものにはならないはずである。研究所の運営にそなえて後継者を訓練しなければならないからである。

彼がえた最初の幸運は、研究能力と献身において申し分のない年配の弟子を副所長として確保したことだった。その下で研究する者たちに、ボースは個々にあらゆる発展の機会を与えた。

ボースが研究所の利害にからみ、イギリス訪問にかり立てられたのは一九一九年の終わり近くだった。そこで彼は、近代インドの科学への貢献の重要性について科学界に完全に確信させたのだった。

けれども目的からすれば、選ばれた時期はまったく有望に思われなかった。ボースのイギリスの友人たちは、イギリスの混乱した政治的・社会的状況についてあり余る警告を口にしていた。国家的問題、国家的気質は、名目上の平和の最初の年に、回復に向かうきざしを見せていなかった。彼のような科学的研究においては、いかなる利益も喚起できないと悟るだろうと、友人たちは忠告した。カルカッタ研究所のような計画ではなおさら利益が少ないと。

さまざまな支障があったが、ボースは頑固に計画を遂行し、一一月半ばにロンドンに到着した。

彼の歓迎会は、予想をはるかに超える好意的なものだった。それは英国中が、前年にはとんでもなく疑わしいとされた発見を受け入れ、称賛する用意を整えていたかに思えた。まるですべての扉が大きく振り開けられたようだった。

指導的な思想家による信頼すべき承認とされるべきものは一二月に、インド担当大臣のモンタギュー氏が手配したインド省の公式会議の形で訪れた。彼は副大臣としてカルカッタで会見して以来、ずっとボースの仕事に深い関心を寄せていた。ボースは議長を務めるアーサー・バルフォア氏とともに、講義と実演を行なうよう招かれた。

インド省の記録によれば、掛け値なしにその行事は比類なきものだった。それはインド統治における新しい協調関係の契機と思えるものだった。講義室は著名な代表的な聴衆で満杯となり、その反応は熱狂的なものだった。一連の典型的な成果が彼らの前で発表され、磁気クレスコグラフの能力も証明されたが、それは疑いなく実験的知識の広大な世界が驚異的に明かされたものだった。

講義の完全な要約が大陸とアメリカに打電されたことで、その興味はいっそう大きくかき立てられた。と同時に、英国の報道機関はその講演に大きな紙面をさき、このインドの碩学に科学的行事に対する新聞の扱いとしては異例の好意的な評価を与えた。

『タイムズ』紙の主要論文からの一節。


ジャガディス・チャンドラ・ボース卿はインド哲学の太古の神秘主義と、西洋科学の実験的方法との豊かな結合のすばらしい例である。われわれヨーロッパがまだ野蛮な生活の粗野な経験主義に没頭しているあいだに、この明敏な東洋人は宇宙全体を統合の中に覆い尽くし、すべての変化の兆候の中に唯一者を看取していたのである。

彼は科学を科学自身のためだけではなく、人類の利益への応用のために追求している。われわれはボース卿が作り上げた知識に付加することを歓迎するが、なかんずく彼においてインドと英国が相互利益に向かってその天才をもっとも結びつけられるという証拠を歓迎する。

J・アーサー・トムソン教授は『ニューステイツマン』誌の論文に書いた。

インドのこの天才に同意するのは、研究者たるものは、われわれがこれまでほのめかしてきた以上の統一に向かって邁進すべきであり、生物の反応や記憶の表現を無機物の類似物に関連づけようと努めるべきであり、物理学、生理学、心理学が一点に向かうのを見透すべきだということである。（これこそ）今日、われわれの中央の席に迎えることを誇りに思う実験の大家の問題提起なのである。

王立協会フェローとなる

ロンドンに着いて一か月たたないうちに、ボースは自分の研究の重要性に対して、非常に熱心で広範囲な興味が存在するというあり余るほどの証拠をえた。彼の同僚研究者と一般教養を身につけている大衆に関しては、この興味は驚くべきものではないはずである。

戦争中、彼が最後にイギリスを訪問してからの歳月は、比類ない精神の大変動期であり、応用科学の範囲では既知のすべてをしのぐ実験と達成の期間だった。さらに生命の神秘的活動、とくに生物と無生物の境界現象のあらゆる論議に関心が寄せられた。その好奇心は今日、平均的な人間が共有するものとなっている。思想と科学研究の指導者たちの関心については、申し分ないほどである。戦前、ボースがメイダ・ヴェールに一時的な研究所を準備したとき、社会的地位のある多くの著名人が絶えず訪れた。一九二〇年の春には、ブルームズベリー・スクウェアの研究所には、ほとんどすべての科学的指導者が訪れた。

彼はオックスフォード、ケンブリッジの両大学から招待され、聴衆の前で演説と実演を行い、大いに称賛された。リーズ大学の副総長からは、もっとも温かい講義の招待状がとどいた。

彼に大学での歓迎を提供したマイケル・サドラー卿は、最近カルカッタ大学改革委員会の委員長としてインドに滞在していた。その折り、インドでボースの大学教員としての仕事を直接知る、ある科学研究の権威から、次のような話を聞いた。

インドは中等教育と高等教育でもっと多くの科学が必要とされており、過剰な試験の専制から救出される必要があります。同僚とベンガルのプレジデンシー・カレッジにおける育英事業について調査していたときに、私は、ジャガディス卿の仕事がベンガルのみならず、インドにとって意味するものを以前よりよく理解するようになりました。

自由に達人の心をもって最高の研究を行ったのは、インド人の天才にして英国人の天才でした。科学と芸術における偉大な仕事がなされるのは、サンヘドリン〔ユダヤの最高法院〕によって立案された教授細目の下での几帳面な試験準備によってではなく、何か大きな問題に自由に取り組む研究所においてでしょう。ジャガディス・ボース卿の名前と、彼がカルカッタに設立した研究所の名前は、インドでは何千もの信号灯としての役目を果たしました。なぜなら科学とは科学への愛を学ぶことであり、そこには自由と熱意をともなうからです。

名誉は続き、アバディーン大学からは、LL.D.〔名誉法学博士〕を授与された。一般生理学の進歩と、植物の感受性に関する研究の重要な貢献が認められたものだった。

最後に、ヨーロッパの同僚による正式な承認に関して、もっとも重要な事件にふれなければならない。

全英領の科学者によってもっとも誇るに足る人物と承認される名誉が、王立協会のフェローシップ〔特別研究員職〕の授与である。その名誉は本書が印刷に回された時（一九二〇年五月）に、物理学だけでなく、生理学における貢献も認められて、ボースに授けられている。二〇年にわたる一連の論議をよんだ事件の頂点として、満場一致の決定という大団円を迎えたのである。

ボースは一九〇一年五月、王立協会に植物の反応に関する最初の成果を伝えたが、拒絶された。真実が光の中に進入するまでにほとんど二〇年を要したのである。それは、新しい研究方法の解決ために捧げられた断固たる二〇年だった。勝利は、最初の段階で問題にされ、過小評価された実験を最後までやり抜いた結果だった。以来、人間の知識の帝国にすばらしい新領域が加わったのである。一九〇一年には疑わしく、理解しがたいと思われたものが、一九二〇年には認められて、称賛されるようになったのである。

ボースの以前の対抗者たちは今ではもっとも信頼に足る友人になっていた。王立協会のフェローシップ授与では、物理学者、生理学者、心理学者が東洋からの同僚にその名誉を与えるべく結束した。

これに関連して、二つのことをとくに明確に主張する価値があると思われる。第一に、科学者間にいち早く十分な認識が浸透するのは、研究方針が明確に定義され、科学の正統な分類上の新分野にうまく収まっているものだということである。さまざまな科学分野を移動し、諸領域の実験を追求しながら、引き寄せられるように新分野にかり立てられていくボースのような研究の意義は、最後に認められるか、まったく認められない。

二番目は、科学的審理の最高裁判所による公認が遅れたことを、よそ者に対する偏見のせいだと考える者がいるが、ボースの事例に関しては見当はずれで、彼は終始、ただ科学者として同僚の間にあっただけであるということである。

ボースの名声を確認させた最終的な議論において、東西間に誤解とか衝突のきざしなどは一度もなかった。彼のすばらしい研究は世界中の科学者の熱狂的な称賛を勝ちえた。このことは最近、きわめて明白になっている。彼の反対者はクレスコグラフの信頼性を問題にし、主導的な専門家の前で、生理学の研究所で実演すべきだという提案を『タイムズ』紙に寄せた。ボースはこの挑戦を受け入れた。彼の実演の結果はあまりに驚異的だったので、最近の科学ではおそらくほかに類を見ないほどの共通の賛辞が贈られた。

次に紹介するのは『ネイチャー』誌、一九二〇年五月六日号にあらわれた記事である。

ジャガディス・ボース卿のクレスコグラフは非常に高感度なので、植物成長に関する表示の真偽について、最近、意見が表明された。それは、装置が示す効果は物理的な変化による可能性があるというものだった。

しかしながら四月二三日、ロンドンのユニバーシティ・カレッジでの実演は、レーリー卿、ベーリス、V・H・ブラックマン、A・J・クラーク、W・C・クリントン、F・G・ドナンの教授陣による五月四日付『タイムズ』紙の声明に導いた。

「われわれは植物組織の成長がこの装置によって、百万から一千万倍の拡大率で正確に記録されることに満足している」

ほかの機会に同様の実演を見たW・H・ブラッグ卿とF・W・オリバー教授は、クレスコグラフが刺激に対する生きた植物組織の実際の反応を示すという同様の証言をしている。

次は、五月五日付け『タイムズ』紙へのボースの品位ある手紙からの抜粋である。

公正の限界を逸脱する批判は、必然的に知識の前進を妨げずにはおきません。私の特別な研究はまさにその本質によって並外れた困難をもたらしました。そうした困難は二〇年間のゆがめられた説明によって、もっとひどくなったと言わざるをえないのを残念に思います。

ですが今は、私の行く手に故意に置かれたそのような障害を無視し、忘れることができます。私の研究結果が、何か特定の理論をひっくり返すことによって、各所に個人的敵意をかきたてたとしても、この国の主要な科学者によって差し伸べられた温かい歓待に、それ以上の快適さを感じているからです。

宗教におけるように、科学における正統派の困難は、古い理論と新しい真実の関係である。自分の言葉とか研究が、確立した教義の修正あるいは拒絶なしでは受け入れられない革新者は、自らの運命の何たるかについてよく知っている。彼は戦って道を切り開かねばならない。知識の王国には嵐が吹き荒れるのである。

J・C・ボースの事例では、王立協会は革新者を認め、その研究に栄誉を与えた。

ジャガディス・ボースの伝記は、科学的な仕事とか、知性または公共心などの崇高な理由に向かって自己形成しようというすべてのインドの若者によって、熟読玩味されるに値する。

最後の勝利を見つめながら、長い坂を上るヒキガエルの遅々とした犠牲多き目的達成については何も知らず、知的な創造における成功の達成条件は、すばらしい研究所とか他の有形な寄付にあると考えることは可能である。もちろん真実ははるかに遠い。

克服されなければならなかった無数の障害は、ボースのうちに、潜在していたあらゆる忍耐力と努力を引き出し、生涯の大事業の達成にいたる性格と思考の強靱さを鍛錬しただけであった。

同国人の偉大な経歴についてよく考えることで、インドの若者はなにも恐れることなく、脳と手をすばらしい研究に捧げるよう刺激されるだろう。かくして彼は、インドの過去の気高い知的伝統を取り戻すことになる。それだけではない。その伝統を現代の用語で言い換え、恐れをしらない情熱的な調査研究と直接的で個人的な行動、肯定的で建設的な精神によって、来るべき時代を築くよう奮い立たせられるだろう。

まさしくこうして、インドは、ヨーロッパは、人類の永遠の兄弟愛は、長らく待望されてきた再建の道に向かえるのである。

さらなる問いもある。いや、多くの者が本当に自ら問わざるをえないのに気づくだろう。骨折って働いているインドの何百万という人々とは何か。すなわち、そのような偉大な科学計画において、彼らはいかなる部分をにない、いかなる計画が彼らの役に立てるのか、と。

もちろん残念ながら、同じ問いは即ヨーロッパとアメリカの何百万という人びとにもなされるだろう。なぜなら、完全な科学への目覚めはまだ遠く、文明が提供すべき最良のものに達していないことは明らかだからである。両事例の回答は基本的に同じであるにちがいない。現代の知識世界と社会が悲劇的な失敗に陥らない限り、覚醒と結合は、いずれ到来するはずである。

ヨーロッパの一般大衆についてもあてはまるように、インドでは無学が必ずしも闇を暗示しないことは深遠な真実である。インドの村人は無学の平均によって判定されるほど無知ではない。科学に必要とされる大衆化は、一般には無教育の限定された顕われの問題だと考えられている。しかしそれはその一部にすぎない。当面の間は連続的に、社会有機体の精神的ルーツと、世代をつなぐ民俗的知識によって、伝統的生活を送る人びとが、独自の方法で卓越した知識をかなり理解できるようにすることである。

自分の夫人たちに会ってほしいと、ボースを家に招いたイスラム教徒の村人の物語は楽しく的を射たものである。それは、ベンガルの驚異的な研究者が、世界旅行中に訪れたすべての国で喝采をもって迎えられたというニュースが、インドの報道機関によって広められた直後だった。

「けれども私は赤の他人ではないのですか。あなたは婦人室を隔離しておかなくてよいのですか」と、ボースは尋ねた。

「あなたは赤の他人ではありません」と、そのイスラム教徒は誇らしげに答えた。

「あなたは私たちの一員です。あなたの声は、あらゆるところに到達していないというのですか」

シジュベリアのボースの村の隣人に関してもそうだった。そこの実験的な庭園について、彼らは「それは、夜、植物が彼に話をするところである」と、語っている。

独自の方法で、まさに現実的に、素朴な労働者たちは、ラビンドラナート・タゴール率いる詩人や文学者のような活力に満ちた文学再生運動と、進歩した知識に影響されつづけることだろう。

ジャガディス・ボース率いる科学者たちは、彼らに心を開き、とりわけ子供たちに対して開いた。種をまけば未来に収穫をもたらし、永遠にその領域を広げながら、つぎつぎに新たな種がまかれてゆくからである。われわれがこの記録の終わりで、ボースを置き残すのは、たぶん彼の村の静けさである。

けれども私には、彼の抗議の声が聞こえてくるようだ。

「ちがう、私の仕事が終わるのは村ではない。村から出てより大きな世界を発見するのだ。少年時代の英雄カルナのように、私の人生は決して終わりのないひとつの戦いだった。状況について不満を漏らすのではなく、勇敢に受け入れ、直面し、制すること。

長い間夢見てきた科学の寺院がついに、満足のいく状態にいたったのは、完全に全霊を捧げられ、また捧げねばならない目的の見通しをえた時に、閉じられていた扉が開かれ、不可能に見えたものが達成可能になるという信念のおかげである」

それゆえ、ボースの生涯のシンボルである苦闘と達成の場として、幼年時代をはぐくみ、周期的な静養先を提供した村は、大都市のあり余るエネルギーにおよばない。必然的に、彼の研究所は大都市に置かれ、そこからその能力と霊感を引き出しているのである。

努力し、克服した者だけが、勝利の果実によって、世界を豊かにすることができるのである。

解説……新戸雅章

ボースというインド人の名を聞いて、日本人なら誰の名前を思い浮かべるだろうか。最近なら「中村屋のボース」こと、ラース・ビハーリー・ボースを挙げるかもしれない。このインド独立の革命家は大正時代に日本に亡命し、日本人女性と結婚した。その後、日本にカレーの製法を伝えたことで、「カレーの父」とも呼ばれている。

同じインドの革命家、スバス・チャンドラ・ボースを思い出す者もいるだろう。スバスはインド独立運動を指揮した救国の英雄であり、戦前の日本とも縁があることで、ガンディーやネールに次ぐ知名度を誇る。

では、インドの科学者でボースといって、誰を連想するか。物理や科学に興味のある人間なら、「ボース＝アインシュタイン統計」のサティエンドラ・ボースを思い浮かべるかもしれない。彼の論文は、アインシュタインに刺激を与え、量子力学の発展に大きく貢献した。ボース粒子（ボソン）にも名を残すこのボースも、世界的に著名なインド人のひとりである。

しかし、本書で紹介されているボースは、中村屋のボースでも、インド独立の父ボースでも、「ボース＝アインシュタイン統計」のボースでもない。二〇世紀初めに物理学者、生理学者として活躍し、インド科学発展の礎を築いたジャガディス・チャンドラ・ボースである。

われらがボースは日本ではほとんど無名だが、その業績は電気学と生理学の両分野において文字どおり一時代を画すものだった。ピーター・トムプキンズとクリストファー・バードの共著『植物の神秘的生活』(工作舎)を読まれた方なら、その「一億倍に拡大された植物生命」という一章を憶えているかもしれない。そこにはボースの生涯と業績が簡潔に紹介されている。

ボースが生まれたのは、一八五八年。日本でいえばちょうど幕末の動乱期にあたる。生誕の地はイギリス統治下のベンガル州西部ダッカ地方のヴィクランプル、すなわち現在のバングラデシュ人民共和国ダッカ管区ムンシガンジュ県のヴィクランプルである。

ベンガル地方は、ガンジス川とブラマプトラ川下流に挟まれた広大なデルタ地帯である。この地域は古い歴史を誇り、紀元前七世紀ごろにはすでに文明が栄えていたとされている。紀元前四世紀のマウリヤ王朝以来、いくつかの王朝が交替したが、一六世紀にはムガール帝国の一地方になった。一八世紀末にはイギリス東インド会社に統治下になり、一九世紀半ばにはイギリスの直接統治に移行した。

第二次世界大戦後に独立を果たし、インドの一部となったが、宗教上の問題から、イスラムのパキスタンとヒンドゥのインドとに分離独立した。その後、さらにインドの西ベンガル州とバングラデシュ(旧東パキスタン)とに分断され、今日にいたっている。

デルタ地帯であるため、土地はきわめて肥沃で、世界有数の米とジュートの産地として知られている。その反面、台風や集中豪雨によって河川の氾濫がひんぱんに起こり、そのたびに大きな被害がもたらされる。人口が多く、人口密度の高さは世界有数である。しかし資源に恵まれず、有力な産業もないため、つねに貧困がつきまとっている。

住民はベンガル語を話すベンガル人がほとんどである。宗教は大半がイスラム教徒で、それに次ぐのがヒンドゥ教徒、仏教徒の順になる。

ボースの父親は、この地方の治安判事を務めていた。官僚としての地位は決して高くなかったが、行政と司法を兼ねる重要な仕事だった。行動力に富む父親は、自ら象にまたがって強盗一味のアジトを襲撃するなど数々の武勇伝を残している。

同時に彼はベンガル・ルネッサンスとして知られている一九世紀の宗教・社会・文化の改革運動組織「ブラフマ・サマージ」の指導者のひとりでもあった。その運動の一環としてボースは商工業、産業、芸能を振興し、自ら出資して事業を計画した。その中にはメーラー（商業市）のように大きな成功を収めたものもあったが、大半は失敗に終わった。投資事業の失敗は、家族に大きな負債を残し、その清算は若きジャガディスの私生活におけるもっとも困難な課題となった。しかし父がまいた種はやがて花となり実となって、後世に大きな収穫をもたらした。逆境や圧力にめげず、インド科学の発展に邁進したわれらがボースの情熱と信念は、この父を受け継いだものだっただろう。

ボースの科学的業績については、本文を読んでいただくのが最善だが、ここでは、その背景などをいくつか補足的に説明することにする。

無線電信の先駆者

ボースははじめ医学を志して渡英したが、体調の問題もあって断念し、物理学の道に進んだ。とくに当時最先端の電磁波の探究に取り組んだ。この分野における業績としては、ミリ波を使った通信の研究、「コヒーラ」の改良、鉱石検波器の開発などが特筆される。

無線の歴史は大まかに、マクスウェルが電磁波の存在を予言し、ヘルツがそれを実験で検出し、マルコーニが技術的に開拓して実用にこぎつけたと記述されている。しかしヘルツとマルコーニの間には、ブランリー、プリースト、テスラ、ロッジ、ポポフなどの先駆者がいた。彼らは理論と技術の両面においてマルコーニに匹敵する無線の巨人たちである。ボースもその列に加えられるべき最重要人物のひとりである。

一八九四年一一月、ボースは独自に開発した送受信機とアンテナを用いて、カルカッタで無線の公開実験を行った。実験で彼は電波で火薬に火をつけたり、離れた部屋のベルを鳴らしたりした。

この種の実演を世界で最初に行ったのは発明家ニコラ・テスラで、時期は一八九三年春のことだった。ボースの実験はそれより一年半遅いが、無線の実験としてはまちがいなく最初期のひとつに数えられる。しかもその実験はきわめて波長の短い電波を使ったことで、他の先駆者とは一線を画すことになった。

テスラをはじめとする無線研究の先駆者たちは、おおむね波長数キロという長波の電波を使用した。これは無線の実用化には、より到達距離の大きい長波が有利だと考えたからである。これに対してボースが使用したのは、波長が五ミリ程度の、現在では「ミリ波」とよばれている電波だった。これはテレビの地上波や携帯電話で使用されている電波よりもさらに短く、扱いの難しさや到達距離の問題から通信には利用されていない。

ボースがこれほど短い電波を採用した理由は、物理学者として電磁波や光の性質を深く探究しようとしたからにほかならない。そのためには到達距離は小さくとも、より光の波長に近い短い電波が適すると考えたのである。

公開実験の成功後、ボースは大学と自宅を結んで実験を行おうとしたが、着手する前に渡英したため、立ち消えになってしまった。これ以降、ボースが無線の実用的研究に専念することはなかった。このようにボースにとって無線研究はあくまでも物理学研究の一環だったが、彼が開発した技術は結果的に無線の実用化に大きく貢献することになった。

彼が一八九九年に開発した水銀コヒーラは、マルコーニの大西洋横断無線電信の成功に利用されたことで知られている。コヒーラというのは、フランスのエドワール・ブランリーが一八九〇年に発明した電波の検出装置である。その仕組みは金属粉末をつめたガラス管に電極を封入し、金属粉末が電磁波を感知すると電気抵抗が減少する性質を利用したものだった。真空管や半導体が実用化される以前には、無線の検波装置としてよく使われていた。ボースが開発したのは、水銀と鉄の接触面の酸化皮膜の抵抗が、電波の到達によって変化する性質を利用したコヒーラだった。

この新型コヒーラには高感度という以外に、大きな長所があった。従来のコヒーラでは電気抵抗が減少した状態から機能を回復させるために、密着した金属粉を外からたたいて互いに分離させる必要があった。しかし水銀コヒーラではこの動作が必要なかったのである。水銀コヒーラは一九〇一年一二月、マルコーニの有名な大西洋横断無線電信で使用され、その威力を存分に発揮した。しかし、このさいマルコーニはボースのアイディアをそのまま利用し、また成功後もそのことを明言しなかったことが科学史家によって指摘されている。

こうした経緯もあって、周囲はボースに特許を取得するよう強く勧めたが、彼は発明で大事なのは発明者ではないとして意に介さなかった。こうした態度に焦れたアメリカの友人が一九〇四年、半ば強引に手続きを進めて特許を取得した。結果的に、ボースはアメリカで最初に特許を取得したインド人の栄誉をになうことになった。

また一九〇一年、ボースは鉱石検波器の最初の特許を提出した。この仕組みは方鉛鉱に細い金属針を接触させたもので、半導体の性質を利用して検波を行うものだった。しかし当時は本人も含めて、半導体を利用しているとの認識はなかった。ボースの発明は安価でシンプルな鉱石検波、鉱石ラジオに道をつけ、その半世紀以上たってから、エレクトロニクス時代の基礎となる半導体工学として花開いた。その意味でボースは、時代に五〇年も百年も先駆けていたことになる。

物理学から生理学へ

電磁波の研究を進めるうちに、ボースは奇妙な現象に気づいた。コヒーラを連続的に使用していると、その感度はしだいに低下し、最後は無反応状態に陥った。ところが、しばらく休ませると感度がまた回復したのである。その反応は人間や動物が疲労し、休養によって回復する姿を思わせた。

これをきっかけにボースは、金属や岩石のような無機物が、一般に外部刺激に対してどのような反応を示すのかに興味をもった。実験の結果、無機物の金属が刺激に対して動物ときわめて類似した反応を示すことがわかった。それはマッサージや入浴によって疲労から回復し、毒によって殺され、薬物によって治療されたのである。

金属と動物、生物と無生物の間に横たわる溝は、従来考えられてきたより広くも深くもなく、その境界には橋を架けることができるのではないか。実験結果から両者の類似性を確信したボースは、一九〇〇年、パリの国際物理学会でこの事実を発表した。反響は大きく、多くの物理学者がこの新発見を肯定的に受けとめ、インドからやってきた科学者を称賛した。しかし同様の内容を生理学会で発表すると、今度はうって変わって反応は鈍かった。生理学者たちは物理学者ボースの発見を、自分たちの領分を侵すものとして警戒し、反発したのである。

その後、ボースは金属の反応が動物に類似しているなら、植物も同様に反応しないわけがあろうかと着想した。実験してみると、食虫植物やオジギソウのような敏感植物だけでなく、ニンジンや大根のような鈍感そうな植物でも、外来刺激に対して敏感に反応し、興奮したり、沈静化したりすることがわかってきた。彼らはそうした刺激と反応を通して運動したり、成長を変化させたりしているのである。

ボースがこの成果を発表すると、物理学界はまたしても興奮の渦に巻き込まれた。生理学界は前よりもいっそう強く反発したが、ボースは権威による攻撃にも臆せず、最後まで自説を貫き通した。

ボースは物理学の厳密な実験のみが、唯一真実を証明しうるという信念のもと、通常の植物の運動や成長を拡大して、目に見えるようにする精密な器械装置の開発に没頭した。共振レコーダー、磁気クレスコグラフ、平衡型クレスコグラフ……。平衡型クレスコグラフにいたって、その拡大率は実に一億倍にも達した。こうしてボースは植物の運動や成長の変化の自動記録に成功したが、その装置は植物の「屈性」運動の研究を大きく前進させた。

このころには、植物にも動物に似た一定の神経伝達組織が存在し、それが外来刺激を伝達して屈性運動を起こさせることがしだいに認められつつあった。しかしその機能は低級なものにとどまるだろうと見られていた。

なぜなら、顕微鏡で覗いても植物には解剖学的に認識できるような神経や筋肉が存在しないからだ。したがって動物の「刺激＝反応」に相当するような機能も存在しないのだ、と。しかし、目に見える神経や筋肉は存在しなくとも、オジギソウや食虫植物は、明らかに呼吸し、消化し、反応し、運動している。とすれば、なにかが神経や筋肉を代替して、同様の機能を果たさせているはずである。

ボースは新しく開発した共振パルスレコーダーを使って植物の反応曲線を記録した。その結果、植物の神経伝達は通常の植物でもきわめて高度で、動物とほとんど見分けがつかないことが証明された。彼らはその機能に基づいて寒暖、光、麻酔、電流などの外部刺激に反応して、自らを調節し、活発に、あるいは緩慢に運動するのである。

こうしてボースは無機物から植物、動物、人間を貫く生命現象の連続性を獲得した。それは新しい生命論、インド的生命論の誕生と呼んでよいものだった。

現在、植物の反応や運動の研究は大きく進み、そのメカニズムは、電気信号と化学信号の両方の伝達メカニズムから解明され、タンパク質、ホルモン、ニューロンなどの用語によって説明されている。たとえば、オジギソウの葉が垂れ下がるのは、葉に加えられた刺激が電気信号として葉枕に伝わってタンパク質の構造を変化させ、葉沈内の水が移動して細胞が変化(膨圧変化)するからだとされている。この動作は水が元に戻ることによって、二〇分ほどで回復する。このさい、電気信号を計測すると、動物の神経伝達ときわめて類似した特性を示すこともわかっている。

このようにボースの研究結果は、基本的に正しかったことが証明されているが、ただ、細部のメカニズムや、そもそもなぜ葉を閉じるのかなどについては、未解明な部分も多く、今後の研究が待たれている。

インド科学発展のために

ゲデスも再三指摘しているとおり、ボースの科学的業績は決して十全な環境の下で達成されたものではなかった。むしろ設備の不備、周囲の無理解、資金不足など、数多の逆境と苦難を乗り越えて勝ち取ったものだった。このことは決して忘れられてはならないだろう。

イギリスでの学問を終え、大志を抱いてインドにもどった若き科学者を待っていたのは、インド科学の貧困な現実だった。当時、インドの大学には科学の専門学部も、科学研究所もなく、インド人の科学者も存在しなかった。これは、政府と国民の科学に対する関心の低さを示すと同時に、彼ら自身がインド人には、科学は不向きだと思い込んでいたからにほかならない。

こうした偏見の中でなんとか教育官に任用され、初のインド人科学教授となったボースだが、仮の任用ということで給料は三分の一に抑えられた。しかも、父親のつくった借金の返済にも追われたため、その後は長い耐乏生活を強いられることになった。だがボースは決してひるまず、自らを古代の英雄カルナに擬して父と一体化し、この苦難と勇敢に向き合い続けた。もちろん父を偉大な母が支えたように、そこには夫人の献身的な支えがあったことは特筆されなければならない。

ボースの挑戦は、科学後進国で先駆的な科学研究を行うというアクロバティックな挑戦であり、それだけに理解はえられにくかった。イギリスの生理学界から強い反発を受けた時には、その事実が彼のインドでの地位を貶めるために利用された。

このようにつねに不安定な地位に置かれながら、ボースは研究によって着実に現状を突破し物理学、植物学、生理学にまたがる世界的水準の業績を挙げていった。このことは彼の領域侵犯を咎めた生理学者たちも、素直に認めざるをえなかった。

ボースのインド科学に対する業績はこの他にも数多い。そのひとつは言うまでもなく、一九一七年の科学研究所の設立である。この研究所は、充実した設備を誇り、インド科学発展の拠点としてその役割を十分に果たした。研究所は現在も創立者の精神を継承し、幅広いジャンルの科学者を集めて学際的な研究に取り組んでいる。

この研究所や長年奉職したプレジデンシー・カレッジで多くの後進を育てあげた功績も重要である。彼らの中からは、その後インド科学の発展に尽くした科学者が輩出し、それが現在の科学大国、ＩＴ大国インド発展の基礎となった。その意味ではボースを「インド科学の父」とよぶことになんのためらいもないだろう。

インド最初のＳＦ作家として

ボースは専門分野で数多くの著作物を刊行したほか、科学エッセーや小説にも健筆をふるった。特筆すべきはインド最初のＳＦ作家として、優れたＳＦ作品を残したことである。

父親も主導者のひとりだったベンガル・ルネッサンスのもと、ベンガルではタゴールらに主導されて文学の花が開いた。ＳＦの祖Ｈ・Ｇ・ウェルズを生んだ宗主国の影響もあってか、ＳＦ小説の人気も高かった。

一八九六年、ボースは「Niruddesher Kahini」と題するＳＦ作品を執筆した。この作品はのちに「Polatok Tufan（台風退散）」と改題されて、雑誌に投稿された。これがベンガル語で書かれた最初のＳＦとなり、ボースはベンガル最初のＳＦ作家と称されるようになった。

しかし「Polatok Tufan」という作品の重要性は、たんに最初のベンガル語のＳＦ作品となったというだけではない。興味深いのは、その作品が現代にも通じる大きな論点を含んでいることである。「Polatok Tufan」の内容は、台風のさなか、海洋に少量のヘアーオイルを垂らすことによって、台風を静め、船を嵐から守るというものである。ある研究者はこれを、小さな変化が大きな変化の引き金になりうるという「バタフライ効果」を先取りしたものだと指摘している。

「バタフライ効果」とは、一九六〇年代に気象学者エドワード・ローレンツが提唱した概念である。その骨子は一般に「ブラジルでの蝶の羽ばたきはテキサスでトルネードを引き起こすか」と要約されている。

太平洋を渡る小さな蝶の羽ばたきが、大きな気象変化を呼び起こすというこの考えは、さまざまな分野に応用可能な概念として注目され、カオスやフラクタルといった数学理論の代表例として引用されることが多い。

巨視的な自然現象と、微視的な自然現象が一点で出会い響き合うというそのスケール豊かな発想は、ボースのSF作品としてまことにふさわしいものといえよう。

晩年の科学者

本書が執筆された一九二〇年以降のボースの最晩年を簡単に紹介しよう。

自らの名を冠した研究所を設立した一九一七年当時、ボースは五九歳、長年務めたプレジデンシー・カレッジの退官後だった。この年、彼は多くの業績によって、イギリスからナイト爵位を授けられた。また大学からは名誉教授職を贈られ、退官後も籍を置くことができた。しかし研究の拠点は研究所に移し、ここで最後まで精力的に研究を続け、また若き研究者たちを指導した。

著作活動も衰えを見せず、一九二四年には、『光合成の生理学』、その二年後には『植物の神経機構』を出版した。そして一九二八年の『植物の運動機構』が彼の最後の著書となった。

社会的な活動としては、アインシュタインをはじめ、多くの科学者や文化人が参加する国際連盟の異文化間協力に関する委員会のメンバーに選出され、インド文化とインド科学の地位向上に尽くした。

インドが生んだ科学的天才の評価は、その晩年にかけてますます高まった。その業績と思想は、各界の人物に感銘を与え、多くの支持者を生んだ。彼に『ジャン・クリストフ』のサイン本を献呈した文豪ロマン・ロランもそのひとりだった。またソルボンヌ大学でボースの講演を聴いた高名な哲学者アンリ・ベルグソンも、「自然は嫉妬深く守り続けてきた秘密をついに明かさざるえなかった」と、その功績を評価している。『すばらしい新世界』などの著作で知られる文学者オルダス・ハクスリーも一九二六年、カルカッタの研究所を訪れている。彼はその感想を、兄の生物学者ジュリアン・ハクスリーにこう書き送っている。研究所では「すべての実験がフル稼働中であり」、それらは「すべての無生物に生命の兆候が存在するという暗黙の推測の実験的証拠である」と。

内外の称賛の声に包まれ、一九三八年一一月、ボースは家族に看取られて八〇年の人生に幕を閉じた。インド科学の発展のために捧げた生涯だった。

著者パトリック・ゲデスについて

最後に本書の著者パトリック・ゲデスについて簡単に紹介しよう。ゲデスは一八五四年、スコットランドのアバディーンシャイアに生まれた。したがってボースよりは四歳年上である。

生物学を学んだのち大学で教鞭を執り、有能な生物学者として頭角をあらわしたが、間もなく目を悪くして顕微鏡を覗くのが困難になり、生物学者の道を断念した。その後は都市計画の分野に転じて、気鋭の都市計画家としてめざましい活躍を見せた。

二〇世紀初頭の都市計画家というと、田園都市構想のエベネザー・ハワードや建築学的構想のル・コルビュジエなどが名高い。ゲデスも近代都市計画の祖として並び称されているが、その思想は一般の都市計画家とは一線を画している。

近代の都市計画家は大都市の郊外や遠方の地に、歴史と切り離された理想都市を人工的に築くというユートピア的発想が強かった。日本では多摩ニュータウンや千里ニュータウン、外国ではブラジリアなどがその具体例である。しかし歴史と切り離された人工都市が、決して理想都市でありえないことは、今日、歴史によって証明されている。

こうした「ありえない場所（ユートピア）」を求める思想に対して、ゲデスは「よりよき場所（エウ・トピア Eu-topia）」の実現を探求しようとする。

彼は、よりよき場所としての都市を建設するためには、都市計画家がプランをつくるだけでは十分ではないと考えていた。そのためには、都市の担い手である市民が都市の歴史と発展の方向性を認識し、進化する都市とともに自己成長しなければならないとした。

この理想主義的な都市作りを推進するために、彼は「地域《リージョン》」という概念を提案、地域を知るための綿密な調査を行った。収集した資料やデータは統計的に処理され、その成果を博物館等に展示して、市民が都市の成長過程を自分の目で確かめられるようにした。その上で、彼は「保存手術（コンサバティブ・サージェリー）」による歴史的な都市改造を提案した。つまりゲデスの場合は歴史の否定ではなく、あくまでも地域の歴史という土台の上に、持続、成長可能な歴史都市を計画しようとしたのである。

ゲデスの活躍の場は世界各地に広がったが、一九一五年からは、インドのニューデリーに招かれ、当市の再開発の仕事に携わるようになった。しかし、その計画案が旧市街の取り壊しを前提としていたため、猛然と反発、持論の「保存手術」を主張して譲らなかった。しかし彼の意見は受け入れられず、最後は罷免されてしまった。

ゲデスはその後もインドにとどまって、古代インドの都市や伝統文化などを学びながら、思想を深化させていった。エルサレムでも、旧市街地の保存や考古学的発掘を支援しながら自然発生的な都市づくりを提案した。

このようにゲデスは都市計画の理論と実践に大きな業績を挙げた。市民参加型の進化する都市、環境を重視し、自然と共生する維持可能な都市という彼の理想は、弟子のルイス・マンフォードらに受け継がれ、現代においてますます大きな影響を与えつつある。

ゲデスが最初にボースに出会ったのは、一九〇〇年ころのパリで、かのスワーミ・ヴィヴェーカーナンダの引き合わせだったと見られている。ゲデスは生物学者として、もともと植物の生長や生理学的な反応に強い関心をもっていた。それだけに、物理学と生理学を結ぶボースの研究成果もよく理解できたにちがいない。

さらにいえば、ゲデスは第一次大戦後の西欧世界を覆った分断と分裂に深い憂慮を示し、歴史との断絶、科学の個別化と知識の分断に強く反対した。近代に対する鋭い批評精神を持つゲデスが、ヨーロッパ統一の希望を、なにより統一を重んじるボースのインド的知性に見いだしたとしても不思議ではない。

ゲデスは著作家としても活躍し、著書も多いが、都市計画関係の主著は一九一五年に刊行された *Cities in Evolution*（『進化する都市』西村一朗訳、鹿島出版会 1982）である。

インドを舞台に親交を深めるうち、ゲデスはボースの伝記執筆を思い立った。伝記は一九二〇年、*An Indian Pioneer of Science: The Life and Work of Sir Jagadis C. Bose* として、ロングマンズ・グリーン社から刊行された。ゲデス六六歳の時の作で、晩年の著作に属するが、その旺盛な筆力は、彼の知的活力が少しも衰えていないことを証明している。実際、この五年後、彼は七〇歳でテルアビブの北部市街拡張計画案を手がけている。

ボースとゲデスはその知性のあり方において共通する部分が非常に多い。医学から物理学、生理学、心理学の分野にまたがって研究を進めたボース。一方、生物学者から出発し、都市計画から社会学、教育学の分野にまで手を伸ばしたゲデス。ともに領域を横断するタイプの知性だった。

いや、彼らのような知性にあっては、もともと横断とか越境とかいった感覚は希薄だったにちがいない。たまたま出発点が物理学であり、生物学だっただけで、その探究の方向はつねに深い探求と統一への思いに支えられており、いわば宿命的なものだったはずだからである。

二人は、反骨精神あふれる理想主義者で、困難をものともしない情熱家という点でも共通していた。交友が深まるにつれて自ずと響き合い、共感は深まっていった。

ゲデスの歴史的な都市の発想に、無機物から植物、動物、人、そして宇宙までも貫くボースの生命一元論が、影響を与えたのはまちがいないだろう。ボースが研究所の設計に当たってゲデスの思想を採り入れたことも想像にかたくない。

本書は偉大なインドの科学者ジャガディス・チャンドラ・ボースの体系的で過不足ない伝記となっている。同時にゲデスという稀有な都市計画家の主著のひとつとして、西洋と東洋の二つの知性の出会いを記したきわめて魅力的な読み物ともなっているだろう。

ワ

フェッダーセン　Feddersen, W.　072
フェフィナー　Fechner, G.　266
フォスター　Foster, Sir Michael　048, 126-28
フォーセット　Faucett, H.　050-51, 275
仏陀　Buddha　149-50
プフェッファー　Pfeffer W.　208, 215-16, 218, 227, 248, 250
ブラウニング夫妻　Browning, Mr. & Mrs.　156
ブラウン　Brown, Horace　136
ブラッグ　Bragg, W. H.　319
ブラックマン　Blackmann, V. H.　319
ブラントン卿　Brunton, Sir Lauder 190
ブランリー　Branly, É. E. D.　079-80, 098
ブル夫人　Mrs. Bull, Ole　278-79
プルタルコス　Plutarchus　034
フレネル　Fresnel, A. J.　069, 072
ペイリー　Paley, W.　046
ベーコン　Bacon, F.　034
ベック　Beck, T.　047
ベネディクトゥス　Benedict, St.　144
ベーリス　Bayliss, W. M.　319
ヘリンガム夫人　Mrs Herringham　148
ベル　Bell, G.　308
ベルグソン　Bergson, H.　265
ヘルツ　Hertz, H.　068-69, 073-81, 086, 105
ヘルムホルツ　Helmholtz, H. L. F. von　091
ポアンカレ　Poincaré, H.　080
ポインティング　Poynting, J. H.　095
ボース（義兄）　Bose, Ananda Mohan　050, 275
A・M・ボース夫人（姉）　Mrs. Bose, A. M.　037, 275
ボース（祖母）　Mrs. Bose　025-26, 037
ボース（父）　Bose, Bhagaban Chunder　016-25, 028-29, 032, 035, 037, 039-42, 055-56, 058-59, 274-75
ボース（母）　Mrs. Bose　028, 037, 040-42, 056, 058, 275
ボース（妻）　Bose, Abala Lady 086, 096, 145-51, 276-77, 280
ボース（妹）　Mrs. Bose, M. M. 017, 037
ボース（画家）　Bose, Nandalal　282, 311
ホール　Hall, President Stanley　191, 265
ポルタ　Porta, Giambattista della 112
ボールドウィン・ブラウン　Baldwin Brown, G.　025

マ

マクスウェル　Maxwell, J. C.　069-78, 083, 105
マッツィーニ　Mazzini, G.　153
マルコーニ　Marconi, G.　086
ミュンステルベルク　Münsterberg, H. 268
メンデレーエフ　Mendeléeff, D. I.　105
モーザー　Moser, M.　109
モリエール　Molière　214
モンタギュー　Montagu, E. S.　314
モンテーニュ　Montaigne, M. E. de 034

ヤ

ヨースト　Jost, L.　224, 245

ラ

ラスキン　Ruskin, J.　156
ラッカー　Rucker, A. William　095

サ

サーカー　Sircar, Sir Nilratan　283
ザックス　Sachs, J. von　208
サドラー　Sadler, Sir Michael　316
サンダーソン　Sanderson, John Burdon（J. B. S. Haldane）130-32, 166
シェイクスピア　Shakespeare. W. 034
ジェームズ　James, W.　268
シプリー　Shipley, A.　047
ショー　Shaw, Bernard　189
ジョンソン　Johnson, Ben　034
シン　Singh, Govinda　148
スティーブンス　Steevens, G. W.　145
ストークス　Stokes, G. Gabriel　095
スペンサー　Spencer, Herbert　141, 271
ゼーモン　Semon, R.　266
ソープ　Thorp, J. G.　279
ソロモン　Solomon, King　143

タ

ダーウィン　Darwin, Charles R.　106, 126, 131, 166, 190, 208, 243-44
ダーウィン（チャールズの3男）Darwin, Sir Francis　048-49, 188
タゴール（ラビンドラナートの甥;ガガネンドラの弟;画家）Tagore, Abanindra Nath　282
タゴール（兄;画家）　Tagore, Gaganendra Nath　282
タゴール　Tagore, Rabindranath　121, 154, 280-81, 322
ダディヤンチュ　Dadhichi, Rishi　303
チョーサー　Caucer, G.　144
デービー　Davy, H.　123
デュワー　Dewar, James　123
ド・ヴィニー　De Vigny, A.　012
ドナン　Donnan, F. G.　319
トーニー　Tawney, C. H.　057
トムソン　Thomson, Professor J. Arthur　315
トムソン　Thomson, William ▶ケルヴィン卿
トンプソン　Thompson, Silvanus 095

ナ

ニヴェディータ　Nivedita, the Sister（Noble, M.）　148, 278-80
ニェメッツ　Němec, B.　241
ニコル　Nicol, W.　077
ニュートン　Newton, I.　075, 077, 180
ノーブル　Noble, Margaret ▶ニヴェディータ
ノル　Noll, F.　241

ハ

ハウズ　Howes, Professor　136-39
パウロ　Paul, St.　144
ハクスリー　Huxley, T. H.　136
パトリック　Patrick, St.　144
ハートレー　Hartley, R. Dr.　110-11
ハーパー　Harper, Professor　178
ハーベルランド　Haberlandt, F.　218, 241
ハミルトン（インド担当大臣）Hamilton, George　094-95
バルフォア　Balfour, Arthur. J.　314
バルフォア　Balfour, Francis. M. 048, 078, 189
ヒューズ　Hughes, T. Mck.　048
ピュタゴラス　Pythagoras　143
ビョルンソン　Björnson, B.　278
ファーガソン　Ferguson, J.　149
ファラデー　Faraday, M.　069-70, 123
フィッツジェラルド　Fitzgerald, G.　095

人名索引

ア

アウグスティヌス（カンタベリーの） Augstine, St. 144
アクトン卿 Acton, Lord 143
アーサー王 Arthur, King 144
アショーカ王 Asoka, King 147, 157, 303
アショーカ王妃 Asoka's Queen 147, 303
アヒヤバイ Ahilyabai, Queen 152
アルフレッド大王 Alfred the Great 144
アントニウス Antonius 034
アンペール Ampère, A.-M. 069-70
イプセン Ibsen, H. J. 278
ヴァインズ Vines, Professor Sidney H. 049, 136, 139
ヴィヴェーカーナンダ Vivekananda, Swami 120, 279
ウェーバー Weber, E. H. 266-67
ウォーターハウス Waterhouse, J. 109
ウォルク Wolk, van der 178
エジソン Edison, T. A. 308
エーベルト Ebert, H. 091
エルジン卿 Elgin, Lord (Bruce, V. A.) 095
エワート Ewart, Alfred 216
オーム Ohm, G. S. 070
オリバー Oliver, F. W. 319

カ

カイユテ Cailletet, L. P. 090
カーゾン卿 Curzon, Lord 097
ガリレオ Galileo G. 308
カール大帝 Charlemagne 144
カルナ Karna 030-32, 323
ガンディー Gandhi, M. K. 283
キップリング Kipling, J. R. 145
キュヴィエ Cuvie, G. 248
キュリー夫人 Curie, M. S. 069
キンバリー卿 Kimberley, Lord 050
クインケ Quincke, G. H. 091
クック Cook, J. 146
クラーク Clark, A. J. 319
グラッドストーン Gladstone, J. H. 095
グラッドストーン（政治家） Gladstone, W. E. 132
グリーク Grieg, E. H. 278
クリフトン Clifton, R. 095
クリントン Clinton, W. C. 319
クルックス Crookes, Sir William 188
クローチェ Croce, B. 025
クロフト Croft, Sir Alfred 057-58
クロポトキン Kropotkin, Prince 281
クンツ Kunz. J. 082
ケプラー Kepler, J. 106
ケルヴィン卿 Kelvin, Lord (Thomson, W.) 059, 073, 086, 094-95, 287, 308
玄奘 Hiuen Tsaing (Xuanzang) 150
ゴーカレー Gokhale, G. K. 283
コルニュ Cornu, M. A. 060, 090
コント Comte, A. 012, 143

［著者紹介］

パトリック・ゲデス Patrick Geddes

一八五四年スコットランドのアバディーンシャイア生まれ。王立鉱山学校でT・H・ハクスリーに生物学を学んだ後、エディンバラ大学で動物学を講ずる。一八八九年から一九一八年までダンディー大学植物学教授をつとめるかたわら、生態学的な手法による都市計画の研究も推進。一九一九年から二五年までボンベイ大学社会学科および市政学科学科長に就任。アイルランド、フランス、インド、パレスチナ、イスラエルなど歴史的な都市を調査して保存・再生計画を提案。著書『Cities in Evolution』(1915 西村一朗訳『進化する都市』鹿島出版会 1982)で、都市調査の理論的基礎を築き、「田園都市」を提唱したエベネザー・ハワードとともに近代都市計画の祖とよばれる。また次世代への指導にも熱心だったことから、「環境教育の父」ともよばれている。一九三二年、フランス、モンペリエにて客死。

［訳者紹介］

新戸雅章 Masaaki Shindo

一九四八年藤沢生まれ。横浜市立大学卒。公務員を経て、編集プロダクション「スタジオ・アンビエント」を設立。SF評論誌『SFの本』を創刊。その後、文筆活動にはいる。発明家ニコラ・テスラの研究をライフワークとする。主な著書に、『天才の発想力』(ソフトバンク・クリエイティヴ)、『テスラ――発明的創造力の謎』(工学社)、『逆立ちしたフランケンシュタイン』『発明超人ニコラ・テスラ』『バベッジのコンピュータ』(以上、筑摩書房)、『情報の天才たち』(光栄)、『発明皇帝の遺産』(祥伝社)などがある。

An Indian Pionner of Science : The Life and Work of Sir Jagadis C. Bose by Patrick Geddes
Longmans, Green, and Co., London, 1920

Tsukishima 1-14-7 4F, Chuo-ku, Tokyo 104-0052 Japan

インド科学の父 ボース

発行日――二〇〇九年六月一〇日
著者――パトリック・ゲデス
訳者――新戸雅章
エディトリアル・デザイン――宮城安総＋佐藤ちひろ
印刷・製本――株式会社国際文献印刷社
発行者――十川治江
発行――工作舎 editorial corporation for human becoming
〒104-0052 東京都中央区月島1-14-7-4F
Phone: 03-3533-7051 Fax:03-3533-7054
URL: http://www.kousakusha.co.jp
E-mail: saturn@kousakusha.co.jp
ISBN 978-4-87502-420-0

恋する植物

◆ジャン＝マリー・ペルト　ベカエール直美＝訳

虫や鳥を相手に「恋の手練手管」を磨きあげ、30億年余にわたって進化してきた花たち。ヨーロッパでもっとも人気のある植物学者の詩情とユーモアあふれる植物談義。

●四六判上製●388頁●定価　本体2500円＋税

植物たちの秘密の言葉

◆ジャン＝マリー・ペルト　ベカエール直美＝訳

植物には、知覚力も記憶力もある。化学物質という言葉を媒介に敵の存在を仲間に知らせるといったコミュニケーションさえもするという活動ぶり！　新たな植物観を開く楽しい入門書。

●四六判上製●228頁●定価　本体2200円＋税

花の知恵

◆モーリス・メーテルリンク　高尾　歩＝訳

花々が生きるためのドラマには、ダンスあり、発明あり、悲劇あり。大地に根づくという不動の運命に、激しくも美しい抵抗を繰り広げる。植物の未知なる素顔をまとめた華麗なエッセイ。

●四六判上製●148頁●定価　本体1600円＋税

フローラの十二か月

◆ジャン＝マリー・ペルト　尾崎昭美＝訳

クリスマスをはじめ四季折々のヨーロッパの祝祭に密接に結びついた植物たち。ギリシア神話やケルトの妖精物語、聖書などのエピソードも豊かに、花と緑の歳時記を物語る。

●四六判上製●348頁●定価　本体3200円＋税

地球生命圏

◆J・E・ラヴロック　星川　淳＝訳

宇宙飛行士たちの証言でも話題になった「地球というひとつの生命体」。大気分析、海洋分析、システム工学を駆使して生きている地球を実証的にとらえ直す。ガイア説の原点。

●四六判上製●304頁●定価　本体2400円＋税

ガイアの時代

◆J・E・ラヴロック　星川　淳＝訳

酸性雨、二酸化炭素、森林伐採…病んだ地球は誰が癒すのか？　40億年の地球の進化・成長史を豊富な事例によって鮮やかに検証、ガイアの病いの真の原因を究明する。

●四六判上製●392頁●定価　本体2330円＋税